应用型高等教育财经类专业“十三五”规划教材

报税实务

方小红　主　编
张思菊　张程薇　副主编

上海财经大学出版社

图书在版编目(CIP)数据

报税实务/方小红主编．—上海：上海财经大学出版社，2017.7
(应用型高等教育财经类专业“十三五”规划教材)
ISBN 978-7-5642-2676-3/F·2676

Ⅰ.报… Ⅱ.①方… Ⅲ.①纳税-税收管理-中国-高等学校-教材
Ⅳ.①F812.423

中国版本图书馆CIP数据核字(2017)第038594号

□ 责任编辑 徐 超
□ 封面设计 张克瑶

BAOSHUI SHIWU
报 税 实 务
方小红 主 编
张思菊 张程薇 副主编

上海财经大学出版社出版发行
(上海市中山北一路369号 邮编200083)
网 址：http://www.sufep.com
电子邮箱：webmaster @ sufep.com
全国新华书店经销
上海景条印刷有限公司印刷装订
2017年7月第1版 2017年7月第1次印刷

787mm×1092mm 1/16 12.5印张 320千字
印数：0 001—3 000 定价：39.00元

前　言

报税实务课程是财经类专业的一门核心课程，是随着我国社会主义市场经济体制的建立和不断完善的过程中产生和发展的。纳税申报是指纳税人履行纳税义务时就计算缴纳税款的有关事项向税务机关提出书面报告的一种法定手续，也是税务机关办理征收业务、核实应纳税款、开具完税凭证的主要依据，它是税收征收管理的一个重要环节，也是实施税务管理的一项重要制度。国家通过预算安排用于财政支出，提供公共产品和公共服务；纳税人依法经营，照章纳税，既是履行国家法律规定应尽的义务，又是为享受公共产品付出的代价。

从会计、税务等财经类专业人才培养的需要及教师教学需要的角度出发，我们编写了本教材，其具有以下几个特点：

第一，在教材内容定位方面，重视实践能力的培养。以学生日后企业工作的实际需要为核心，紧密结合报税工作的实际内容及纳税申报表格的填写要求，注重具体操作知识的编写。

第二，在编写方式上，力争用活泼、生动、简洁的语言，运用图表、案例和计算题，以增加实用性、可读性和启发性。

第三，内容安排具有一定的新颖性和独特性。本书将全部税种分别按照基本概述、基本核算、纳税申报方法的顺序安排内容；同时，删除了营业税的所有内容，对营改增的部分做了详细的论述，体现税法的最新变化。

第四，本书有大量案例贯穿始终。本书是编者根据最新的税法和《企业会计准则》的有关规定，运用长期财务教学和财务工作的实践经验，全面、系统地阐述了市场经济条件下，报税工作的流程及操作方法。该书结构合理、内容新颖、注重理论联系实际，各章均与电子报税软件实训配套，以便于教师的教学和学生学习。

第五，本教材由配套的软件提供练习：电子报税模拟教学平台。

该书可作为普通高等院校及有关专科院校（高职）会计、财务管理等专业的教学用书，也可作为从事财务管理和会计工作人士以及有关法律工作者的参考用书。

本书由方小红担任主编，张思菊、张程薇担任副主编，崔淑芬、郭鸽、陈燕娟、田娟娟、杜一曼、徐彬等参与编写。最后由方小红对全书进行修改、总纂。

由于编者理论水平和实践经验有限，疏漏或错误之处难免，恳请广大读者批评指正。

编　者

2017年05月

目　录

第一章　税务基础

本章学习目标

本章主要讲述税收征收管理的法律制度基本概念及基本的税务管理知识。通过本章的学习，应了解税收的开征、停征以及减税、免税、退税、补税，依照法律的规定执行。纳税人、扣缴义务人必须接受税务机关依法进行的税务检查，如实反映情况，提供有关资料，不得拒绝、隐瞒。经营应税业务的单位和个人在开业、歇业以及经营期间发生改组、合并等大的变动时，必须向所在地税务机关办理书面登记。纳税义务人必须在法律、行政法规规定或税务机关依照法律、行政法规的规定确定的申报期限内办理纳税申报。重点掌握如何办理纳税登记的业务及发票、凭证、账簿的管理。

第一节　税收征收管理法概述

一、税收征收管理法律制度

税收征收管理的法律依据是《中华人民共和国税收征收管理法》(简称《税收征管法》)。该法于1993年1月1日起施行，分别在1995年2月28日、2001年4月28日、2013年6月进行修订。税收征收管理体制是:统一领导、分级管理、划分税种、各自征收。税收征收管理工作由税务机关负责。国务院税务主管部门主管全国的税收征收管理工作，各地国家税务局和地方税务局在各自职权范围内进行征收管理。

税收的开征、停征以及减税、免税、退税、补税，依照法律的规定执行;法律授权国务院规定的，依照国务院制定的行政法规的规定执行。任何机关、单位和个人不得违反法律、行政法规的规定，擅自作出税收开征、停征以及减税、免税、退税、补税和其他同税收法律、行政法规相抵触的决定。

二、税收征管法的遵守主体

国务院税务主管部门主管全国税收征收管理工作。各地国家税务局和地方税务局应当按照国务院规定的税收征收管理范围分别进行征收管理。地方各级人民政府应当依法加强对本行政区域内税收征收管理工作的领导或者协调，支持税务机关依法执行职务，依照法定税率计算税额，依法征收税款。法律、行政法规规定负有纳税义务的单位和个人为纳税人。法律、行政法规规定负有代扣代缴、代收代缴税款义务的单位和个人为扣缴义务人。纳税人、扣缴义务人必须依照法律、行政法规的规定缴纳税款、代扣代缴、代收代缴税款。

三、税务检查

税务检查制度是税务机关根据国家税法和财务会计制度的规定，对纳税人履行纳税义务的情况进行的监督、审查制度。税务检查是税收征收管理的重要内容，也是税务监督的重要组成部分。搞好税务检查，对于加强依法治税，保证国家财政收入，有着十分重要的意义。

税务机关有权进行下列税务检查：

(1)检查纳税人的账簿、记账凭证、报表和有关资料，检查扣缴义务人代扣代缴、代收代缴税款账簿、记账凭证和有关资料；

(2)到纳税人的生产、经营场所和货物存放地检查纳税人应纳税的商品、货物或者其他财产，检查扣缴义务人与代扣代缴、代收代缴税款有关的经营情况；

(3)责成纳税人、扣缴义务人提供与纳税或者代扣代缴、代收代缴税款有关的文件、证明材料和有关资料；

(4)询问纳税人、扣缴义务人与纳税或者代扣代缴、代收代缴税款有关的问题和情况；

(5)到车站、码头、机场、邮政企业及其分支机构检查纳税人托运、邮寄应纳税商品、货物或者其他财产的有关单据、凭证和有关资料；

(6)经县以上税务局(分局)局长批准，凭全国统一格式的检查存款账户许可证明，查询从事生产、经营的纳税人、扣缴义务人在银行或者其他金融机构的存款账户。

税务机关对从事生产、经营的纳税人以前纳税期的纳税情况依法进行税务检查时，发现纳税人有逃避纳税义务行为，并有明显的转移、隐匿其应纳税的商品、货物以及其他财产或者应纳税的收入的迹象的，可以按照《税收征管法》规定的批准权限采取税收保全措施或者强制执行措施。纳税人、扣缴义务人必须接受税务机关依法进行的税务检查，如实反映情况，提供有关资料，不得拒绝、隐瞒。税务机关依法进行税务检查时，有权向有关单位和个人调查纳税人、扣缴义务人和其他当事人与纳税或者代扣代缴、代收代缴税款有关的情况，有关单位和个人有义务向税务机关如实提供有关资料及证明材料。税务机关调查税务违法案件时，对与案件有关的情况和资料，可以记录、录音、录像、照相和复制。税务机关派出的人员进行税务检查时，应当出示税务检查证和税务检查通知书，并有责任为被检查人保守秘密；未出示税务检查证和税务检查通知书的，被检查人有权拒绝检查。

四、法律责任

法律责任是法律关系的主体因其违法行为所应承担的法律后果，它与违法行为是联系在一起的。税务法律责任是对征纳双方具有同等约束力的词语，它是指违反税收征管和实施细则，根据《税收征管法》及其实施细则和《中华人民共和国刑法》规定所应承担的法律责任，包括行政法律责任和刑事法律责任。

税务法律责任对征纳双方都有约束力，即包括对纳税人、扣缴义务人及其他当事人违反税法的处罚，也包括对税务征管人执法过程中违法行为的处罚。

第二节　税务管理

一、税务登记内涵

税务登记是指税务机关根据税法规定，对纳税人的生产经营活动进行登记管理的一项基本制度。经营应税业务的单位和个人在开业、歇业以及经营期间发生改组、合并等大的变动时，必须向所在地税务机关办理书面登记。它的意义在于：有利于税务机关了解纳税人的基本情况，掌握税源；加强征收与管理，防止漏管漏征；建立税务机关与纳税人之间正常的工作联系，强化税收政策和法规的宣传，增强纳税意识等。

二、税务登记种类

税务登记的种类包括：设立登记、变更登记、停业复业登记、注销登记和外出经营报验登记等。以下主要介绍实践中常见的设立登记、变更登记和注销登记。

（一）设立登记

设立登记是指纳税人在新成立时或在外地设立分支机构和从事生产、经营的场所时，应向税务机关申请办理的纳税登记。从事生产、经营的纳税人应当自领取营业执照之日起 30 日内主动依法向国家税务机关申报办理登记。若为新成立的纳税企业应向当地主管国家税务机关申报办理纳税登记。若纳税企业跨县（市）区设立的分支机构和从事生产经营的场所，除总机构向当地主管国家税务机关申报办理税务登记外，分支机构还应当向其所在地主管国家税务机关申报办理纳税登记。办理设立登记的程序如下：

(1)纳税人提出书面申请报告，并提供下列证件、资料。

①营业执照副本或其他核准执业证件原件及其复印件。

②注册地址及生产、经营地址证明（产权证、租赁协议）原件及其复印件，如为自有房产，请提供产权证或买卖契约等核发的产权证明原件及其复印件；如为租赁的场所，请提供租赁协议原件及其复印件，出租人为自然人的还须提供产权证明的原件及其复印件；如生产、经营地址与注册地址不一致，请分别提供相应证明。

③公司章程复印件。

④法定代表人（负责人）居民身份证、护照或其他证明身份的合法证件原件及其复印件。

⑤组织机构代码证书副本原件及其复印件。

⑥书面申请书。

⑦有权机关出具的验资报告或评估报告原件及其复印件。

⑧纳税人跨县（市）设立的分支机构办理税务登记时，还须提供总机构的税务登记证（国、地税）副本原件及其复印件。

⑨改组改制企业还须提供有关改组改制的批文原件及其复印件。

⑩税务机关要求提供的其他证件资料。

(2)填报税务登记表，纳税人领取并填写《税务登记表》。

税务登记表

填表日期：　　　　　　　　　　（适用单位纳税人）

纳税人名称		纳税人识别号	
登记注册类型		批准设立机关	
组织机构代码		批准设立证明或文件号	

开业（设立）日期		生产经营期限		证照名称		证照号码	
注册地址				邮政编码		联系电话	
生产经营地址				邮政编码		联系电话	

核算方式	请选择对应项目打“√”□独立核算□非独立核算	从业人数	——其中外籍人数
单位性质	请选择对应项目打“√” □企业 □事业单位 □社会团体 □民办非企业单位 □其他		
网站网址		国标行业	□□ □□ □□ □□
适用会计制度	请选择对应项目打“√” □ 企业会计制度 □ 小企业会计制度 □ 金融企业会计制度 □ 行政事业单位会计制度		
经营范围	请将法定代表人（负责人）身份证复印件粘贴在此处		

联系人	姓名	身份证件		固定电话	移动电话	电子邮箱
		种类	号码			
法定代表人（负责人）						
财务负责人						
办税人						

税务代理人名称	纳税人识别号	联系电话	电子邮箱

注册资本或投资总额	币种	金额	币种	金额	币种	金额

投资名称	投资方经济性质	投资比例	证件种类	证件号码	国籍或地址

自然人投资比例		外资投资比例		国有投资比例	

分支机构名称	注册地址	纳税人识别号

续表

总机构名称		纳税人识别号	
		经营范围	

法定代表人姓名		联系电话		注册地址 邮政编码	

代扣代缴、代收代缴、税款业务情况	代扣代缴、代收代缴税款业务内容	代扣代缴、代收代缴税种

附报资料：

经办人签章： ____年____月____日	法定代表人（负责人）签章： ____年____月____日	纳税人公章： ____年____月____日

以下由税务机关填写：

纳税人所处街乡				隶属关系	
国税主管税务局		国税主管税务所（课）		是否属于国税、地税共管户	
地税主管税务局		地税主管税务所（课）			

经办人（签章）： 国税经办人： 地税经办人： 受理日期： ____年____月____日	国家税务登记机关 （税务登记专用章）： 批准日期： ____年____月____日 国税主管税务机关：	地方税务登记机关 （税务登记专用章）： 批准日期： ____年____月____日 地税主管税务机关：

国税核发《税务登记证副本》数量： 本	发证日期：________年____月____日
地税核发《税务登记证副本》数量： 本	发证日期：________年____月____日

纳税人应按规定如实填写税务登记表中的项目：

1.“纳税人名称”栏：指《企业法人营业执照》或《营业执照》或有关核准执业证书上的“名称”。

2.“身份证件名称”栏：一般填写“居民身份证”，如无身份证，则填写军官证、士兵证、护照等有效身份证件。

3."注册地址"栏:指工商营业执照或其他有关核准开业执照上的地址。

4."生产经营地址"栏:填办理税务登记的机构生产经营地址。

5."国籍或地址"栏:外国投资者填国籍,中国投资者填地址。

6."登记注册类型"栏:即经济类型,按营业执照的内容填写;不需要领取营业执照的选择"非企业单位"或者"港、澳、台商企业常驻代表机构及其他"、"外国企业";如为分支机构,按总机构的经济类型填写。

纳税人填写完相关内容后,在相关位置盖上单位公章、法人代表章,然后将《税务登记表》及其他相关材料送交税务登记窗口。

(3)税务机关审核、发证。纳税人报送的税务登记表和提供的有关证件、资料,经主管国家税务机关审核批准后,应当按照规定的期限到主管国家税务机关领取税务登记证及其副本,并按规定缴付工本管理费。

(二)变更登记

变更登记是指纳税人原税务登记证上的内容发生变化需要重新办理的税务登记变更手续,如:纳税人名称、法定代表人(负责人)或个体业主姓名及其居民身份证、护照或其他合法证明的号码、注册地址、生产经营地址、生产经营范围、经营方式、登记注册类型、隶属关系、行业、注册资本、投资总额、开户银行及账号、生产经营期限、从业人数、营业执照及号码、财务负责人、办税人员、会计报表种类、低值易耗品摊销方式、折旧方式等。

1. 办理变更登记的程序

(1)提出书面申请,并提供资料税务。纳税人税务登记内容发生变化时,应在发生变更后30日内,持营业执照或其他核准执业的证件向原税务登记机关提出书面变更申请。

因工商登记发生变更而需变更税务登记内容的,需要提供以下资料(查验原件,提供复印件):

①营业执照、工商变更登记表及复印件;

②纳税人变更登记内容的决议及有关证明文件;

③《税务登记证》(正、副本)原件。

非工商登记变更因素而变更税务登记内容的,需要提供纳税人变更登记内容的决议有关证明文件。

(2)填写《税务变更登记表》。纳税人领取并填写《税务登记变更表》。

税务登记变更表

税务登记号				
纳税人名称				
变更登记事项				
序号	变更项目	变更前内容	变更后内容	变更时间

续表

送交证件：	
纳税人（盖章） 法定代表人（负责人）：　　经办人：　　年　月　日	
变更税务登记证号情况 原税务登记证号码： 现税务登记证号码： 经办人： 变更日期：　年　月　日	（税务登记专用章）

纳税人应填写税务登记变更表中的项目：

1. 纳税人名称：按照批准开业机关注册登记的名称填写。

2. 变更事项：将不同变更事项分别按"变更前内容"、"变更后内容"填写，并确定具体的"变更时间"，然后分别编号。

3. 送交证件：按送交的证件名称填写。

纳税人填写完相关内容后，在相关位置盖上单位公章、法人代表章、经办人章以及税务登记专用章，然后将税务登记变更表交至税务登记窗口。如果有涉及税种变更时，同时领取并填写《纳税人税种登记表》。纳税人根据填表要求填写表格，经负责人签章并加盖公章后将表格交税务登记窗口。

（3）税务机关审核、发证。主管税务机关登记窗口对纳税人填写的申请表格，审核是否符合要求，所提交的附列资料是否齐全，符合要求的给予受理，开具《税务文书领取通知单》给纳税人。

纳税人按照《税务文书领取通知单》注明的日期到主管税务机关的税务登记窗口领取变更结果，涉及登记证内容变更的，登记窗口要收缴原《税务登记证》（正、副本），纳税人缴纳变更登记工本费后，领取新的《税务登记证》（正、副本）和《税务登记变更表》。

2. 注意事项

（1）纳税人改变单位名称的必须先缴销发票；

（2）如果纳税人未在规定期限内办理变更税务登记的，税务机关按照规定进行违章处罚；

（3）纳税人经营地址发生跨征收区域变更（指迁出原主管税务机关）的，必须按照迁移税务登记程序办理跨区迁移。

（三）注销登记

纳税人发生解散、破产、撤销以及依法终止纳税义务情形的，应当在向工商行政管理机关或者其他机关办理注销登记前，持有关证件向原税务登记机关申报办理注销税务登记。

按照规定不需要在工商行政管理机关或者其他机关办理注销登记的，应当在有关部门批准或宣告注销之日起15天内，持有关证件向原税务登记机关申报办理注销税务登记。纳税人被工商行政管理机关吊销营业执照或者被其他机关予以撤销登记的，应当自营业执照被吊销或者被撤销登记之日起15日内，持有关证件向原税务登记机关申报办理注销税务登记。办理注销登记的程序如下：

(1)提出书面申请，并提供资料。纳税人在办理工商登记注销前和营业执照被吊销或终止日起15日内或迁出日前，向原税务登记机关申报办理注销税务登记，同时向税务登记窗口提供如下资料：

①主管部门或董事会(职代会)的决议以及其他有关证明文件；

②营业执照被吊销的应提交工商行政管理部门发放的吊销决定；

③税务机关发放的原税务登记证件(《税务登记证》正、副本及《税务登记表》等)；

④分支机构的注销税务登记通知书(涉外企业提供)；

⑤发票、发票购领证；

⑥税务机关要求提供的其他有关证件和资料。

如属增值税一般纳税人，还需提供以下资料及设施：

①增值税一般纳税人资格证书；

②企业用金税卡、IC卡(指已纳入防伪税控的纳税人)。

(2)填写《注销税务登记申请审批表》。纳税人领取并填写《注销税务登记申请审批表》。

注销税务登记申请审批表

纳税人识别号：□□□□□□□□□□□□□□□□□□

纳税编码：□□□□□□□

纳税人名称：　　　　是否双定户　□　　　　是否一般纳税人　□

<table>
<tr><td>联系地址</td><td colspan="2"></td><td>联系电话</td><td colspan="2"></td></tr>
<tr><td>注销原因</td><td colspan="2"></td><td>经济性质</td><td colspan="2"></td></tr>
<tr><td rowspan="2">批准机关</td><td>名称</td><td colspan="4"></td></tr>
<tr><td>批准文号及日期</td><td colspan="4"></td></tr>
<tr><td>迁入地税务机关代码</td><td colspan="2"></td><td>税务机关名称</td><td colspan="2"></td></tr>
<tr><td>迁入地址</td><td colspan="5"></td></tr>
<tr><td colspan="6">纳税人(签章)
法定代表人(负责人)：　　办税人员：　　年　月　日</td></tr>
<tr><td colspan="6">以下由税务机关填写</td></tr>
<tr><td>实际经营期限</td><td colspan="2"></td><td>已享受税收优惠</td><td colspan="2"></td></tr>
<tr><td colspan="6">负责人：　　经办人：　　年　月　日</td></tr>
<tr><td rowspan="7">发票管理环节缴纳发票情况</td><td>购领发票名称</td><td></td><td></td><td></td><td></td></tr>
<tr><td>购领发票数量</td><td></td><td></td><td></td><td></td></tr>
<tr><td>已使用发票数量</td><td></td><td></td><td></td><td></td></tr>
<tr><td>结存发票数量</td><td></td><td></td><td></td><td></td></tr>
<tr><td>起至号码</td><td></td><td></td><td></td><td></td></tr>
<tr><td>发票领购簿名称</td><td></td><td></td><td></td><td></td></tr>
<tr><td colspan="5">负责人：　　经办人　　年　月　日</td></tr>
<tr><td>稽查环节清查情况</td><td colspan="5">负责人：　　经办人　　年　月　日</td></tr>
</table>

续表

<table>
<tr><td>征收环节
结算清缴
税款情况</td><td colspan="4">负责人：　　　　　　　　　　经办人　　　　　　　　　　年　　月　　日</td></tr>
<tr><td rowspan="4">登记管理
环节审批
意　见</td><td rowspan="3">封存税务
机关发放
证件情况</td><td>税务登记证</td><td>税务登记证副本</td><td>其他有关证件</td></tr>
<tr><td></td><td></td><td></td></tr>
<tr><td></td><td></td><td></td></tr>
<tr><td colspan="4">负责人：　　　　　　　　　　经办人　　　　　　　　年　　月　　日</td></tr>
<tr><td colspan="2">分支机构名称</td><td colspan="2">税务登记注销情况</td><td>主管税务机关</td></tr>
<tr><td colspan="2"></td><td colspan="2"></td><td></td></tr>
<tr><td>税证环节资格
取消情况</td><td colspan="4">负责人：　　　　　　　　　　经办人　　　　　　　　年　　月　　日</td></tr>
<tr><td>批准意见</td><td colspan="4">主管税务机关：

局长签字：</td></tr>
</table>

注：本表一式二份，一份税务机关留存，一份交纳税人。

三、账簿、凭证和发票管理

(一)设置账簿的范围

凡从事生产、经营的纳税人、扣缴义务人，应自领取营业执照之日起 15 日内，按照有关法律、行政法规和国务院财政、税务主管部门的规定设置账簿，根据合法、有效凭证记账并进行核算。

生产经营规模小、确无建账能力的个体工商户，可以聘请注册会计师或者经税务机关认可的财会人员代为建账和办理账务。

(二)财务会计制度管理

从事生产、经营的纳税人应当自领取税务登记证件之日起 15 日内，将其财务、会计制度或者财务、会计处理办法和会计核算软件报送税务机关备案。

(三)会计档案管理

从事生产、经营的纳税人、扣缴义务人必须按照国务院财政、税务主管部门规定的保管期限保管账簿、记账凭证、完税凭证及其他有关资料。账簿、会计凭证、报表、完税凭证及其他有关纳税资料应当保存 10 年。

(四)发票管理和使用

发票是单位和个人在购销商品、提供或者接受经营服务以及从事其他经营活动中，开具、取得的收付款凭证。发票的印制、领购、开具、保管应当符合税收征收管理法律制度和发票管理制度的规定。按照发票的使用种类，发票分为：普通发票、增值税专用发票、专业发票。

普通发票。主要由增值税小规模纳税人使用，增值税一般纳税人在不能开具专用发票的情况下也可使用普通发票。普通发票由行业发票和专用发票组成。前者适用于某个行业和经营业务，如商业零售统一发票、商业批发统一发票、工业企业产品销售统一发票等；后者仅适用于某一经营项目，如广告费用结算发票，商品房销售发票等。普通发票的基本联次为三联：第一联为存根联，开票方留存备查用；第二联为发票联，收执方作为付款或收款原始凭证；第三联为记账联，开票方作为记账原始凭证。

增值税专用发票是国家税务部门根据增值税征收管理需要而设定的，专用于纳税人销售或者提供增值税应税项目的一种发票。增值税专用发票既具有普通发票所具有的内涵，同时还具有比普通发票更特殊的作用。它不仅是记载商品销售额和增值税税额的财务收支凭证，而且是兼记销货方纳税义务和购货方进项税额的合法证明，是购货方据以抵扣税款的法定凭证，对增值税的计算起着关键性作用。

专业发票是指国有金融、保险企业的存贷、汇兑、转账凭证，保险凭证；国有邮政、电信企业的邮票、邮单、话务、电报收据，国有铁路、国有航空企业和交通部门、国有公路、水上运输企业的客票、货票等等。

税务机关是发票的主管机关，负责发票印制、领购、开具、取得、保管、缴销的管理和监督。

发票是记录经营活动的一种原始证明；发票是加强财务会计管理，保护国家财产安全的重要手段；发票是税务稽查的重要依据；发票是维护社会秩序的重要工具。

随着市场经济的发展，商品流通的不断扩大，发票在整个社会经济活动中，特别是在税收征管及财务管理中起的作用越来越大。其作用主要有以下几个方面：

(1)发票是记录经营活动的一种原始证明。发票上载明的经济事项较为完整，既有填制单位印章，又有经办人签章，还有监制机关、字轨号码、发票代码等，具有法律证明效力。它为工商部门检查经济合同，处理合同纠纷，法院裁定民事诉讼，消费者向销货方要求调换、退货、修理商品，公安机关核发车船牌照，保险公司理赔等，提供了重要依据。所以消费者个人养成主动索取发票的习惯是维护自身合法权益的保障。

(2)发票是加强财务会计管理，保护国家财产安全的重要手段。发票是会计核算的原始凭证，正确填制发票是正确地进行会计核算的基础。只有填制合法、真实的发票，会计核算资料才会真实可信，会计核算质量才有可靠的保证，提供的会计信息才会准确、完整。

(3)发票是税务稽查的重要依据。发票一经开具，票面上便载明征税对象的名称、数量、金额，为计税基数提供了原始可靠的依据；发票还为计算应税所得额、应税财产提供必备资料。离开了发票，要准确计算应纳税额是不可能的，所以税务稽查往往从发票检查入手。

(4)发票是维护社会秩序的重要工具。发票具有证明作用，在一定条件下又有合同的性质。多年来的实践证明，各类发票违法行为，不仅与偷税骗税有关，还与社会秩序的诸多方面，如贪污受贿、走私贩私等案件关系甚大。发票这一道防线一松，将为经济领域的违法犯罪打开方便之门。所以，管好发票，不仅是税务机关自身的责任，也是整个社会的工作。

纳税人在领取税务登记证件后，应向主管税务机关提出领购发票申请，同时提供经办人身份证明、税务登记证件或者其他有关证明，以及财务印章或者发票专用章的印模。主管税务机关在对纳税人的领购发票申请及有关证件审核后，发给《发票领购簿》。纳税人凭《发票领购簿》上核准的发票种类、数量以及购票方式，向主管税务机关领购发票。

对不需要办理税务登记临时需要使用发票的纳税人，可以直接向税务机关申请领购，或者向税务机关申请代开发票，即需要发票时，可以凭发生购销业务，提供接受服务或者其他经营活动的书面证明直接到税务机关申请开具。对税法规定应当缴纳税款的，税务机关在开具发票的同时征税。

临时到省外从事经营活动的单位和个人，凭所在地税务机关的证明，向经营地税务机关申请领购发票。经营地税务机关可要求其提供保证人或者根据所领购发票的票面限额及数量交纳不超过 1 万元的保证金，并限期缴销发票。按期缴销发票的，解除保证人的担保义务或者退还保证金；未按期缴销的，税务机关可以责令保证人缴纳罚款或者以保证金缴纳罚款。

增值税专用发票仅限于一般纳税人领购，小规模纳税人不得领购。一般纳税人领购专用发票，首先要向主管税务机关提出申请，并提供“盖有一般纳税人确认章”的税务登记证副本、经办人身份证明、单位财务专用章或者发票专用章印模以及税务机关要求提供的其他证件资料，经县（市）税务机关审批后，由专用发票管理部门核发《发票领购簿》。纳税人就可以凭《发票领购簿》、经办人身份证明，按照《发票领购簿》上核定的票面金额、数量和购票方式，到主管国税机关领购专用发票。

四、纳税申报管理

纳税申报是指纳税人、扣缴义务人按照法律、行政法规规定，在申报期限内就纳税事项向税务机关提出书面申报的一种法定手续。

（一）纳税申报的对象

纳税义务人必须在法律、行政法规规定或税务机关依照法律、行政法规的规定确定的申报期限内办理纳税申报。临时取得应税收入或发生应税行为的纳税人，在发生纳税义务后，应立即向经营地税务机关办理纳税申报和缴纳税款。

扣缴义务人应当在规定的申报期限内办理代扣代缴、代收代缴税款的申报手续。纳税人享受减税、免税待遇的，在减税、免税期间应当按照规定办理纳税申报。

（二）纳税申报的内容

纳税人办理纳税申报时，应当如实填写纳税申报表，并根据不同情况相应报送下列有关证件、资料：①财务、会计报表及其说明材料；②与纳税有关的合同、协议书及凭证；③税控装置的电子报税资料；④外出经营活动税收管理证明及异地完税凭证；⑤境内或境外公证机构出具的有关证明文件；⑥税务机关规定应当报送的其他有关证件、资料。

（三）纳税申报期限

纳税申报期限是指税收法律、法规规定或者税务机关依照税收法律、法规的规定确定的纳税人、扣缴义务人向税务机关办理申报和纳税的期限。纳税申报期限是根据各个税种的特点确定的，各个税种的纳税期限因其征收对象、计税环节的不同而不尽相同，同一税种也可以因为纳税人的经营情况不同、财务会计核算不同、应纳税额大小不等，申报期限也不一样，可以分为按期申报纳税和按次申报纳税。按期纳税申报，是以纳税人发生纳税义务的一定期间为纳税申报期限；不能按期纳税申报的，实行按次申报纳税。纳税人、扣缴义务人如遇国家法定的公休假日，可以顺延。

（四）纳税申报方式

（1）直接申报（上门申报）：由纳税人和扣缴义务人在法定税款征收期内自行到税务机关报送纳税资料。

（2）邮寄申报：是指经税务机关批准的纳税人、扣缴义务人使用统一规定的纳税申报特快专递专用信封，通过邮政部门办理交寄手续，并向邮政部门索取收据作为申报凭证的方式。

（3）数据电文申报（电子申报）：是指经税务机关批准的纳税人通过电话语音、电子数据交换和网络传输等形式办理的纳税申报。

（4）简易申报：是指实行定期定额的纳税人，经税务机关批准，通过以缴纳税款凭证代替申报或简并征期的一种申报方式。

(5)其他方式:是指纳税人、扣缴义务人采用直接办理、邮寄办理、数据电文以外的方法向税务机关办理纳税申报或者报送代扣代缴、代收代缴报告表。

本章小结

本章主要讲述税收征收管理的法律制度基本概念及基本的税务管理知识。国务院税务主管部门主管全国税收征收管理工作。各地国家税务局和地方税务局应当按照国务院规定的税收征收管理范围分别进行征收管理。地方各级人民政府应当依法加强对本行政区域内税收征收管理工作的领导或者协调,支持税务机关依法执行职务,依照法定税率计算税额,依法征收税款。法律、行政法规规定负有纳税义务的单位和个人为纳税人。法律、行政法规规定负有代扣代缴、代收代缴税款义务的单位和个人为扣缴义务人。纳税人、扣缴义务人必须依照法律、行政法规的规定缴纳税款、代扣代缴、代收代缴税款。

税务机关对从事生产、经营的纳税人以前纳税期的纳税情况依法进行税务检查时,发现纳税人有逃避纳税义务行为,并有明显的转移、隐匿其应纳税的商品、货物以及其他财产或者应纳税的收入的迹象的,可以按照《税收征管法》规定的批准权限采取税收保全措施或者强制执行措施。纳税人、扣缴义务人必须接受税务机关依法进行的税务检查,如实反映情况,提供有关资料,不得拒绝、隐瞒。税务机关依法进行税务检查时,有权向有关单位和个人调查纳税人、扣缴义务人和其他当事人与纳税或者代扣代缴、代收代缴税款有关的情况,有关单位和个人有义务向税务机关如实提供有关资料及证明材料。税务机关调查税务违法案件时,对与案件有关的情况和资料,可以记录、录音、录像、照相和复制。税务机关派出的人员进行税务检查时,应当出示税务检查证和税务检查通知书,并有责任为被检查人保守秘密;未出示税务检查证和税务检查通知书的,被检查人有权拒绝检查。

税务登记是指税务机关根据税法规定,对纳税人的生产经营活动进行登记管理的一项基本制度。经营应税业务的单位和个人在开业、歇业以及经营期间发生改组、合并等大的变动时,必须向所在地税务机关办理书面登记。它的意义在于:有利于税务机关了解纳税人的基本情况,掌握税源,加强征收与管理,防止漏管漏征,建立税务机关与纳税人之间正常的工作联系,强化税收政策和法规的宣传,增强纳税意识等。税务登记的种类包括:设立登记、变更登记、停业复业登记、注销登记和外出经营报验登记等。

纳税义务人必须在法律、行政法规规定或税务机关依照法律、行政法规的规定确定的申报期限内办理纳税申报。临时取得应税收入或发生应税行为的纳税人,在发生纳税义务后,应立即向经营地税务机关办理纳税申报和缴纳税款。扣缴义务人应当在规定的申报期限内办理代扣代缴、代收代缴税款的申报手续。纳税人享受减税、免税待遇的,在减税、免税期间应当按照规定办理纳税申报。

第二章 增值税核算与纳税申报

本章学习目标

本章主要讲述增值税的一般法律规定、计算方法与纳税申报的相关内容。通过本章学习应该掌握增值税的征税范围：在境内销售货物、进口货物、提供应税的劳务和服务以及销售不动产和无形资产。应税服务，是指提供交通运输服务、邮政服务、电信服务、建筑服务、金融服务、现代服务、生活服务。一般纳税人销售货物或者提供应税劳务，应纳税额为当期销项税额抵扣当期进项税额后的余额。销售额为纳税人销售货物或者应税劳务向购买方收取的全部价款和价外费用，但不包括收取的销项税额。价外费用，指价外另外向购买方收取的手续费、补贴、基金、集资费返还利润、奖励费、违约金(延期付款利息)、包装费、包装物租金、代垫款项以及各种性质的价外收费。进项税额，是指纳税人购进货物、加工修理修配劳务、服务、无形资产或者不动产，支付或者负担的增值税额。重点掌握进项税额中关于抵扣及进项税额转出的相关规定，增值税纳税申报表的填制。

第一节 增值税概述

一、增值税的概念

增值税是以商品生产和流通中各个环节以及加工修理、修配劳务中的新增价值额为征税对象的一种税。所谓增值额，是指纳税人通过自身劳动新创造的那一部分价值额，即纳税人在一定时期内销售产品或提供劳务所取得的收入大于购进商品或取得劳务时所支付的金额的差额。

二、增值税的主要法律规定

(一)纳税义务人

《中华人民共和国增值税暂行条例》(简称《增值税条例》)规定：在中华人民共和国境内销售货物以及进口货物的单位和个人，为增值税的纳税义务人。

根据《增值税条例实施细则》规定，在中华人民共和国境内(简称境内)销售服务、无形资产或者不动产(简称应税行为)的单位和个人为增值税纳税人。单位，是指企业、行政单位、事业单位、军事单位、社会团体及其他单位。个人，是指个体工商户和其他个人。单位以承包、承租、挂靠方式经营的，承包人、承租人、挂靠人(统称承包人)以发包人、出租人、被挂靠人(统称发包人)名义对外经营并由发包人承担相关法律责任的，以该发包人为纳税人。否则，以承包人为纳税人。

中华人民共和国境外(简称境外)单位或者个人在境内发生应税行为，在境内未设有经营机构的，以购买方为增值税扣缴义务人。财政部和国家税务总局另有规定的除外。两个或者两个以上的纳税人，经财政部和国家税务总局批准可以视为一个纳税人合并纳税。具体办法由财政部和国家税务总局另行制定。

(二)纳税人的分类

按照增值税的征管方式，可将增值税的纳税人分为一般纳税人和小规模纳税人，其划分的标准有两个：

一是从事货物生产或提供应税劳务的纳税人，以及从事货物生产或提供应税劳务为主，并兼营货物批发或零售的纳税人，年应税销售额在100万元以上的为一般纳税人；反之，则为小规模纳税人。从事货物批发或零售的纳税人，年应税销售额在180万元以上的为一般纳税人；反之，则为小规模纳税人。

二是财务制度健全的为一般纳税人；反之，则为小规模纳税人。

应税行为的年应征增值税销售额(简称应税销售额)超过财政部和国家税务总局规定标准的纳税人为一般纳税人，未超过规定标准的纳税人为小规模纳税人。年应税销售额超过规定标准的其他个人不属于一般纳税人。年应税销售额超过规定标准但不经常发生应税行为的单位和个体工商户可选择按照小规模纳税人纳税。年应税销售额未超过规定标准的纳税人，会计核算健全，能够提供准确税务资料的，可以向主管税务机关办理一般纳税人资格登记，成为一般纳税人。会计核算健全，是指能够按照国家统一的会计制度规定设置账簿，根据合法、有效凭证核算。除国家税务总局另有规定外，一经登记为一般纳税人后，不得转为小规模纳税人。

在划分一般纳税人和小规模纳税人方面存在着几个例外：

(1)一般纳税人，若财务制度不健全，税务机关在征税时采用一般纳税人的税率，但不得抵扣进项税金；

(2)小规模纳税人，若财务制度健全，通过申请，税务机关审核，可视为一般纳税人；

(3)对那些非营利性纳税人，虽然年应税销售额达到或超过一般纳税人的标准，财务也较健全，但一年中发生销售次数极少，也可视为小规模纳税人。

三、增值税的征税范围

增值税的征税范围是，在境内销售货物、进口货物、提供应税的劳务和服务以及销售不动产和无形资产。

(一)销售货物

销售货物是指有偿转让货物所有权。货物指有形动产，包括电力、热力、气体在内，但不包括无形资产和不动产、农业生产者销售的自产农产品。境内销售货物，是指销售货物的起运地或所在地发生在境内；境内销售应税劳务，是指所销售的应税劳务发生在境内。这是我国行使属地原则税收管辖权的体现。

另外，为了平衡商品之间的税负，《增值税条例》及其《实施细则》规定，单位或个体经营者的下列行为，视同销售货物：

(1)将货物交付他人代销；

(2)销售代销售货物；

(3)设有两个以上机构并实行统一核算的纳税人，将货物从一个机构移送其他机构用于销售，但相关机构设在同一县(市)的除外；

(4)将自产或委托加工的货物用于非应税项目；

(5)将自产、委托加工或购买的货物作为投资，提供给其他单位或者个体经营者；

(6)将自产、委托加工或购买的货物分配给股东或投资者；

(7)将自产、委托加工的货物用于集体福利或个人消费；

(8)将自产、委托加工或购买的货物无偿赠与他人。

(二)进口货物

进口货物应列为增值税的征收范围。

(三)提供应税的劳务和服务

经国务院批准，自 2016 年 5 月 1 日起，在全国范围内全面推开营业税改征增值税(简称营改增)试点，建筑业、房地产业、金融业、生活服务业等全部营业税纳税人，纳入试点范围，由缴纳营业税改为缴纳增值税。

应税服务，是指提供交通运输服务、邮政服务、电信服务、建筑服务、金融服务、现代服务、生活服务等。

1. 交通运输服务

交通运输服务，是指利用运输工具将货物或者旅客送达目的地，使其空间位置得到转移的业务活动，包括陆路运输服务、水路运输服务、航空运输服务和管道运输服务。

(1)陆路运输服务。陆路运输服务，是指通过陆路(地上或者地下)运送货物或者旅客的运输业务活动，包括铁路运输服务和其他陆路运输服务。

①铁路运输服务，是指通过铁路运送货物或者旅客的运输业务活动。

②其他陆路运输服务，是指铁路运输以外的陆路运输业务活动，包括公路运输、缆车运输、索道运输、地铁运输、城市轻轨运输等。出租车公司向使用本公司自有出租车的出租车司机收取的管理费用，按照陆路运输服务缴纳增值税。

(2)水路运输服务。水路运输服务，是指通过江、河、湖、川等天然、人工水道或者海洋航道运送货物或者旅客的运输业务活动。水路运输的程租、期租业务，属于水路运输服务。程租业务，是指运输企业为租船人完成某一特定航次的运输任务并收取租赁费的业务。期租业务，是指运输企业将配备有操作人员的船舶承租给他人使用一定期限，承租期内听候承租方调遣，不论是否经营，均按天向承租方收取租赁费，发生的固定费用均由船东负担的业务。

(3)航空运输服务。航空运输服务，是指通过空中航线运送货物或者旅客的运输业务活动。航空运输的湿租业务，属于航空运输服务。湿租业务，是指航空运输企业将配备有机组人员的飞机承租给他人使用一定期限，承租期内听候承租方调遣，不论是否经营，均按一定标准向承租方收取租赁费，发生的固定费用均由承租方承担的业务。航天运输服务，按照航空运输服务缴纳增值税。航天运输服务，是指利用火箭等载体将卫星、空间探测器等空间飞行器发射到空间轨道的业务活动。

(4)管道运输服务。管道运输服务,是指通过管道设施输送气体、液体、固体物质的运输业务活动。

2. 邮政服务

邮政服务,是指中国邮政集团公司及其所属邮政企业提供邮件寄递、邮政汇兑和机要通信等邮政基本服务的业务活动,包括邮政普遍服务、邮政特殊服务和其他邮政服务。

(1)邮政普遍服务,是指函件、包裹等邮件寄递,以及邮票发行、报刊发行和邮政汇兑等业务活动。函件,是指信函、印刷品、邮资封片卡、无名址函件和邮政小包等。包裹,是指按照封装上的名址递送给特定个人或者单位的独立封装的物品,其重量不超过 50 千克,任何一边的尺寸不超过 150 厘米,长、宽、高合计不超过 300 厘米。

(2)邮政特殊服务,是指义务兵平常信函、机要通信、盲人读物和革命烈士遗物的寄递等业务活动。

(3)其他邮政服务,是指邮册等邮品销售、邮政代理等业务活动。

3. 电信服务。电信服务,是指利用有线、无线的电磁系统或者光电系统等各种通信网络资源,提供语音通话服务,传送、发射、接收或者应用图像、短信等电子数据和信息的业务活动,包括基础电信服务和增值电信服务。

(1)基础电信服务,是指利用固网、移动网、卫星、互联网,提供语音通话服务的业务活动,以及出租或者出售带宽、波长等网络元素的业务活动。

(2)增值电信服务,是指利用固网、移动网、卫星、互联网、有线电视网络,提供短信和彩信服务、电子数据和信息的传输及应用服务、互联网接入服务等业务活动。卫星电视信号落地转接服务,按照增值电信服务缴纳增值税。

4. 建筑服务

建筑服务,是指各类建筑物、构筑物及其附属设施的建造、修缮、装饰,线路、管道、设备、设施等的安装以及其他工程作业的业务活动,包括工程服务、安装服务、修缮服务、装饰服务和其他建筑服务。

(1)工程服务,是指新建、改建各种建筑物、构筑物的工程作业,包括与建筑物相连的各种设备或者支柱、操作平台的安装或者装设工程作业,以及各种窑炉和金属结构工程作业。

(2)安装服务,是指生产设备、动力设备、起重设备、运输设备、传动设备、医疗实验设备以及其他各种设备、设施的装配、安置工程作业,包括与被安装设备相连的工作台、梯子、栏杆的装设工程作业,以及被安装设备的绝缘、防腐、保温、油漆等工程作业。固定电话、有线电视、宽带、水、电、燃气、暖气等经营者向用户收取的安装费、初装费、开户费、扩容费以及类似收费,按照安装服务缴纳增值税。

(3)修缮服务,是指对建筑物、构筑物进行修补、加固、养护、改善,使之恢复原来的使用价值或者延长其使用期限的工程作业。

(4)装饰服务,是指对建筑物、构筑物进行修饰装修,使之美观或者具有特定用途的工程作业。

(5)其他建筑服务,是指上列工程作业之外的各种工程作业服务,如钻井(打井)、拆除建筑物或者构筑物、平整土地、园林绿化、疏浚(不包括航道疏浚)、建筑物平移、搭脚手架、爆破、矿山穿孔、表面附着物(包括岩层、土层、沙层等)剥离和清理等工程作业。

5. 金融服务。

金融服务,是指经营金融保险的业务活动,包括贷款服务、直接收费金融服务、保险服务和金融商品转让。

(1)贷款服务，是指将资金贷与他人使用而取得利息收入的业务活动。各种占用、拆借资金取得的收入，包括金融商品持有期间(含到期)利息(保本收益、报酬、资金占用费、补偿金等)收入、信用卡透支利息收入、买入返售金融商品利息收入、融资融券收取的利息收入，以及融资性售后回租、押汇、罚息、票据贴现、转贷等业务取得的利息及利息性质的收入，按照贷款服务缴纳增值税。融资性售后回租，是指承租方以融资为目的，将资产出售给从事融资性售后回租业务的企业后，从事融资性售后回租业务的企业将该资产出租给承租方的业务活动。以货币资金投资收取的固定利润或者保底利润，按照贷款服务缴纳增值税。

(2)直接收费金融服务，是指为货币资金融通及其他金融业务提供相关服务并且收取费用的业务活动，包括提供货币兑换、账户管理、电子银行、信用卡、信用证、财务担保、资产管理、信托管理、基金管理、金融交易场所(平台)管理、资金结算、资金清算、金融支付等服务。

(3)保险服务，是指投保人根据合同约定，向保险人支付保险费，保险人对于合同约定的可能发生的事故因其发生所造成的财产损失承担赔偿保险金责任，或者当被保险人死亡、伤残、疾病或者达到合同约定的年龄、期限等条件时承担给付保险金责任的商业保险行为，包括人身保险服务和财产保险服务。人身保险服务，是指以人的寿命和身体为保险标的的保险业务活动；财产保险服务，是指以财产及其有关利益为保险标的的保险业务活动。

(4)金融商品转让，是指转让外汇、有价证券、非货物期货和其他金融商品所有权的业务活动。其他金融商品转让包括基金、信托、理财产品等各类资产管理产品和各种金融衍生品的转让。

6. 现代服务

现代服务，是指围绕制造业、文化产业、现代物流产业等提供技术性、知识性服务的业务活动，包括研发和技术服务、信息技术服务、文化创意服务、物流辅助服务、租赁服务、鉴证咨询服务、广播影视服务、商务辅助服务和其他现代服务。

(1)研发和技术服务，包括研发服务、合同能源管理服务、工程勘察勘探服务、专业技术服务。

①研发服务，也称技术开发服务，是指就新技术、新产品、新工艺或者新材料及其系统进行研究与试验开发的业务活动。

②合同能源管理服务，是指节能服务公司与用能单位以契约形式约定节能目标，节能服务公司提供必要的服务，用能单位以节能效果支付节能服务公司投入及其合理报酬的业务活动。

③工程勘察勘探服务，是指在采矿、工程施工前后，对地形、地质构造、地下资源蕴藏情况进行实地调查的业务活动。

④专业技术服务，是指气象服务、地震服务、海洋服务、测绘服务、城市规划、环境与生态监测服务等专项技术服务。

(2)信息技术服务，是指利用计算机、通信网络等技术对信息进行生产、收集、处理、加工、存储、运输、检索和利用，并提供信息服务的业务活动，包括软件服务、电路设计及测试服务、信息系统服务、业务流程管理服务和信息系统增值服务。

①软件服务，是指提供软件开发服务、软件维护服务、软件测试服务的业务活动。

②电路设计及测试服务，是指提供集成电路和电子电路产品设计、测试及相关技术支持服务的业务活动。

③信息系统服务，是指提供信息系统集成、网络管理、网站内容维护、桌面管理与维护、信

息系统应用、基础信息技术管理平台整合、信息技术基础设施管理、数据中心、托管中心、信息安全服务、在线杀毒、虚拟主机等业务活动，包括网站对非自有的网络游戏提供的网络运营服务。

④业务流程管理服务，是指依托信息技术提供的人力资源管理、财务经济管理、审计管理、税务管理、物流信息管理、经营信息管理和呼叫中心等服务的活动。

⑤信息系统增值服务，是指利用信息系统资源为用户附加提供的信息技术服务，包括数据处理、分析和整合、数据库管理、数据备份、数据存储、容灾服务、电子商务平台等。

(3)文化创意服务，包括设计服务、知识产权服务、广告服务和会议展览服务。

①设计服务，是指把计划、规划、设想通过文字、语言、图画、声音、视觉等形式传递出来的业务活动，包括工业设计、内部管理设计、业务运作设计、供应链设计、造型设计、服装设计、环境设计、平面设计、包装设计、动漫设计、网游设计、展示设计、网站设计、机械设计、工程设计、广告设计、创意策划、文印晒图等。

②知识产权服务，是指处理知识产权事务的业务活动，包括对专利、商标、著作权、软件、集成电路布图设计的登记、鉴定、评估、认证、检索服务。

③广告服务，是指利用图书、报纸、杂志、广播、电视、电影、幻灯、路牌、招贴、橱窗、霓虹灯、灯箱、互联网等各种形式为客户的商品、经营服务项目、文体节目或者通告、声明等委托事项进行宣传和提供相关服务的业务活动。包括广告代理和广告的发布、播映、宣传、展示等。

④会议展览服务，是指为商品流通、促销、展示、经贸洽谈、民间交流、企业沟通、国际往来等举办或者组织安排的各类展览和会议的业务活动。

(4)物流辅助服务，包括航空服务、港口码头服务、货运客运场站服务、打捞救助服务、装卸搬运服务、仓储服务和收派服务。

①航空服务，包括航空地面服务和通用航空服务。航空地面服务，是指航空公司、飞机场、民航管理局、航站等向在境内航行或者在境内机场停留的境内外飞机或者其他飞行器提供的导航等劳务性地面服务的业务活动，包括旅客安全检查服务、停机坪管理服务、机场候机厅管理服务、飞机清洗消毒服务、空中飞行管理服务、飞机起降服务、飞行通讯服务、地面信号服务、飞机安全服务、飞机跑道管理服务、空中交通管理服务等。通用航空服务，是指为专业工作提供飞行服务的业务活动，包括航空摄影、航空培训、航空测量、航空勘探、航空护林、航空吊挂播洒、航空降雨、航空气象探测、航空海洋监测、航空科学实验等。

②港口码头服务，是指港务船舶调度服务、船舶通信服务、航道管理服务、航道疏浚服务、灯塔管理服务、航标管理服务、船舶引航服务、理货服务、系解缆服务、停泊和移泊服务、海上船舶溢油清除服务、水上交通管理服务、船只专业清洗消毒检测服务和防止船只漏油服务等为船只提供服务的业务活动。港口设施经营人收取的港口设施保安费按照港口码头服务缴纳增值税。

③货运客运场站服务，是指货运客运场站提供货物配载服务、运输组织服务、中转换乘服务、车辆调度服务、票务服务、货物打包整理、铁路线路使用服务、加挂铁路客车服务、铁路行包专列发送服务、铁路到达和中转服务、铁路车辆编解服务、车辆挂运服务、铁路接触网服务、铁路机车牵引服务等业务活动。

④打捞救助服务，是指提供船舶人员救助、船舶财产救助、水上救助和沉船沉物打捞服务的业务活动。

⑤装卸搬运服务，是指使用装卸搬运工具或者人力、畜力将货物在运输工具之间、装卸现

场之间或者运输工具与装卸现场之间进行装卸和搬运的业务活动。

⑥仓储服务，是指利用仓库、货场或者其他场所代客贮放、保管货物的业务活动。

⑦收派服务，是指接受寄件人委托，在承诺的时限内完成函件和包裹的收件、分拣、派送服务的业务活动。收件服务，是指从寄件人收取函件和包裹，并运送到服务提供方同城的集散中心的业务活动。分拣服务，是指服务提供方在其集散中心对函件和包裹进行归类、分发的业务活动。派送服务，是指服务提供方从其集散中心将函件和包裹送达同城的收件人的业务活动。

(5)租赁服务，包括融资租赁服务和经营租赁服务。

①融资租赁服务，是指具有融资性质和所有权转移特点的租赁活动。即出租人根据承租人所要求的规格、型号、性能等条件购入有形动产或者不动产租赁给承租人，合同期内租赁物所有权属于出租人，承租人只拥有使用权，合同期满付清租金后，承租人有权按照残值购入租赁物，以拥有其所有权。不论出租人是否将租赁物销售给承租人，均属于融资租赁。按照标的物的不同，融资租赁服务可分为有形动产融资租赁服务和不动产融资租赁服务。融资性售后回租不按照本税目缴纳增值税。

②经营租赁服务，是指在约定时间内将有形动产或者不动产转让他人使用且租赁物所有权不变更的业务活动。按照标的物的不同，经营租赁服务可分为有形动产经营租赁服务和不动产经营租赁服务。

将建筑物、构筑物等不动产或者飞机、车辆等有形动产的广告位出租给其他单位或者个人用于发布广告，按照经营租赁服务缴纳增值税。车辆停放服务、道路通行服务(包括过路费、过桥费、过闸费等)等按照不动产经营租赁服务缴纳增值税。水路运输的光租业务、航空运输的干租业务，属于经营租赁。

光租业务，是指运输企业将船舶在约定的时间内出租给他人使用，不配备操作人员，不承担运输过程中发生的各项费用，只收取固定租赁费的业务活动。干租业务，是指航空运输企业将飞机在约定的时间内出租给他人使用，不配备机组人员，不承担运输过程中发生的各项费用，只收取固定租赁费的业务活动。

(6)鉴证咨询服务，包括认证服务、鉴证服务和咨询服务。

①认证服务，是指具有专业资质的单位利用检测、检验、计量等技术，证明产品、服务、管理体系符合相关技术规范、相关技术规范的强制性要求或者标准的业务活动。

②鉴证服务，是指具有专业资质的单位受托对相关事项进行鉴证，发表具有证明力的意见的业务活动，包括会计鉴证、税务鉴证、法律鉴证、职业技能鉴定、工程造价鉴证、工程监理、资产评估、环境评估、房地产土地评估、建筑图纸审核、医疗事故鉴定等。

③咨询服务，是指提供信息、建议、策划、顾问等服务的活动。包括金融、软件、技术、财务、税收、法律、内部管理、业务运作、流程管理、健康等方面的咨询。翻译服务和市场调查服务按照咨询服务缴纳增值税。

(7)广播影视服务，包括广播影视节目(作品)的制作服务、发行服务和播映(含放映，下同)服务。

①广播影视节目(作品)制作服务，是指进行专题(特别节目)、专栏、综艺、体育、动画片、广播剧、电视剧、电影等广播影视节目和作品制作的服务。具体包括与广播影视节目和作品相关的策划、采编、拍摄、录音、音视频文字图片素材制作、场景布置、后期的剪辑、翻译(编译)、字幕制作、片头、片尾、片花制作、特效制作、影片修复、编目和确权等业务活动。

②广播影视节目(作品)发行服务，是指以分账、买断、委托等方式，向影院、电台、电视台、

网站等单位和个人发行广播影视节目(作品)以及转让体育赛事等活动的报道及播映权的业务活动。

③广播影视节目(作品)播映服务,是指在影院、剧院、录像厅及其他场所播映广播影视节目(作品),以及通过电台、电视台、卫星通信、互联网、有线电视等无线或者有线装置播映广播影视节目(作品)的业务活动。

(8)商务辅助服务,包括企业管理服务、经纪代理服务、货物运输代理服务、人力资源服务、安全保护服务。

①企业管理服务,是指提供总部管理、投资与资产管理、市场管理、物业管理、日常综合管理等服务的业务活动。

②经纪代理服务,是指各类经纪、中介、代理服务,包括金融代理、知识产权代理、货物运输代理、代理报关、法律代理、房地产中介、职业中介、婚姻中介、代理记账、拍卖等。

③货物运输代理服务,是指接受货物收货人、发货人、船舶所有人、船舶承租人或者船舶经营人的委托,以委托人的名义,为委托人办理货物运输、装卸、仓储和船舶进出港口、引航、靠泊等相关手续的业务活动。代理报关服务,是指接受进出口货物的收、发货人委托,代为办理报关手续的业务活动。

④人力资源服务,是指提供公共就业、劳务派遣、人才委托招聘、劳动力外包等服务的业务活动。

⑤安全保护服务,是指提供保护人身安全和财产安全,维护社会治安等的业务活动,包括场所住宅保安、特种保安、安全系统监控以及其他安保服务。

(9)其他现代服务,是指除研发和技术服务、信息技术服务、文化创意服务、物流辅助服务、租赁服务、鉴证咨询服务、广播影视服务和商务辅助服务以外的现代服务,主要是指生活服务。

生活服务,是指为满足城乡居民日常生活需求提供的各类服务活动,包括文化体育服务、教育医疗服务、旅游娱乐服务、餐饮住宿服务、居民日常服务和其他生活服务。

①文化体育服务,包括文化服务和体育服务。

文化服务,是指为满足社会公众文化生活需求提供的各种服务,包括文艺创作、文艺表演、文化比赛,图书馆的图书和资料借阅,档案馆的档案管理,文物及非物质遗产保护,组织举办宗教活动、科技活动、文化活动,提供游览场所。

体育服务,是指组织举办体育比赛、体育表演、体育活动,以及提供体育训练、体育指导、体育管理的业务活动。

②教育医疗服务,包括教育服务和医疗服务。

教育服务,是指提供学历教育服务、非学历教育服务、教育辅助服务的业务活动。学历教育服务,是指根据教育行政管理部门确定或者认可的招生和教学计划组织教学,并颁发相应学历证书的业务活动,包括初等教育、初级中等教育、高级中等教育、高等教育等;非学历教育服务,包括学前教育、各类培训、演讲、讲座、报告会等;教育辅助服务,包括教育测评、考试、招生等服务。

医疗服务,是指提供医学检查、诊断、治疗、康复、预防、保健、接生、计划生育、防疫服务等方面的服务,以及与这些服务有关的提供药品、医用材料器具、救护车、病房住宿和伙食的业务。

③旅游娱乐服务,包括旅游服务和娱乐服务。

旅游服务,是指根据旅游者的要求,组织安排交通、游览、住宿、餐饮、购物、文娱、商务等服务的业务活动。

娱乐服务，是指为娱乐活动同时提供场所和服务的业务，包括歌厅、舞厅、夜总会、酒吧、台球、高尔夫球、保龄球、游艺（包括射击、狩猎、跑马、游戏机、蹦极、卡丁车、热气球、动力伞、射箭、飞镖）。

④餐饮住宿服务，包括餐饮服务和住宿服务。

餐饮服务，是指通过同时提供饮食和饮食场所的方式为消费者提供饮食消费服务的业务活动。

住宿服务，是指提供住宿场所及配套服务等的活动，包括宾馆、旅馆、旅社、度假村和其他经营性住宿场所提供的住宿服务。

⑤居民日常服务，是指主要为满足居民个人及其家庭日常生活需求提供的服务，包括市容市政管理、家政、婚庆、养老、殡葬、照料和护理、救助救济、美容美发、按摩、桑拿、氧吧、足疗、沐浴、洗染、摄影扩印等服务。

⑥其他生活服务，是指除文化体育服务、教育医疗服务、旅游娱乐服务、餐饮住宿服务和居民日常服务之外的生活服务。

（四）销售无形资产

销售无形资产，是指转让无形资产所有权或者使用权的业务活动。无形资产，是指不具实物形态，但能带来经济利益的资产，包括技术、商标、著作权、商誉、自然资源使用权和其他权益性无形资产。

技术，包括专利技术和非专利技术。自然资源使用权，包括土地使用权、海域使用权、探矿权、采矿权、取水权和其他自然资源使用权。其他权益性无形资产，包括基础设施资产经营权、公共事业特许权、配额、经营权（包括特许经营权、连锁经营权、其他经营权）、经销权、分销权、代理权、会员权、席位权、网络游戏虚拟道具、域名、名称权、肖像权、冠名权、转会费等。

（五）销售不动产

销售不动产，是指转让不动产所有权的业务活动。不动产，是指不能移动或者移动后会引起性质、形状改变的财产，包括建筑物、构筑物等。建筑物，包括住宅、商业营业用房、办公楼等可供居住、工作或者进行其他活动的建造物；构筑物，包括道路、桥梁、隧道、水坝等建造物。

转让建筑物有限产权或者永久使用权的，转让在建的建筑物或者构筑物所有权的，以及在转让建筑物或者构筑物时一并转让其所占土地的使用权的，按照销售不动产缴纳增值税。

在境内销售服务、无形资产或者不动产，是指：

(1)服务（租赁不动产除外）或者无形资产（自然资源使用权除外）的销售方或者购买方在境内；

(2)所销售或者租赁的不动产在境内；

(3)所销售自然资源使用权的自然资源在境内；

(4)财政部和国家税务总局规定的其他情形。

下列情形视同销售服务、无形资产或者不动产：

(1)单位或者个体工商户向其他单位或者个人无偿提供服务，但用于公益事业或者以社会公众为对象的除外。

(2)单位或者个人向其他单位或者个人无偿转让无形资产或者不动产，但用于公益事业或者以社会公众为对象的除外。

(3)财政部和国家税务总局规定的其他情形。

销售服务、无形资产或者不动产，是指有偿提供服务、有偿转让无形资产或者不动产，但属于下列非经营活动的情形除外：

(1)行政单位收取的同时满足以下条件的政府性基金或者行政事业性收费。

①由国务院或者财政部批准设立的政府性基金，由国务院或者省级人民政府及其财政、价格主管部门批准设立的行政事业性收费；

②收取时开具省级以上(含省级)财政部门监(印)制的财政票据；

③所收款项全额上缴财政。

(2)单位或者个体工商户聘用的员工为本单位或者雇主提供取得工资的服务。

(3)单位或者个体工商户为聘用的员工提供服务。

(4)财政部和国家税务总局规定的其他情形。

上述规定自 2016 年 5 月 1 日起执行。《财政部 国家税务总局关于将铁路运输和邮政业纳入营业税改征增值税试点的通知》(财税〔2013〕106 号)、《财政部 国家税务总局关于铁路运输和邮政业营业税改征增值税试点有关政策的补充通知》(财税〔2013〕121 号)、《财政部 国家税务总局关于将电信业纳入营业税改征增值税试点的通知》(财税〔2014〕43 号)、《财政部 国家税务总局关于国际水路运输增值税零税率政策的补充通知》(财税〔2014〕50 号)和《财政部 国家税务总局关于影视等出口服务适用增值税零税率政策的通知》(财税〔2015〕118 号)，除另有规定的条款外，相应废止。

四、税率

我国的增值税税率设计为几个档次，即基本税率、低税率和零税率。

(1)基本税率：17%。适用于进口货物，提供加工、修理修配劳务。

(2)低税率：13%。适用于粮食、食用植物油；暖气、冷气、热水、煤气、石油液化气、天然气、沼气、居民用煤炭制品；图书、报纸、杂志；饲料、化肥、农药、农机、农膜；农业产品、金属矿采选产品、非金属矿采选产品；国务院规定的其他货物。2017 年 7 月 1 日之后适用 11%税率。

(3)征收率。小规模纳税人征收率为 3%。

(4)纳税人发生应税行为，税率为 6%；提供交通运输、邮政、基础电信、建筑、不动产租赁服务，销售不动产，转让土地使用权，税率为 11%；提供有形动产租赁服务，税率为 17%。

五、增值税纳税义务、扣缴义务发生时间及地点

(1)纳税人发生应税行为并收讫销售款项或者取得索取销售款项凭据的当天；先开具发票的，为开具发票的当天。收讫销售款项，是指纳税人销售服务、无形资产、不动产过程中或者完成后收到款项。取得索取销售款项凭据的当天，是指书面合同确定的付款日期；未签订书面合同或者书面合同未确定付款日期的，为服务、无形资产转让完成的当天或者不动产权属变更的当天。

(2)纳税人提供建筑服务、租赁服务采取预收款方式的，其纳税义务发生时间为收到预收款的当天。

(3)纳税人从事金融商品转让的，为金融商品所有权转移的当天。

(4)纳税人发生《增值税条例》第 14 条规定情形的，其纳税义务发生时间为服务、无形资产转让完成的当天或者不动产权属变更的当天。

(5)增值税扣缴义务发生时间为纳税人增值税纳税义务发生的当天。

纳税人发生应税行为适用免税、减税规定的，可以放弃免税、减税，依照《增值税条例》的规

定缴纳增值税。放弃免税、减税后，36 个月内不得再申请免税、减税。纳税人发生应税行为同时适用免税和零税率规定的，纳税人可以选择适用免税或者零税率。

增值税纳税地点为：

(1)固定业户应当向其机构所在地或者居住地主管税务机关申报纳税。总机构和分支机构不在同一县(市)的，应当分别向各自所在地的主管税务机关申报纳税；经财政部和国家税务总局或者其授权的财政和税务机关批准，可以由总机构汇总向总机构所在地的主管税务机关申报纳税。

(2)非固定业户应当向应税行为发生地主管税务机关申报纳税；未申报纳税的，由其机构所在地或者居住地主管税务机关补征税款。

(3)其他个人提供建筑服务，销售或者租赁不动产，转让自然资源使用权，应向建筑服务发生地、不动产所在地、自然资源所在地主管税务机关申报纳税。

(4)扣缴义务人应当向其机构所在地或者居住地主管税务机关申报缴纳扣缴的税款。

六、征收管理

营业税改征的增值税，由国家税务局负责征收。纳税人销售取得的不动产和其他个人出租不动产的增值税，国家税务局暂委托地方税务局代为征收。

纳税人发生适用零税率的应税行为，应当按期向主管税务机关申报办理退(免)税，具体办法由财政部和国家税务总局制定。

纳税人发生应税行为，应当向索取增值税专用发票的购买方开具增值税专用发票，并在增值税专用发票上分别注明销售额和销项税额。

属于下列情形之一的，不得开具增值税专用发票：

(1)向消费者个人销售服务、无形资产或者不动产。

(2)适用免征增值税规定的应税行为。

(3)小规模纳税人发生应税行为，购买方索取增值税专用发票的，可以向主管税务机关申请代开。

个人发生应税行为的销售额未达到增值税起征点的，免征增值税；达到起征点的，全额计算缴纳增值税。增值税起征点不适用于登记为一般纳税人的个体工商户。

增值税起征点幅度如下：

(1)按期纳税的，为月销售额5 000～20 000元(含本数)。

(2)按次纳税的，为每次(日)销售额 300～500 元(含本数)。

对增值税小规模纳税人中月销售额未达到 2 万元的企业或非企业性单位，免征增值税。2017 年 12 月 31 日前，对月销售额 2 万元(含本数)至 3 万元的增值税小规模纳税人，免征增值税。

第二节　增值税核算

一、一般纳税人应纳税额的计算

一般纳税人销售货物或者提供应税劳务，应纳税额为当期销项税额抵扣当期进项税额后的余额。应纳税额的计算公式为：

应纳税额＝当期销项税额－当期进项税额

因当期销项税额小于当期进项税额不足抵扣时，其不足部分可结转下期继续抵扣。所谓销项税额，是指纳税人销售货物或者应税劳务，按照销售额和规定的税率计算并向购买方收取的增值税额。销项税额的计算公式为：

销项税额＝销售额×税率

销售额为纳税人销售货物或者应税劳务向购买方收取的全部价款和价外费用，但不包括收取的销项税额。价外费用，指价外另外向购买方收取的手续费、补贴、基金、集资费返还利润、奖励费、违约金（延期付款利息）、包装费、包装物租金、代垫款项以及各种性质的价外收费。但不包括：(1)向购买方收取的销项税额。(2)受托加工应征消费税的消费品所代收代缴的消费税。(3)同时符合以下条件的代垫运费：承运部门的运费发票开具给购货方的；纳税人将该项发票转交给购货方的。(4)代为收取并符合《增值税条例》第 10 条规定的政府性基金或者行政事业性收费。凡属于价外费用，无论其会计制度如何核算，均应并入销售额计算应纳税额。一般计税方法的销售额不包括销项税额，纳税人采用销售额和销项税额合并定价方法的，按照下列公式计算销售额：

销售额＝含税销售额÷(1＋税率)

【例 2－1】 天一食品厂为一般纳税人，6 月销售一批食品给一批发商，开具增值税的专用发票注明售价30 000元，同时收取运输费 553 元，包装物租金 500 元，计算 6 月份的销项税额。

销售额＝30 000＋(553＋500)÷(1＋17%)＝30 900(元)

销项税额＝30 900×17%＝5 253(元)

【例 2－2】 欣欣公司 2 月份销售电瓶车收取对方包装物押金5 000元，期限 6 个月。8 月份到期没收了押金。计算 2 月份和 8 月份的销项税额。

2 月份：不能判断是否逾期，暂不计征增值税。

8 月份：没收当月计征增值税。包装物押金是普通发票，所以是含税的。

5 000÷(1＋17%)×17%＝726.5(元)

纳税人兼营销售货物、劳务、服务、无形资产或者不动产，适用不同税率或者征收率的，应当分别核算适用不同税率或者征收率的销售额；未分别核算的，从高适用税率。一项销售行为如果既涉及服务又涉及货物，为混合销售。从事货物的生产、批发或者零售的单位和个体工商户的混合销售行为，按照销售货物缴纳增值税；其他单位和个体工商户的混合销售行为，按照销售服务缴纳增值税。从事货物的生产、批发或者零售的单位和个体工商户，包括以从事货物的生产、批发或者零售为主，并兼营销售服务的单位和个体工商户在内。纳税人兼营免税、减税项目的，应当分别核算免税、减税项目的销售额；未分别核算的，不得免税、减税。纳税人发生应税行为，开具增值税专用发票后，发生开票有误或者销售折让、中止、退回等情形的，应当按照国家税务总局的规定开具红字增值税专用发票；未按照规定开具红字增值税专用发票的，不得扣减销项税额或者销售额。

纳税人发生应税行为，将价款和折扣额在同一张发票上分别注明的，以折扣后的价款为销售额；未在同一张发票上分别注明的，以价款为销售额，不得扣减折扣额。

纳税人发生应税行为价格明显偏低或者偏高且不具有合理商业目的的，或者发生《增值税条例》第 14 条所列行为而无销售额的，主管税务机关有权按照下列顺序确定销售额：

(1)按照纳税人最近时期销售同类服务、无形资产或者不动产的平均价格确定。

(2)按照其他纳税人最近时期销售同类服务、无形资产或者不动产的平均价格确定。

(3)按照组成计税价格确定。组成计税价格的公式为：

组成计税价格＝成本×(1＋成本利润率)

成本利润率由国家税务总局确定。

不具有合理商业目的，是指以谋取税收利益为主要目的，通过人为安排，减少、免除、推迟缴纳增值税税款，或者增加退还增值税税款。

一般纳税人销售货物或应税劳务采用销售额和销项税额合并定价方法的，按下列公式计算销售额：

销售额＝含税销售额/(1 ＋ 税率)

进项税额，是指纳税人购进货物、加工修理修配劳务、服务、无形资产或者不动产，支付或者负担的增值税额。

下列进项税额准予从销项税额中抵扣：

(1)从销售方取得的增值税专用发票(含税控机动车销售统一发票，下同)上注明的增值税额。

(2)从海关取得的海关进口增值税专用缴款书上注明的增值税额。

(3)购进农产品，除取得增值税专用发票或者海关进口增值税专用缴款书外，按照农产品收购发票或者销售发票上注明的农产品买价和13％的扣除率计算的进项税额。计算公式为：

进项税额＝买价×扣除率

买价，是指纳税人购进农产品在农产品收购发票或者销售发票上注明的价款和按照规定缴纳的烟叶税。

购进农产品，按照《农产品增值税进项税额核定扣除试点实施办法》，抵扣进项税额的除外。

(4)从境外单位或者个人购进服务、无形资产或者不动产，自税务机关或者扣缴义务人处取得的解缴税款的完税凭证上注明的增值税额。

纳税人取得的增值税扣税凭证不符合法律、行政法规或者国家税务总局有关规定的，其进项税额不得从销项税额中抵扣。增值税扣税凭证，是指增值税专用发票、海关进口增值税专用缴款书、农产品收购发票、农产品销售发票和完税凭证。纳税人凭完税凭证抵扣进项税额的，应当具备书面合同、付款证明和境外单位的对账单或者发票。资料不全的，其进项税额不得从销项税额中抵扣。

下列项目的进项税额不得从销项税额中抵扣：

(1)用于简易计税方法计税项目、免征增值税项目、集体福利或者个人消费的购进货物、加工修理修配劳务、服务、无形资产和不动产。其中涉及的固定资产、无形资产、不动产，仅指专用于上述项目的固定资产、无形资产(不包括其他权益性无形资产)、不动产。纳税人的交际应酬消费属于个人消费。

(2)非正常损失的购进货物，以及相关的加工修理修配劳务和交通运输服务。

(3)非正常损失的在产品、产成品所耗用的购进货物(不包括固定资产)、加工修理修配劳务和交通运输服务。

(4)非正常损失的不动产，以及该不动产所耗用的购进货物、设计服务和建筑服务。

(5)非正常损失的不动产在建工程所耗用的购进货物、设计服务和建筑服务。

非正常损失，是指因管理不善造成货物被盗、丢失、霉烂变质，以及因违反法律法规造成货物或者不动产被依法没收、销毁、拆除的情形。

适用一般计税方法的纳税人，兼营简易计税方法计税项目、免征增值税项目而无法划分不得抵扣的进项税额，按照下列公式计算不得抵扣的进项税额：

不得抵扣的进项税额＝当期无法划分的全部进项税额×（当期简易计税方法计税项目销售额＋免征增值税项目销售额）÷当期全部销售额

主管税务机关可以按照上述公式依据年度数据对不得抵扣的进项税额进行清算。

已抵扣进项税额的购进货物（不含固定资产）、劳务、服务，发生《增值税条例》第 27 条规定情形（简易计税方法计税项目、免征增值税项目除外）的，应当将该进项税额从当期进项税额中扣减；无法确定该进项税额的，按照当期实际成本计算应扣减的进项税额。

已抵扣进项税额的固定资产、无形资产或者不动产，发生《增值税条例》第 27 条规定情形的，按照下列公式计算不得抵扣的进项税额：

不得抵扣的进项税额＝固定资产、无形资产或者不动产净值×适用税率

固定资产、无形资产或者不动产净值，是指纳税人根据财务会计制度计提折旧或摊销后的余额。

纳税人适用一般计税方法计税的，因销售折让、中止或者退回而退还给购买方的增值税额，应当从当期的销项税额中扣减；因销售折让、中止或者退回而收回的增值税额，应当从当期的进项税额中扣减。

有下列情形之一者，应当按照销售额和增值税税率计算应纳税额，不得抵扣进项税额，也不得使用增值税专用发票：

（1）一般纳税人会计核算不健全，或者不能够提供准确税务资料的。

（2）应当办理一般纳税人资格登记而未办理的。

简易计税方法的应纳税额，是指按照销售额和增值税征收率计算的增值税额，不得抵扣进项税额。应纳税额计算公式为：

应纳税额＝销售额×征收率

简易计税方法的销售额不包括其应纳税额，纳税人采用销售额和应纳税额合并定价方法的，按照下列公式计算销售额：

销售额＝含税销售额÷（1＋征收率）

纳税人适用简易计税方法计税的，因销售折让、中止或者退回而退还给购买方的销售额，应当从当期销售额中扣减。扣减当期销售额后仍有余额造成多缴的税款，可以从以后的应纳税额中扣减。

在计算应纳税额中，要分清哪些可以或不可以作为计税依据，1993 年国家税务总局《增值税若干具体问题的规定》指出：

（1）纳税人为销售货物而出租、出借包装物收取的押金，单独记账核算的，不并入销售额征税。但对因逾期未收回包装物而不再退还的押金，应按所包装货物的适用税率征收增值税。

（2）纳税人采取折扣方式销售货物，如果销售额和折扣额在同一张发票上分别注明的，可以按折扣后的销售额征收增值税；如果将折扣额另开发票，不论其在财务上如何处理，均不得从销售额中减除折扣额。

（3）纳税人采以旧换新方式销售货物，应按新货的同期销售价格确定销售额。纳税人采取还本销售方式销售货物，不得从销售额中减除还本支出。

【例 2－3】 苏宁电器为一般纳税人，8 月采取以旧换新销售空调，李明勇用旧空调折价 200 元，补上1 800元换取一台新空调。计算苏宁电器的销项税额。

面向最终消费者的2 000元是包含增值税的。

销项税额＝2 000÷（1＋17%）×17%＝290.6（元）

(4)纳税人因销售价格明显偏低或无销售价格等原因，按规定需组成计税价格确定销售额的，其组价公式中的成本利润率为10%。但属于应从价定率征收消费税的货物，其组价公式中的成本利润率，为国家税务总局《增值税若干具体问题的规定》中规定的成本利润率。

二、进口货物增值税应纳税额的计算

进口货物按组成计税价格计税：

组成计税价格＝关税完税价格＋关税＋消费税

或　组成计税价格＝(关税完税价格＋关税)÷(1－消费税税率)

或　应纳税额＝组成计税价格×税率

【例2—4】 某商场2016年10月进口货物一批。该批货物在国外的买价是400万元，另该批货物运抵我国海关前发生的包装费、运输费、保险费等共计200万元。货物报关后，商场按规定缴纳了进口环节的增值税并取得了海关开具的完税凭证。假定该批进口货物在国内全部销售，取得不含税销售额800万元。已知货物进口关税税率为15%，增值税税率为17%。计算进口环节应缴纳增值税的税额，计算国内销售环节的销项税额及计算国内销售环节应缴纳增值税税额。

关税组成计税价格＝400＋200＝600(万元)

进口关税＝600×15%＝90(万元)

增值税组成计税价格＝600＋90＝690(万元)

进口增值税＝690×17%＝117.3(万元)

销项税＝800×17%＝136(万元)

应缴纳增值税＝136－117.3＝18.7(万元)

三、增值税出口退税的计算

增值税出口退税是指纳税人出口适用税率为零的货物，向海关办理出口手续后，凭出口报关单等有关凭证，按月向税务机关申报办理该项出口货物的退税。按照财政部、国家税务总局《关于进一步推进出口货物实行免抵退税办法的通知》规定：自2002年1月1日起，生产企业自营或委托外贸企业代理出口自产货物，除另有规定外，增值税一律实行免、抵、退税管理办法。其中免税是指对生产企业出口的自产货物免征本企业生产销售环节增值税；抵税是指生产企业出口自产货物所耗用的原材料、零部件、燃料、动力等所含应予退还的进项税额，抵顶内销货物的应纳税额；退税是指生产企业出口的自产货物在当月内应抵顶的进项税额大于应纳税额时，对未抵顶完的部分予以退税。

(一)当期应纳税额的计算

当期应纳税额＝当期内销货物的销项税额－(当期进项税额－当期免、抵、退税不得免征和抵扣税额)－上期留抵税额

其中：

(1)免、抵、退税不得免征和抵扣税额＝出口货物离岸价格×外汇人民币牌价×(出口货物征税率－出口货物退税率)－免、抵、退税不得免征和抵扣税额抵减额；

(2)免、抵、退税不得免征和抵扣税额抵减额＝免税购进原材料价格×(出口货物征税率－出口货物退税率)。

(二)免抵退税的计算

免抵退税额＝出口货物离岸价×外汇人民币牌价×出口货物退税率－免、抵、退税额抵减额

其中：

(1)出口货物离岸价以出口发票计算的离岸价为准；

(2)免、抵、退税额抵减额＝免税购进原材料价格×出口货物退税率，免税购进原材料包括从国内购进免税原材料和进料加工免税进口料件。

(三)当期应退税额和免抵税额的计算

(1)如当期期末留抵税额≤当期免、抵、退税额，则：

当期应退税额＝当期期末留抵税额

当期免抵税额＝当期免、抵、退税额－当期应退税额

(2)如当期期末留抵税额＞当期免、抵、退税额，则：

当期应退税额＝当期免、抵、退税额

当期免抵税额＝0

【例 2—5】 某化工生产企业(一般纳税人)，兼营出口业务与内销业务。2016 年 9 月、10 月发生以下业务。

9 月份业务如下：

(1)国内购进原材料增值税专用发票上注明价款 140 万元，当月验收入库。

(2)内销货物不含税收入 500 万元，出口货物离岸价格 90 万元，支付销货运费 2 万元，取得运输企业开具的普通发票。

(3)另有上期留抵税额 16 万元。

10 月份业务如下：

(1)采购原料取得专用发票上注明价款 100 万元，货已入库。

(2)进料加工免税进口料件到岸价格 40 万元，海关实征关税 10 万元。

(3)销售货物不含税收入 120 万元，出口货物离岸价 140 万元。

要求：计算该企业 9 月份、10 月份出口退税额和免抵税额(出口货物原征税率为 17%，退税率为 13%)。

参考答案：

9 月份业务如下：

(1)当期免抵退税不得免征和抵扣税额＝90×(17%－13%)＝3.6(万元)

(2)当期应纳税额＝50×17%－(140×17%＋2×7%－3.6)－16＝－27.84(万元)

(3)当期免抵退税额＝90×13%＝11.7(万元)

(4)当期应退税额＝11.7(万元)

(5)当期免抵税额＝当期免抵退税额－当期应退税＝0

(6)留抵下期继续抵扣的税额＝27.84－11.7＝ 16.14(万元)

10 月份业务如下：

(1)免抵退税不得免征和抵扣税额抵减额＝(40＋10)×(17%－13%)＝2(万元)

(2)当期免抵退税不得免征和抵扣税额＝120×(17%－13%)－2＝2.8(万元)

(3)当期应纳税额＝120×17%－(17－2.8)－16.14＝－9.94(万元)

(4)免抵退税额抵减额＝(40＋10)×13%＝6.5(万元)

(5) 出口货物“免、抵、退”税额＝140×13%－6.5＝11.7(万元)

(6) 该企业当期应退税额＝9.94(万元)

(7)当期抵免税额＝11.7－9.94＝1.76(万元)

四、小规模纳税人增值税应纳税额的计算

按照税法规定，小规模纳税人销售货物或者提供应税劳务按照简易方法计算增值税，不得抵扣进项税额。其计算公式为：

应纳税额＝销售额×征收率

由于小规模纳税人在销售货物或提供应税劳务时，只能开具普通发票，取得的销售收入均为含税收入。为了符合增值税作为价外税的要求，小规模纳税人在计算应纳税额时，必须将含税销售额换算为不含税销售额后才能计算应纳税额。换算的公式为：

不含税销售额＝含税销售额÷(1＋征收率)

【例2－6】 某市A企业为增值税小规模纳税人，2016年5月销售取得含税收入206万元，其适用的增值税征收率为3%，计算A企业5月应纳增值税额。

按照应纳税款计算公式，该纳税人本月应纳增值税额为206÷(1＋3%)×3%＝6(万元)。

五、增值税核算的账务处理

(一)一般纳税人增值税核算的账户设置

一般纳税人进行增值税会计处理，应在“应交税费”账户下设置“应交税费——应交增值税”和“应交税费——未交增值税”两个明细账户。

(二)小规模纳税人增值税核算的账户设置

小规模纳税人只须在“应交税费”账户下设置“应交增值税”二级账户，无须再设明细项目。

(三)会计分录

(1)月底，进项税额大于销项税额，不进行账务处理，直接作为留抵税额。

(2)月底，销项税额大于进项税额：

①计算应交增值税：

销项税额－进项税额－以前留抵进项税额＝本期应交增值税

②结转：

借：应交税费——应交增值税

　　贷：应交税费——未交增值税

(3)缴纳：

借：应交税金——未交增值税

　　贷：银行存款

第三节　增值税纳税申报

一、增值税的纳税期限与纳税地点

纳税义务发生时间，是指纳税人发生应税行为应当承担纳税义务的起始时间。按结算方式不同有不同的具体规定。

纳税期限：分别为1日、3日、5日、10日、15日、1个月或者1个季度，具体期限由主管税务机关根据应纳税额的大小分别核定；不能按固定期限纳税的，可以按次纳税。纳税人以1个月为一期纳税的，自期满之日起10日内申报纳税；以1日、3日、5日、10日或者15日为一期纳税的，自期满之日起5日内预缴税款，于次月1日起10日内申报纳税并结清上月应纳税款。进口货物应当自海关填发税款缴纳书之日起15日内缴纳税款。

纳税地点：

(1)固定业户应当向其机构所在地主管税务机关申报纳税。固定业户到外县(市)销售货物的，应当向其机构所在地主管税务机关申请开具外出经营活动税收管理证明，向其机构所在地主管税务机关申报纳税。

(2)非固定业户销售货物或者应税劳务，应当向销售地主管税务机关申报纳税。非固定业户到外县(市)销售货物或者应税劳务，未向销售地主管税务机关申报纳税的，由其机构所在地或者居住地主管税务机关补征税款。

(3)进口货物应当向报关地海关申报纳税。

二、增值税一般纳税人的纳税申报表编制

(一)增值税一般纳税人纳税申报资料

《增值税纳税申报表》及其3个附表：本期销售情况明细、本期进项税额明细、防伪税控增值税专用发票申报抵扣明细。

(二)增值税纳税申报表填制方法

增值税纳税申报表

(适用于增值税一般纳税人)

根据《中华人民共和国增值税暂行条例》第22条和第23条的规定制定本表。纳税人不论有无销售额，均应按主管税务机关核定的纳税期限按期填报本表，并于次月1日起10日内，向当地税务机关申报。

税款所属时间：自　年　月　日至　年　月　日 填表日期：　年　月　日　　金额单位：元至角分

纳税人识别号						所属行业：
纳税人名称	（公章）	法定代表人姓名		注册地址		营业地址
开户银行及账号		企业登记注册类型			电话号码	

项目		栏次	一般货物及劳务		即征即退货物及劳务	
			本月数	本年累计	本月数	本年累计
销售额	(一)按适用税率征税货物及劳务销售额	1				
	其中：应税货物销售额	2				
	应税劳务销售额	3				
	纳税检查调整的销售额	4				
	(二)按简易征收办法征税货物销售额	5				
	其中：纳税检查调整的销售额	6				
	(三)免、抵、退办法出口货物销售额	7				
	(四)免税货物及劳务销售额	8				
	其中：免税货物销售额	9				
	免税劳务销售额	10				

续表

税款计算	销项税额	11				
	进项税额	12				
	上期留抵税额	13				
	进项税额转出	14				
	免、抵、退货物应退税额	15				
	按适用税率计算的纳税检查应补缴税额	16				
	应抵扣税额合计	17＝12＋13－14－15＋16				
	实际抵扣税额	18(如 17＜11,则为 17,否则为 11)				
	应纳税额	19＝11－18				
	期末留抵税额	20＝17－18				
	按简易征收办法计算的应纳税额	21				
	按简易征收办法计算的纳税检查应补缴税额	22				
	应纳税额减征额	23				
	应纳税额合计	24＝19＋21－23				
税款缴纳	期初未缴税额(多缴为负数)	25				
	实收出口开具专用缴款书退税额	26				
	本期已缴税额	27＝28＋29＋30＋31				
	①分次预缴税额	28				
	②出口开具专用缴款书预缴税额	29				
	③本期缴纳上期应纳税额	30				
	④本期缴纳欠缴税额	31				
	期末未缴税额(多缴为负数)	32＝24＋25＋26－27				
	其中:欠缴税额(≥0)	33＝25＋26－27				
	本期应补(退)税额	34＝24－28－29				
	即征即退实际退税额	35				
	期初未缴查补税额	36				
	本期入库查补税额	37				
	期末未缴查补税额	38＝16＋22＋36－37				
授权声明	如果你已委托代理人申报,请填写下列资料: 为代理一切税务事宜,现授权(地址) 为本纳税人的代理申报人,任何与本申报表有关的往来文件,都可寄予此人。 授权人签字:		申报人声明	此纳税申报表是根据《中华人民共和国增值税暂行条例》的规定填报的,我相信它是真实的、可靠的、完整的。		

《增值税纳税申报表(适用于一般纳税人)》填表说明:

本申报表适用于增值税一般纳税人填报。增值税一般纳税人销售按简易办法缴纳增值税的货物,也使用本表。

本表"税款所属时间"是指纳税人申报的增值税应纳税额的所属时间,应填写具体的起止年、月、日。

本表"填表日期"指纳税人填写本表的具体日期。

本表"纳税人识别号"栏,填写税务机关为纳税人确定的识别号,即税务登记证号码。

本表"所属行业"栏,按照国民经济行业分类与代码中的小类行业填写。

本表"纳税人名称"栏,填写纳税人单位名称全称,不得填写简称。

本表"法定代表人姓名"栏,填写纳税人法定代表人的姓名。

本表"注册地址"栏,填写纳税人税务登记证所注明的详细地址。

本表"营业地址"栏,填写纳税人营业地的详细地址。

本表"开户银行及账号"栏,填写纳税人开户银行的名称和纳税人在该银行的结算账户号码。

本表"企业登记注册类型"栏,按税务登记证填写。

本表"电话号码"栏,填写纳税人注册地和经营地的电话号码。

表中"一般货物及劳务",是指享受即征即退的货物及劳务以外的其他货物及劳务。

表中"即征即退货物及劳务",是指纳税人按照税法规定享受即征即退税收优惠政策的货物及劳务。

本表第1项"(一)按适用税率征税货物及劳务销售额"栏数据,填写纳税人本期按适用税率缴纳增值税的应税货物和应税劳务的销售额。包括在财务上不作销售但按税法规定应缴纳增值税的视同销售货物和价外费用销售额,外贸企业作价销售进料加工复出口的货物,税务、财政、审计部门检查按适用税率计算调整的销售额。"一般货物及劳务"的"本月数"栏数据与"即征即退货物及劳务"的"本月数"栏数据之和,应等于《附表一》第7栏的"小计"中的"销售额"数。"本年累计"栏数据,应为年度内各月数之和。

本表第2项"应税货物销售额"栏数据,填写纳税人本期按适用税率缴纳增值税的应税货物的销售额。包括在财务上不作销售但按税法规定应缴纳增值税的视同销售货物和价外费用销售额,以及外贸企业作价销售进料加工复出口的货物。"一般货物及劳务"的"本月数"栏数据与"即征即退货物及劳务"的"本月数"栏数据之和,应等于《附表一》第5栏的"应税货物"中17%税率"销售额"与13%税率"销售额"的合计数。"本年累计"栏数据,应为年度内各月数之和。

本表第3项"应税劳务销售额"栏数据,填写纳税人本期按适用税率缴纳增值税的应税劳务的销售额。"一般货物及劳务"的"本月数"栏数据与"即征即退货物及劳务"的"本月数"栏数据之和,应等于《附表一》第5栏的"应税劳务"中的"销售额"数。"本年累计"栏数据,应为年度内各月数之和。

本表第4项"纳税检查调整的销售额"栏数据,填写纳税人本期因税务、财政、审计部门检查、并按适用税率计算调整的应税货物和应税劳务的销售额。但享受即征即退税收优惠政策的货物及劳务经税务稽查发现偷税的,不得填入"即征即退货物及劳务"部分,而应将本部分销售额在"一般货物及劳务"栏中反映。"一般货物及劳务"的"本月数"栏数据与"即征即退货物及劳务"的"本月数"栏数据之和,应等于《附表一》第6栏的"小计"中的"销售额"数。"本年累计"栏数据,应为年度内各月数之和。

本表第5项"按简易征收办法征税货物的销售额"栏数据,填写纳税人本期按简易征收办法征收增值税货物的销售额。包括税务、财政、审计部门检查,并按按简易征收办法计算调整的销售额。"一般货物及劳务"的"本月数"栏数据与"即征即退货物及劳务"的"本月数"栏数据之和,应等于《附表一》第14栏的"小计"中的"销售额"数。"本年累计"栏数据,应为年度内各月数之和。

本表第6项"其中:纳税检查调整的销售额"栏数据,填写纳税人本期因税务、财政、审计部门检查、并按简易征收办法计算调整的销售额,但享受即征即退税收优惠政策的货物及劳务经税务稽查发现偷税的,不得填入"即征即退货物及劳务"部分,而应将本部分销售额在"一般货物及劳务"栏中反映。"一般货物及劳务"的"本月数"栏数据与"即征即退货物及劳务"的"本月数"栏数据之和,应等于《附表一》第13栏的"小计"中的"销售额"数。"本年累计"栏数据,应为年度内各月数之和。

本表第7项"免、抵、退办法出口货物销售额"栏数据,填写纳税人本期执行免、抵、退办法出口货物的销售额。“本年累计”栏数据，应为年度内各月数之和。

本表第 8 项“免税货物及劳务销售额”栏数据，填写纳税人本期按照税法规定直接免征增值税的货物及劳务的销售额及适用零税率的货物及劳务的销售额，但不包括适用免、抵、退办法出口货物的销售额。“一般货物及劳务”的“本月数”栏数据，应等于《附表一》第 18 栏的“小计”中的“销售额”数。“本年累计”栏数据，应为年度内各月数之和。

本表第 9 项“免税货物销售额”栏数据，填写纳税人本期按照税法规定直接免征增值税货物的销售额及适用零税率货物的销售额，但不包括适用免、抵、退办法出口货物的销售额。“一般货物及劳务”的“本月数”栏数据，应等于《附表一》第 18 栏的“免税货物”中的“销售额”数。“本年累计”栏数据，应为年度内各月数之和。

本表第 10 项“免税劳务销售额”栏数据，填写纳税人本期按照税法规定直接免征增值税劳务的销售额及适用零税率劳务的销售额。“一般货物及劳务”的“本月数”栏数据，应等于《附表一》第 18 栏的“免税劳务”中的“销售额”数。“本年累计”栏数据，应为年度内各月数之和。

本表第 11 项“销项税额”栏数据，填写纳税人本期按适用税率计征的销项税额。该数据应与“应交税金——应交增值税”明细科目贷方“销项税额”专栏本期发生数一致。“一般货物及劳务”的“本月数”栏数据与“即征即退货物及劳务”的“本月数”栏数据之和，应等于《附表一》第 7 栏的“小计”中的“销项税额”数。“本年累计”栏数据，应为年度内各月数之和。

本表第 12 项“进项税额”栏数据，填写纳税人本期申报抵扣的进项税额。该数据应与“应交税金——应交增值税”明细科目借方“进项税额”专栏本期发生数一致。“一般货物及劳务”的“本月数”栏数据与“即征即退货物及劳务”的“本月数”栏数据之和，应等于《附表二》第 12 栏中的“税额”数。“本年累计”栏数据，应为年度内各月数之和。

本表第 13 项“上期留抵税额”栏数据，填写纳税人前一申报期的“期末留抵税额”减去本期发生的留抵税额抵减欠税后的数据。

本表第 14 项“进项税额转出”栏数据，填写纳税人已经抵扣但按税法规定应作进项税转出的进项税额总数。该数据应与“应交税金——应交增值税”明细科目贷方“进项税额转出”专栏本期发生数一致。“一般货物及劳务”的“本月数”栏数据与“即征即退货物及劳务”的“本月数”栏数据之和，应等于《附表二》第 13 栏中的“税额”数。“本年累计”栏数据，应为年度内各月数之和。

本表第 15 项“免、抵、退货物应退税额”栏数据，填写退税机关按照出口货物免、抵、退办法审批的应退税额。“本年累计”栏数据，应为年度内各月数之和。

本表第 16 项“按适用税率计算的纳税检查应补缴税额”栏数据，填写税务、财政、审计部门检查按适用税率计算的纳税检查应补缴税额。“本年累计”栏数据，应为年度内各月数之和。

本表第 17 项“应抵扣税额合计”栏数据，填写纳税人本期应抵扣进项税额的合计数。

本表第 18 项“实际抵扣税额”栏数据，填写纳税人本期实际抵扣的进项税额。“本年累计”栏数据，应为年度内各月数之和。

本表第 19 项“按适用税率计算的应纳税额”栏数据，填写纳税人本期按适用税率计算并应缴纳的增值税额。“本年累计”栏数据，应为年度内各月数之和。

本表第 20 项“期末留抵税额”栏数据，为纳税人在本期销项税额中尚未抵扣完，留待下期继续抵扣的进项税额。该数据应与“应交税金——应交增值税”明细科目借方月末余额一致。

本表第 21 项“按简易征收办法计算的应纳税额”栏数据，填写纳税人本期按简易征收办法计算并应缴纳的增值税额，但不包括按简易征收办法计算的纳税检查应补缴税额。“一般货物及劳务”的“本月数”栏数据与“即征即退货物及劳务”的“本月数”栏数据之和，应等于《附表一》第 12 栏的“小计”中的“应纳税额”数。“本年累计”栏数据，应为年度内各月数之和。

本表第 22 项“按简易征收办法计算的纳税检查应补缴税额”栏数据，填写纳税人本期因税务、财政、审计部门检查并按简易征收办法计算的纳税检查应补缴税额。“一般货物及劳务”的“本月数”栏数据与“即征即退货物及劳务”的“本月数”栏数据之和，应等于《附表一》第 13 栏的“小计”中的“应纳税额”数。“本年累计”

栏数据,应为年度内各月数之和。

本表第 23 项“应纳税额减征额”栏数据,填写纳税人本期按照税法规定减征的增值税应纳税额。“本年累计”栏数据,应为年度内各月数之和。

本表第 24 项“应纳税额合计”栏数据,填写纳税人本期应缴增值税的合计数。“本年累计”栏数据,应为年度内各月数之和。

本表第 25 项“期初未缴税额(多缴为负数)”栏数据,填写纳税人前一申报期的“期末未缴税额(多缴为负数)”减去本期发生的留抵税额抵减欠税后的数据。

本表第 26 项“实收出口开具专用缴款书退税额”栏不填写。

本表第 27 项“本期已缴税额”栏数据,是指纳税人本期实际缴纳的增值税额,但不包括本期入库的查补税款。“本年累计”栏数据,为年度内各月数之和。

本表第 28 项“①分次预缴税额”栏数据,填写纳税人本期预缴的增值税额。

本表第 29 项“②出口开具专用缴款书预缴税额”栏不填写。

本表第 30 项“③本期缴纳上期应纳税额”栏数据,填写纳税人本期上缴上期应缴未缴的增值税款,包括缴纳上期按简易征收办法计提的应缴未缴的增值税额。“本年累计”栏数据,为年度内各月数之和。

本表第 31 项“④本期缴纳欠缴税额”栏数据,填写纳税人本期实际缴纳和留抵税额抵减的增值税欠税额,但不包括缴纳入库的查补增值税额。“本年累计”栏数据,为年度内各月数之和。

本表第 32 项“期末未交税额(多缴为负数)”栏数据,为纳税人本期期末应缴未缴的增值税额,但不包括纳税检查应缴未缴的税额。“本年累计”栏与“本月数”栏数据相同。

本表第 33 项“其中:欠缴税额(≥0)”栏数据,为纳税人按照税法规定已形成欠税的数额。

本表第 34 项“本期应补(退)税额”栏数据,为纳税人本期应纳税额中应补缴或应退回的数额。

本表第 35 项“即征即退实际退税额”栏数据,填写纳税人本期因符合增值税即征即退优惠政策规定,而实际收到的税务机关返还的增值税额。“本年累计”栏数据,为年度内各月数之和。

本表第 36 项“期初未缴查补税额”栏数据,为纳税人前一申报期的“期末未缴查补税额”。该数据与本表第 25 项“期初未缴税额(多缴为负数)”栏数据之和,应与“应交税金——未交增值税”明细科目期初余额一致。“本年累计”栏数据应填写纳税人上年度末的“期末未缴查补税额”数。

本表第 37 项“本期入库查补税额”栏数据,填写纳税人本期因税务、财政、审计部门检查而实际入库的增值税款,包括:(1)按适用税率计算并实际缴纳的查补增值税款;(2)按简易征收办法计算并实际缴纳的查补增值税款。“本年累计”栏数据,为年度内各月数之和。

本表第 38 项“期末未缴查补税额”栏数据,为纳税人纳税检查本期期末应缴未缴的增值税额。该数据与本表第 32 项“期末未缴税额(多缴为负数)”栏数据之和,应与“应交税金——未交增值税”明细科目期初余额一致。“本年累计”栏与“本月数”栏数据相同。

增值税纳税申报表附列资料(表一)

(本期销售情况明细)

税款所属时间: 年 月

纳税人名称(公章) 填表日期: 年 月 日 金额单位:元至角分

一、按适用税率征收增值税货物及劳务的销售额和销项税额明细													
项 目	栏 次	应税货物						应税劳务			小 计		
		17%税率			11%税率								
		份数	销售额	销项税额	份数	销售额	销项税额	份数	销售额	销项税额	份数	销售额	销项税额
防伪税控系统开具的增值税专用发票	1												
非防伪税控系统开具的增值税专用发票	2												
开具普通发票	3												

续表

未开具发票	4	—			—			—			—		
小 计	5=1+2+3+4	—			—			—			—		
纳税检查调整	6	—			—			—			—		
合 计	7=5+6	—			—			—			—		

二、简易征收办法征收增值税货物的销售额和应纳税额明细

项 目	栏 次	6%征收率			4%征收率			小 计		
		份数	销售额	应纳税额	份数	销售额	应纳税额	份数	销售额	应纳税额
防伪税控系统开具的增值税专用发票	8									
非防伪税控系统开具的增值税专用发票	9									
开具普通发票	10									
未开具发票	11	—			—			—		
小 计	12=8+9+10+11	—			—			—		
纳税检查调整	13	—			—			—		
合 计	14=12+13	—			—			—		

三、免征增值税货物及劳务销售额明细

项 目	栏 次	免税货物			免税劳务			小 计		
		份数	销售额	税额	份数	销售额	税额	份数	销售额	税额
防伪税控系统开具的增值税专用发票	15				—	—	—			
开具普通发票	16			—			—			—
未开具发票	17	—		—	—		—	—		—
合 计	18=15+16+17	—			—		—	—		

《增值税纳税申报表附列资料(表一)》填表说明：

(一) 本表“税款所属时间”是指纳税人申报的增值税应纳税额的所属时间，应填写具体的年、月。

(二) 本表“填表日期”指纳税人填写本表的具体日期。

(三) 本表“纳税人名称”栏，应加盖纳税人单位公章。

(四) 本表“一、按适用税率征收增值税货物及劳务的销售额和销项税额明细” 和“二、简易征收办法征收增值税货物的销售额和应纳税额明细”部分中“防伪税控系统开具的增值税专用发票”、“非防伪税控系统开具的增值税专用发票”、“开具普通发票”、“未开具发票”各栏数据均应包括销货退回或折让、视同销售货物、价外费用的销售额和销项税额。不包括免税货物及劳务的销售额，适用零税率货物及劳务的销售额和出口执行免、抵、退办法的销售额以及税务、财政、审计部门检查并调整的销售额、销项税额或应纳税额。

1. 第1、8、15栏包含机动车销售统一发票数据；

2. 第2、9栏不填写。

(五) 本表“一、按适用税率征收增值税货物及劳务的销售额和销项税额明细”和“二、简易征收办法征收增值税货物的销售额和应纳税额明细”部分中“纳税检查调整”栏数据应填写纳税人本期因税务、财政、审计部门检查计算调整的应税货物、应税劳务的销售额、销项税额或应纳税额。

(六) 本表“三、免征增值税货物及劳务销售额明细” 部分中“防伪税控系统开具的增值税专用发票”栏数据，填写本期因销售免税货物而使用防伪税控系统开具的增值税专用发票的份数、销售额和税额，包括国有粮食收储企业销售的免税粮食、政府储备食用植物油等。

增值税纳税申报表附列资料(表二)

(本期进项税额明细)

税款所属时间：　　年　月

纳税人名称:(公章)　　　　　　填表日期：　　年　月　日　　　　　　金额单位:元至角分

一、申报抵扣的进项税额				
项　目	栏次	份数	金额	税额
(一)认证相符的防伪税控增值税专用发票	1			
其中:本期认证相符且本期申报抵扣	2			
前期认证相符且本期申报抵扣	3			
(二)非防伪税控增值税专用发票及其他扣税凭证	4			
其中:海关完税凭证	5			
农产品收购凭证及普通发票	6			
废旧物资发票	7			
运输发票	8			
6%征收率	9			
3%征收率	10			
(三)期初已征税款	11	—	—	
当期申报抵扣进项税额合计	12			
二、进项税额转出额				
项　目	栏次	税额		
本期进项税转出额	13			
其中:免税货物用	14			
非应税项目用	15			
非正常损失	16			
按简易征收办法征税货物用	17			
免抵退税办法出口货物不得抵扣进项税额	18			
纳税检查调减进项税额	19			
未经认证已抵扣的进项税额	20			
	21			
三、待抵扣进项税额				
项　目	栏次	份数	金额	税额
(一)认证相符的防伪税控增值税专用发票	22	—	—	—
期初已认证相符但未申报抵扣	23			
本期认证相符且本期未申报抵扣	24			
期末已认证相符但未申报抵扣	25			
其中:按照税法规定不允许抵扣	26			
(二)非防伪税控增值税专用发票及其他扣税凭证	27			
其中:17%税率	28			
11%税率或扣除率	29			
10%扣除率	30			
7%扣除率	31			
6%征收率	32			
3%征收率	33			
	34			

续表

四、其他				
项　目	栏次	份数	金额	税额
本期认证相符的全部防伪税控增值税专用发票	35			
期初已征税款挂账额	36	—	—	
期初已征税款余额	37	—	—	
代扣代缴税额	38	—	—	

《增值税纳税申报表附列资料(表二)》填表说明：

(一)本表"税款所属时间"是指纳税人申报的增值税应纳税额的所属时间，应填写具体的年、月。

(二)本表"填表日期"指纳税人填写本表的具体日期。

(三)本表"纳税人名称"栏，应加盖纳税人单位公章。

(四)本表"一、申报抵扣的进项税额"部分各栏数据，分别填写纳税人按税法规定符合抵扣条件，在本期申报抵扣的进项税额情况。

1. 第1栏"(一)认证相符的防伪税控增值税专用发票"，填写本期申报抵扣的认证相符的防伪税控增值税专用发票和机动车销售统一发票。包含接受试点纳税人提供的部分现代服务业服务，取得的《增值税专用发票》，不包含接受试点纳税人提供的交通运输业服务，取得的《货物运输业增值税专用发票》。该栏应等于第2栏"本期认证相符且本期申报抵扣"与第3栏"前期认证相符且本期申报抵扣"数据之和。

2. 第2栏"本期认证相符且本期申报抵扣"，填写本期认证相符本期申报抵扣的防伪税控增值税专用发票和机动车销售统一发票。包含接受试点纳税人提供的部分现代服务业服务，取得的《增值税专用发票》，不包含接受试点纳税人提供的交通运输业服务，取得的《货物运输业增值税专用发票》。该栏应与第35栏"本期认证相符的全部防伪税控增值税专用发票"减第24栏"本期已认证相符且本期未申报抵扣"的数据相等。

3. 第3栏"前期认证相符且本期申报抵扣"，填写前期认证相符本期申报抵扣的防伪税控增值税专用发票和机动车销售统一发票情况；辅导期一般纳税人由税务机关告知的稽核比对结果通知书及明细清单注明的稽核相符专用发票、核查结果中允许抵扣的专用发票和机动车销售统一发票的份数、金额、税额。包含接受试点纳税人提供的部分现代服务业服务，取得的《增值税专用发票》，不包含接受试点纳税人提供的交通运输业服务，取得的《货物运输业增值税专用发票》。

4. 第4栏"非防伪税控增值税专用发票及其他扣税凭证"，填写本期申报抵扣的非防伪税控增值税专用发票及其他扣税凭证，具体包括：海关进口增值税专用缴款书、农产品收购发票或者销售发票、运输费用结算单据(含接受试点纳税人提供的交通运输业服务，取得的《货物运输业增值税专用发票》)。该栏应等于第5至8栏之和。

5. 第5栏"海关进口增值税专用缴款书"，填写本期申报抵扣的海关进口增值税专用缴款书情况。辅导期一般纳税人填写本月税务机关告知的稽核比对结果通知书及其明细清单注明的稽核相符允许抵扣的海关进口增值税专用缴款书份数、金额、税额。

6. 第7栏"废旧物资发票"，不填写。

7. 第8栏"运输费用结算单据"，填写本期申报抵扣的交通运输费用结算单据，含《公路、内河货物运输业统一发票》，含接受试点纳税人提供的交通运输业服务，取得的《货物运输业增值税专用发票》。

(1)"金额"栏：填写铁路、航空、管道及海运等运输费用结算单据"金额"栏数据、《公路、内河货物运输业统一发票》"金额"栏数据、接受试点纳税人提供的交通运输业服务而取得的《货物运输业增值税专用发票》"合计金额"栏数据之和。

(2)"税额"栏分别按以下不同情况填写：

①铁路、航空、管道及海运等运输费用结算单据和《公路、内河货物运输业统一发票》按"金额"乘以7%扣除率计算填写；

②《货物运输业增值税专用发票》"税率"栏为"11%"的，按《货物运输业增值税专用发票》"税额"栏数据填写；"税率"栏为其他情况，按《货物运输业增值税专用发票》"价税合计"栏数据乘以7%扣除率计算填写。

辅导期一般纳税人第8栏填写税务机关告知的稽核比对结果通知书及其明细清单注明的稽核相符允许

抵扣的运输费用结算单据份数、金额、税额。

8. 第9栏“6%征收率”和 第10栏“3%征收率”,不填写。

9. 第11栏“外贸企业进项税额抵扣证明”,“税额”栏填写税务机关出口退税部门开具的《外贸企业出口视同内销征税货物进项税额抵扣证明》允许抵扣的进项税额。

10. 第12栏“当期申报抵扣进项税额合计”应等于第1栏、第4栏、第11栏之和。

(五)本表“二、进项税额转出额”部分填写纳税人已经抵扣但按税法规定应作进项税额转出的明细情况。

1. 第13栏“本期进项税转出额”,填写已经抵扣按税法规定不得抵扣应作进项税额转出的进项税额。已经抵扣按税法规定不得抵扣应作进项税额转出的营业税改征增值税应税服务进项税额也填入本栏。该栏等于第14栏至第21栏之和。

2. 第14栏“免税货物用”,填写免征增值税项目用,按税法规定应作进项税额转出的进项税额。营业税改征增值税应税服务进项税额用于免征增值税项目应作进项税额转出的,也填入本栏。

3. 第15栏“非应税项目、集体福利、个人消费用”,填写用于非增值税应税项目、集体福利或者个人消费,按税法规定应作进项税额转出的进项税额。营业税改征增值税应税服务进项税额用于非增值税应税项目、集体福利或者个人消费,以及接受试点纳税人旅客运输服务取得的进项税额,应作进项税额转出的,也填入本栏。

4. 第16栏“非正常损失”,填写非正常损失的购进货物和非正常损失的在产品、产成品所耗用购进货物,按税法规定应作进项税额转出的进项税额。与非正常损失货物相关的交通运输业服务,应作进项税额转出的进项税额也填入本栏。

5. 第17栏“按简易征收办法征税货物用”,填写按简易征收办法征税货物用,按税法规定应作进项税额转出的进项税额。营业税改征增值税应税服务进项税额用于简易征收办法征税货物应作进项税额转出的,也填入本栏。

6. 第21栏“红字专用发票通知单注明的进项税额”,填写纳税人按照主管税务机关开具的《开具红字增值税专用发票通知单》中“需要做进项税额转出”的税额。

(六)本表“三、待抵扣进项税额”部分各栏数据,分别填写纳税人已经取得,但按税法规定不符合抵扣条件,暂不予在本期申报抵扣的进项税额情况及按照税法规定不允许抵扣的进项税额情况。

1. 第22至26栏数据包括防伪税控增值税专用发票和机动车销售统一发票情况。包含接受试点纳税人提供的部分现代服务业服务,取得的《增值税专用发票》,不包含接受试点纳税人提供的交通运输业服务,取得的《货物运输业增值税专用发票》。

2. 第23栏“期初已认证相符但未申报抵扣”,填写前期认证相符,但按照税法规定,暂不予抵扣,结存至本期的防伪税控增值税专用发票和机动车销售统一发票;辅导期一般纳税人认证相符但未收到稽核比对结果的防伪税控增值税专用发票和机动车销售统一发票月初余额数。该项应与上期“期末已认证相符但未申报抵扣”栏数据相等。

3. 第24栏“本期已认证相符且本期未申报抵扣”,填写本期认证相符,但因按照税法规定暂不予抵扣及按照税法规定不允许抵扣,而未申报抵扣的防伪税控增值税专用发票和机动车销售统一发票,包括外贸企业购进供出口的货物。辅导期一般纳税人填写本月已认证相符但未收到稽核比对结果的防伪税控增值税专用发票和机动车销售统一发票数据。

4. 第25栏“期末已认证相符但未申报抵扣”,填写截至本期期末,按照税法规定仍暂不予抵扣及按照税法规定不允许抵扣且已认证相符的防伪税控增值税专用发票和机动车销售统一发票情况;辅导期一般纳税人填写已认证相符但未收到稽核比对结果的防伪税控增值税专用发票和机动车销售统一发票月末余额数。

5. 第26栏“其中:按照税法规定不允许抵扣”,填写期末已认证相符但未申报抵扣的防伪税控增值税专用发票和机动车销售统一发票中,按照税法规定不允许抵扣,而只能作为出口退税凭证或应列入成本、资产等项目的防伪税控增值税专用发票和机动车销售统一发票。包括外贸出口企业用于出口而采购货物的防伪税控增值税专用发票等。

6. 第28栏“海关进口增值税专用缴款书”,辅导期一般纳税人填写本月未收到稽核比对结果的海关进口增值税专用缴款书。

7. 第 30 栏“废旧物资发票”，不填写。

8. 第 31 栏“运输费用结算单据”，辅导期一般纳税人填写本月未收到稽核比对结果的《公路、内河货物运输业统一发票》和本月未收到稽核比对结果的、接受试点纳税人提供的交通运输业服务而取得的《货物运输业增值税专用发票》。

(1)“金额”栏：填写《公路、内河货物运输业统一发票》“金额”栏数据、接受试点纳税人提供的交通运输业服务而取得的《货物运输业增值税专用发票》“合计金额”栏数据之和。

(2)“税额”栏分别按以下不同情况填写：

①《公路、内河货物运输业统一发票》按“金额”乘以 7%扣除率计算填写；

②《货物运输业增值税专用发票》“税率”栏为“11%”的，按《货物运输业增值税专用发票》“税额”栏数据填写；“税率”栏为其他情况的，按《货物运输业增值税专用发票》“价税合计”栏数据乘以 7%扣除率计算填写。

9. 第 32 栏“6%征收率”和第 33 栏“3%征收率”，不填写。

(七)本表“四、其他”部分

1. 第 35 栏“本期认证相符的全部防伪税控增值税专用发票”，填写本期全部认证相符的防伪税控增值税专用发票和机动车销售统一发票。包含接受试点纳税人提供的部分现代服务业服务，取得的《增值税专用发票》，不包含接受试点纳税人提供的交通运输业服务，取得的《货物运输业增值税专用发票》。

2. 第 36 栏“期初已征税款挂账额”和第 37 栏“期初已征税款余额”，不填写。

3. 第 38 栏“代扣代缴税额”，填写纳税人根据《中华人民共和国增值税暂行条例》第十八条规定扣缴的增值税额。

增值税纳税申报表附列资料(表三)

(防伪税控增值税专用发票申报抵扣明细)

申报抵扣所属期：　　年　月

纳税人识别号：

纳税人名称：(公章)　　　　填表日期：　　年　月　日　　　　金额单位：元至角分

类别	序号	发票代码	发票号码	开票日期	金　额	税　额	销货方纳税人识别号	认证日期	备注
本期认证相符且本期申报抵扣									
	小计	—	—	—			—	—	—
前期认证相符且本期申报抵扣									
	小计	—	—	—			—	—	—
合计	—	—	—			—	—	—	

注：本表“金额”“合计”栏数据应与《附列资料(表二)》第 1 栏中“金额”项数据相等；本表“税额”“合计”栏数据应与《附列资料(表二)》第 1 栏中“税额”项数据相等。

三、小规模纳税人增值税纳税申报表编制

小规模纳税人销售货物只能开具普通发票，因此，在计算增值税应纳税额时，应将含税销售额换算为不含税销售额。

不含税销售额＝含税销售额÷(1＋征收率)

增值税小规模纳税人按简易办法计算纳税，按照规定的纳税期限预缴增值税，并于次月1日至10日内计算填列增值税纳税申报表及附列资料，并结清上月税款，多退少补。

增值税纳税申报表(小规模纳税人适用)

税款所属期：　年　月　日至　年　月　日　　填表日期：　年　月　日

纳税人名称(公章)：　　金额单位：元至角分

应税行为(3%征收率)扣除额计算			
期初余额	本期发生额	本期扣除额	期末余额
1	2	3(3≤1+2之和，且3≤5)	4＝1＋2－3
应税行为(3%征收率)计税销售额计算			
全部含税收入(适用3%征收率)	本期扣除额	含税销售额	不含税销售额
5	6＝3	7＝5－6	8＝7÷1.03

本章小结

本章主要讲述了增值税概念，是以商品生产和流通中各个环节以及加工修理、修配劳务中的新增价值额为征税对象的一种税。所谓增值额，是指纳税人通过自身劳动新创造的那一部分价值额，即纳税人在一定时期内销售产品或提供劳务所取得的收入大于购进商品或取得劳务时所支付的金额的差额。增值税的征税范围是，在境内销售货物、进口货物、提供应税的劳务和服务以及销售不动产和无形资产。经国务院批准，自2016年5月1日起，在全国范围内全面推开营业税改征增值税试点，建筑业、房地产业、金融业、生活服务业等全部营业税纳税人，纳入试点范围，由缴纳营业税改为缴纳增值税。

一般纳税人销售货物或者提供应税劳务，应纳税额为当期销项税额抵扣当期进项税额后的余额。应纳税额的计算公式：应纳税额＝当期销项税额－当期进项税额。销售额，是指纳税人发生应税行为取得的全部价款和价外费用，财政部和国家税务总局另有规定的除外。纳税人兼营销售货物、劳务、服务、无形资产或者不动产，适用不同税率或者征收率的，应当分别核算适用不同税率或者征收率的销售额；未分别核算的，从高适用税率。

一般纳税人销售货物或应税劳务采用销售额和销项税额合并定价方法的，按下列公式计算销售额：销售额＝含税销售额/(1＋税率)。

进项税额，是指纳税人购进货物、加工修理修配劳务、服务、无形资产或者不动产，支付或者负担的增值税额。

进口货物按组成计税价格计税：组成计税价格＝关税完税价格＋关税＋消费税，或组成计税价格＝(关税完税价格＋关税)÷(1－消费税税率)，应纳税额＝组成计税价格×税率。

按照税法规定，小规模纳税人销售货物或者提供应税劳务按照简易方法计算增值税，不得抵扣进项税额。其计算公式为：应纳税额＝销售额×征收率。由于小规模纳税人在销售货物或提供应税劳务时，只能开具普通发票，取得的销售收入均为含税收入。为了符合增值税作为价外税的要求，小规模纳税人在计算应纳税额时，必须将含税销售额换算为不含税销售额后才能计算应纳税额。换算的公式为：不含税销售额＝含税销售额÷(1＋征收率)。

纳税义务发生时间是指纳税人发生应税行为应当承担纳税义务的起始时间。按结算方式不同有不同的具体规定。纳税期限分别为1日、3日、5日、10日、15日或者1个月，具体期限由主管税务机关根据应纳税额的大小分别核定；不能按固定期限纳税的，可以按次纳税。增值税一般纳税人纳税申报资料：《增值税纳税申报表》及其3个附表。

第三章　消费税核算与纳税申报

本章学习目标

本章主要讲述消费税的主要法律规定、核算及纳税申报表填制。消费税是对我国境内外从事生产、委托加工和进口应税消费品的单位和个人，就其销售额或销售数量，在特定环节征收的一种税。通过本章学习，应了解消费税的概念、主要法律规定、纳税义务发生的时间、纳税期限及纳税地点；重点掌握应纳消费税的计算、账务处理及纳税申报表的填制方法。本章的难点是进口应税消费品的相关计算及账务处理。

第一节　消费税概述

一、消费税的概念

消费税是对我国境内外从事生产、委托加工和进口应税消费品的单位和个人，就其销售额或销售数量，在特定环节征收的一种税。消费税是指对消费品和特定的消费行为按消费流转额征收的一种商品税。消费税可分为一般消费税和特别消费税，前者主要是指对所有消费品包括必需品和日用品普遍课税，后者主要是指对特定消费品或特定消费行为如奢侈品等课税。消费税以消费品为课税对象，在此情况下，税收随价格转嫁给消费者负担，消费者是间接纳税人，实际负税人。

二、消费税的主要法律规定

（一）纳税主体

消费税的纳税人是《消费税条例》第1条所说的：在中华人民共和国境内生产、委托加工和进口本条例规定的消费品的单位和个人。

（二）消费税的特点

1. 征税项目具有选择性

各国目前征收的消费税实际上都属于对特定消费品或消费行为征收的税种。为适应我国目前的产业结构、消费水平和消费结构以及节能、环保等方面的要求，从 2016 年 1 月 1 日起，消费税的征税范围进行了有增有减的调整，消费税的税目由 14 个调整为 15 个。

2. 征税环节具有单一性，即某一环节一次征收

消费税是在生产、进口、流通或消费的某一环节一次征收（卷烟除外），而不是在消费品生产、流通或消费的每个环节多次征收，即一次课征制。

3. 征收方法具有多样性

为了适应不同消费品的应税情况，消费税在征收方法上不力求一致，可采用从价定率的征收方式，也可以选择从量定额的征收方式。

4. 税收调节具有特殊性

这一特殊性表现在两个方面：一是不同的征税项目税负差异较大；二是消费税往往同有关税种配合实行加重或双重调节。

5. 消费税具有转嫁性

消费税无论采取价内税形式还是价外税形式，也无论在哪个环节征收，消费品中所含的消费税税款最终都要转嫁到消费者身上，由消费者负担，税负具有转嫁性，并且较其他税种更明显。

（三）税目税率表

消费税是在对货物普遍征收增值税的基础上，选择少数消费品再征收的一个税种，主要是为了调节产品结构，引导消费方向，保证国家财政收入。现行消费税的征收范围主要包括：烟，酒，鞭炮、焰火，化妆品，成品油，贵重首饰及珠宝玉石，高尔夫球及球具，高档手表，游艇，木制一次性筷子，实木地板，摩托车，小汽车，铅蓄电池，涂料等税目。

2016 年最新消费税税目税率表

税　目	税　率
一、烟	
1. 卷烟	
(1)甲类卷烟[调拨价 70 元(不含增值税)/条以上(含 70 元)]	56%加 0.003 元/支(生产环节)
(2)乙类卷烟[调拨价 70 元(不含增值税)/条以下]	36%加 0.003 元/支(生产环节)
(3) 商业批发	11%(批发环节)
2. 雪茄烟	36%(生产环节)
3. 烟丝	30%(生产环节)
二、酒	
1. 白酒	20%加 0.5 元/500 克(或者 500 毫升)
2. 黄酒	240 元/吨
3. 啤酒	
(1)甲类啤酒	250 元/吨
(2)乙类啤酒	220 元/吨
4. 其他酒	10%
三、化妆品	30%
四、贵重首饰及珠宝玉石	
1. 金银首饰、铂金首饰和钻石及钻石饰品	5%

续表

税　目	税　率
2. 其他贵重首饰和珠宝玉石	10%
五、鞭炮、焰火	15%
六、成品油	
1. 汽油	
(1)含铅汽油	1.52元/升
(2)无铅汽油	1.52元/升
2. 柴油	1.20元/升
3. 航空煤油	1.20元/升
4. 石脑油	1.52元/升
5. 溶剂油	1.52元/升
6. 润滑油	1.52元/升
7. 燃料油	1.20元/升
七、摩托车	
1. 气缸容量(排气量,下同)在250毫升(含250毫升)以下的	3%
2. 气缸容量在250毫升以上的	10%
八、小汽车	
1. 乘用车	
(1)气缸容量(排气量,下同)在1.0升(含1.0升)以下的	1%
(2)气缸容量在1.0升以上至1.5升(含1.5升)的	3%
(3)气缸容量在1.5升以上至2.0升(含2.0升)的	5%
(4)气缸容量在2.0升以上至2.5升(含2.5升)的	9%
(5)气缸容量在2.5升以上至3.0升(含3.0升)的	12%
(6)气缸容量在3.0升以上至4.0升(含4.0升)的	25%
(7)气缸容量在4.0升以上的	40%
2.中轻型商用客车	5%
九、高尔夫球及球具	10%
十、高档手表	20%
十一、游艇	10%
十二、木制一次性筷子	5%
十三、实木地板	5%
十四、铅蓄电池	4%(2016年1月1日起实施)
无汞原电池、金属氢化物镍蓄电池、锂原电池、锂离子蓄电池、太阳能电池、燃料电池和全钒液流电池	免征
十五、涂料	4%
施工状态下挥发性有机物(Volatile Organic Compounds,VOC)含量低于420克/升(含)	免征

说明：

1. 自2014年12月1日起取消酒精、汽车轮胎消费税：(1)取消气缸容量250毫升(不含)以下的小排量摩托车消费税。气缸容量250毫升和250毫升(不含)以上的摩托车继续分别按3%和10%的税率征收消费税。(2)取消汽车轮胎税目。(3)取消车用含铅汽油消费税，汽油税目不再划分二级子目，统一按照无铅汽油税率征收消费税。(4)取消酒精消费税。取消酒精消费税后，“酒及酒精”品目相应改为“酒”，并继续按现行消费税政策执行。

2. 新增：电池、涂料。自2015年2月1日起对电池、涂料征收消费税，在生产、委托加工和进口环节征收，适用税率均为4%。对无汞原电池、金属氢化物镍蓄电池(又称氢镍蓄电池或镍氢蓄电池)、锂原电池、锂离子蓄电池、太阳能电池、燃料电池和全钒液流电池免征消费税。2015年12月31日前对铅蓄电池缓征消费税；自2016年1月1日起，对铅蓄电池按4%税率征收消费税。对施工状态下挥发性有机物(Volatile Organic Compounds，VOC)含量低于420克/升(含)的涂料免征消费税。

电池，是一种将化学能、光能等直接转换为电能的装置，一般由电极、电解质、容器、极端，通常还有隔离层组成的基本功能单元，以及用一个或多个基本功能单元装配成的电池组。范围包括：原电池、蓄电池、燃料电池、太阳能电池和其他电池。

涂料是指涂于物体表面能形成具有保护、装饰或特殊性能的固态涂膜的一类液体或固体材料之总称。涂料由主要成膜物质、次要成膜物质等构成。按主要成膜物质涂料可分为油脂类、天然树脂类、酚醛树脂类、沥青类、醇酸树脂类、氨基树脂类、硝基类、过滤乙烯树脂类、烯类树脂类、丙烯酸酯类树脂类、聚酯树脂类、环氧树脂类、聚氨酯树脂类、元素有机类、橡胶类、纤维素类、其他成膜物类等。

三、消费税的征税范围

目前，消费税的征税范围分布于六个环节。

(一)生产应税消费品

生产应税消费品的销售是消费税征收的主要环节，因消费税具有单一环节征税的特点，在生产销售环节征税以后，货物在流通环节无论再转销多少次，不用再缴纳消费税。

(二)自产自用用于其他方面的应税消费品

生产应税消费品除了直接对外销售应征收消费税外，纳税人将生产的应税消费品换取生产资料、消费资料、投资入股、偿还债务，以及用于继续生产应税消费品以外的其他方面都应缴纳消费税。

(三)委托加工应税消费品

委托加工应税消费品是指委托方提供原料和主要材料，受托方只收取加工费和代垫部分辅助材料加工的应税消费品。由受托方提供原材料或其他情形的一律不能视同加工应税消费品。委托加工的应税消费品收回后，再继续用于生产应税消费品销售的，其加工环节缴纳的消费税款可以扣除。

(四)进口应税消费品

单位和个人进口货物属于消费税征税范围的，在进口环节也要缴纳消费税。为了减少征税成本，进口环节缴纳的消费税由海关代征。

(五)零售应税消费品

经国务院批准，自1995年1月1日起，金银首饰消费税由生产销售环节征收改为零售环节征收。改在零售环节征收消费税的金银首饰仅限于金基、银基合金首饰以及金、银和金基、银基合金的镶嵌首饰。零售环节适用税率为5%，在纳税人销售金银首饰、钻石及钻石饰品时征收。其计税依据是不含增值税的销售额。

(六)批发应税消费品

自2009年5月1日起,批发销售的所有牌号规格的卷烟,按其销售额(不含增值税)征收5%的消费税,卷烟在批发环节加征一道从价税。相关内容如下:在中华人民共和国境内从事卷烟批发业务的单位和个人。纳税人应将卷烟销售额与其他商品销售额分开核算,未分开核算的,一并征收消费税。卷烟消费税在生产和批发两个环节征收后,批发企业在计算纳税时不得扣除已含的生产环节的消费税税款。纳税人销售给纳税人以外的单位和个人的卷烟于销售时纳税,纳税人之间销售的卷烟不缴纳消费税。

第二节　消费税核算

一、主要计税方法

无论是我国,还是世界上征收消费税的其他国家,消费税计税方法基本相同,主要采用三种计税方法。

(一)从价定率征收

在从价定率征收情况下,根据不同的应税消费品确定不同的比例税率,以应税消费品的销售额为基数乘以比例税率计算应纳税额。不同的是,有的国家消费税实行的是价外税,应税消费品的销售额不含消费税税额;有的国家消费税实行价内税,应税消费品的销售额含消费税税额。在从价定率征收情况下,消费税税额会随应税消费品的价格上升而增加,会随应税消费品的价格下降而减少。

(二)从量定额征收

在从量定额征收情况下,根据不同的应税消费品确定不同的单位税额,以应税消费品的数量为基数乘以单位税额计算应纳税额。在从量定额征收情况下,消费税税额不会随应税消费品的价格变化而变化,具有相对稳定性,一般适用于价格变化较小、批量较大的应税消费品。

(三)从价定率和从量定额复合征收

在从价定率和从量定额复合征收情况下,基本与前两种征收方法相同,只不过是对同一应税消费品同时采用两种计税方法计算税额,以两种方法计算的应纳税额之和为该应税消费品的应纳税额。采用复合征收方法的应税消费品一般较少,如我国目前只对烟和酒采用复合征收方法。

在从价定率计算方法下,应纳税额等于应税消费品的销售额乘以适用税率,应纳税额的多少取决于应税消费品的销售额和适用税率两个因素。销售额为纳税人销售应税消费品向购买方收取的全部价款和价外费用。销售,是指有偿转让应税消费品的所有权;有偿,是指从购买方取得货币、货物或者其他经济利益;价外费用,是指价外向购买方收取的手续费、补贴、基金、集资费、返还利润、奖励费、违约金、滞纳金、延期付款利息、赔偿金、代收款项、代垫款项、包装费、包装物租金、储备费、优质费、运输装卸费以及其他各种性质的价外收费。

在从量定额计算方法下,应纳税额等于应税消费品的销售数量乘以单位税额,应纳税额的多少取决于应税消费品的销售数量和单位税额因素。

销售数量是指纳税人生产、加工和进口应税消费品数量,具体规定为:

(1)销售应税消费品的,为应税消费品的销售数量;

(2)自产自用应税消费品的,为应税消费品的移送使用数量:

(3)委托加工应税消费品的,为纳税人收回的应税消费品数量;

(4)进口的应税消费品,为海关核定的应税消费品进口征税数量。

现行消费税的征税范围中,只有卷烟、粮食白酒、薯类白酒采用复合计征方法。应纳税额等于应税销售数量乘以定额税率再加上应税销售额乘以比例税率,生产销售卷烟、粮食白酒、薯类白酒从量定额计税依据为实际销售数量。进口、委托加工、自产自用卷烟、粮食白酒、薯类白酒从量定额计税依据分别为海关核定的进口征税数量、委托方收回数量、移送使用数量。

纳税人在生产销售环节应缴纳的消费税,包括直接对外销售应税消费品应缴纳的消费税和自产自用应税消费品应缴纳的消费税。

二、直接对外销售应税消费品的计算

(一)纳税人自产销售应税消费品应纳税额的计算

1. 计算公式

从价定率办法:应纳税额＝销售额×比例税率

从量定额办法:应纳税额＝销售数量×单位税额

2. 计税依据及应纳税额的计算

(1)销售额确定的一般规定:

消费税的销售额为纳税人销售消费品向购买方收取的全部价款和价外费用。

现行消费税和增值税实行交叉征收,消费税为价内税,增值税为价外税,由此决定了实行从价定率征税的消费品,其消费税税基与增值税税基是一致的,都是含消费税、不含增值税的销售额作为计税依据。如计税销售额含增值税,应换算为不含税销售额,其换算公式为:

应税消费品的销售额＝含增值税的销售额÷(1＋增值税税率或征收率)

(2)销售额确定的特殊规定:

纳税人通过自设非独立核算门市部销售的自产应税消费品,应当按照门市部对外销售价格为计税依据征收消费税。

纳税人用于换取生产资料和消费资料,投资入股和抵偿债务等方面的应税消费品,应当以纳税人同类应税消费品的最高销售价格作为计税依据计算消费税。

(3)从量定额征税计税依据的确定。纳税人自产销售应税消费品从量定额征税的,计税依据为销售应税消费品的实际销售量。

3. 应税消费品已纳税款的扣除

对下列连续生产的应税消费品,在计税时,按当期生产领用数量计算准予扣除外购应税消费品的消费税税款:

(1)外购已税烟丝生产的卷烟;

(2)外购已税化妆品生产的化妆品;

(3)外购已税护肤护发品生产的护肤护发品;

(4)外购已税珠宝玉石生产的贵重首饰及珠宝玉石;

(5)外购已税鞭炮焰火生产的鞭炮焰火;

(6)外购已税摩托车生产的摩托车。

纳税人用外购的已税珠宝玉石生产的改在零售环节征收消费税的金银首饰(镶嵌首饰)，在计税时一律不得扣除外购珠宝玉石的已纳税款。

允许扣除已纳税款的应税消费品只限于从工业企业购进的应税消费品，对从商业企业购进应税消费品其已纳税款一律不得扣除。

(二)具体计算方法

1. 从价定率计算

在从价定率计算方法下，应纳消费税额等于销售额乘以适用税率。基本计算公式为：

应纳税额＝应税消费品的销售额×比例税率

【例3－1】 某化妆品生产企业为增值税一般纳税人。2016年3月15日向某大型商场销售化妆品一批，开具增值税专用发票，取得不含增值税销售额30万元，增值税额5.1万元；3月20日向某单位销售化妆品一批，开具普通发票，取得含增值税销售额4.68万元。计算该化妆品生产企业上述业务应缴纳的消费税额。化妆品适用消费税税率为30%。

化妆品的应税销售额＝30＋4.68÷(1＋17%)＝34(万元)

应缴纳的消费税额＝34×30% ＝10.2(万元)

2. 从量定额计算

在从量定额计算方法下，应纳税额等于应税消费品的销售数量乘以单位税额。基本计算公式为：

应纳税额＝应税消费品的销售数量×定额税率

【例3－2】 某啤酒厂2009年4月份销售乙类啤酒400吨，每吨出厂价格2 800元。计算4月该啤酒厂应纳消费税税额。销售乙类啤酒，适用定额税率220元。

应纳税额＝销售数量×定额税率＝400×220＝88 000(元)

3. 从价定率和从量定额复合计算

现行消费税的征税范围中，只有卷烟、白酒、薯类白酒采用复合计算方法。基本计算公式为：

应纳税额＝应税销售数量×定额税率＋应税销售额×比例税率

【例3－3】 某白酒生产企业为增值税一般纳税人，2009年4月份销售粮食白酒50吨，取得不含增值税的销售额150万元。计算白酒企业4月应缴纳的消费税额。白酒适用比例税率20%，定额税率每500克0.5元。

应纳税额＝50×2 000×0.000 05＋150×20%＝35(万元)

三、自产自用应税消费品应纳税额的计算

(一)自产自用应税消费品的含义

自产自用是指纳税人生产应税消费品后，不是用于直接对外销售，而是用于连续生产应税消费品或用于其他方面。

(二)计税依据及应纳税额的计算

纳税人将应税消费品用于生产非应税消费品和在建工程、管理部门、非生产机构，提供劳务，以及用于馈赠、赞助、集资、广告、样品、职工福利、奖励等方面，视同销售，依法缴纳消费税。

计税时，按照纳税人生产的同类消费品的销售价格计算纳税；没有同类消费品销售价格的，按照组成计税价格计算纳税。

组成计税价格的计算公式是：

组成计税价格＝(成本＋利润)÷(1－消费税税率)

公式中的“利润”根据应税消费品的全国平均成本利润率计算，全国平均成本利润率由国家税务总局确定。

四、委托加工应税消费品应纳税额的计算

(一)委托加工应税消费品的确定

委托加工应税消费品是指由委托方提供原料和主要材料，受托方只收取加工费和代垫部分辅助材料加工的应税消费品。委托加工的应税消费品，由受托方在向委托方交货时代收代缴税款。

(二)计税依据及应纳税额的计算

委托加工的应税消费品，按照受托方的同类消费品的销售价格计算纳税；没有同类消费品销售价格的，按照组成计税价格计算纳税。组成计税价格的计算公式是：

组成计税价格＝(材料成本＋加工费)÷(1－消费税税率)

委托方收回应税消费品后直接出售的，不再征收消费税。

【例3－4】 某葡萄酒公司为增值税一般纳税人，2013年3月，从农业生产者手中购进葡萄，农产品收购凭证注明价款120万元，委托某加工企业加工葡萄酒50吨，取得税务机关代开的专用发票，发票上注明加工费67.02万元，加工企业没有同类葡萄酒的销售价格，受托方应代收代缴的消费税的计算。(葡萄酒消费税税率10%)

葡萄酒的消费税税率属于从价定率。首先计算葡萄成本，根据公式计算得出消费税额：

收购葡萄成本＝120×(1－13%)

应纳消费税税额＝(材料成本＋加工费)÷(1－比例税率)×比例税率

＝[120×(1－13%)＋67.02]÷(1－10%)×10%＝19.05(万元)

(三)委托加工收回的应税消费品已纳税款的扣除

委托方以收回的应税消费品连续生产以下应税消费品的，准予从应纳税额中扣除已由受托方代收代缴的消费税税额：

(1)委托加工收回的已税烟丝生产的卷烟；

(2)委托加工收回的已税化妆品生产的化妆品；

(3)委托加工收回的已税护肤护发品生产的护肤护发品；

(4)委托加工收回的已税珠宝玉石生产的贵重首饰及珠宝玉石；

(5)委托加工收回的已税鞭炮、焰火生产的鞭炮、焰火；

(6)委托加工收回的已税摩托车生产的摩托车。

当期准予扣除委托加工收回的应税消费品已纳消费税税款的计算公式是：

当期准予扣除的委托加工应税消费品已纳税款＝期初库存的委托加工应税消费品已纳税款＋当期收回的委托加工应税消费品已纳税款－期末库存的委托加工应税消费品已纳税款

纳税人用委托加工收回的已税珠宝玉石生产的改在零售环节征收消费税的金银首饰，在计税时一律不得扣除委托加工收回的珠宝玉石的已纳消费税税款。

五、进口应税消费品应纳税额的计算

(一)纳税人进口应税消费品,实行从价定率征收办法的按照组成计税价格计税

组成计税价格=(关税完税价格+关税)÷(1-消费税税率)

应纳税额=组成计税价格×消费税税率

【例3-5】 某鞭炮生产企业2016年12月份发生以下业务:

(1)销售鞭炮取得含税收入1 200万元,另外收取运费2万元,装卸费0.34万元;

(2)帮助甲公司加工一批鞭炮,收取加工费价税合计17.55万元,甲公司提供原材料价税合计585万元;另开普通发票收取辅助材料款3.51万元。

(3)进口一批鞭炮,完税价格为170万元,进口后直接销售取得价款280万元。关税税率80%,消费税率15%。

请帮助解决该鞭炮公司12月份消费税的计税问题。

直接销售缴纳的消费税=[(1 200+2+2.34)÷(1+17%)]×15%=154(万元)

委托加工代收代缴的消费税=[(585+17.55+3.51)÷(1+17%)÷(1-15%)]×15%=91(万元)

进口环节缴纳的消费税=[170×(1+80%)÷(1-15%)]×15%=54(万元)

(二)实行从量定额征收办法的,按照海关核定的应纳税额的进口数量征收

应纳税额=应税消费品进口数量×单位税额

(三)兼营不同税率应税消费品的税务处理

纳税人兼营不同税率的应税消费品,应当分别核算不同税率应税消费品的销售额、销售数量。未分别核算的或将不同税率的应税消费品组成成套消费品销售的,从高适用税率。

六、消费税的会计核算

(一)纳税人生产销售应税消费品的会计核算

(1)销售实现时:

借:主营业务税金及附加

　　贷:应交税金——应交消费税

(2)实际缴纳消费税时:

借:应交税金——应交消费税

　　贷:银行存款

(3)发生销货退回时,做销售的相反会计分录。

(二)纳税人自产自用应税消费品的会计核算

(1)用于投资的会计核算:

借:长期股权投资

　　贷:库存商品

　　　　应交税金——应交增值税(销项税额)

　　　　应交税金——应交消费税　等

(2)生产的应税消费品用于在建工程或者直接转为固定资产的会计核算:

借:在建工程 或 固定资产

　　贷:库存商品

应交税金——应交增值税(销项税额)

应交税金——应交消费税

(3)生产的应税消费品用于职工福利、劳动保护的会计核算:

借:应付福利费或制造费用等

贷:库存商品

应交税金——应交增值税(销项税额)

应交税金——应交消费税　等

(4)生产的应税消费品用于捐赠的会计核算:

借:营业外支出

贷:库存商品

应交税金——应交增值税(销项税额)

应交税金——应交消费税　等

(三)应缴消费税的包装物有关业务的会计核算

(1)随同产品出售不单独计价的包装物。因其收入包括在产品销售收入中,其应纳消费税与产品销售一并进行会计处理。

(2)随同产品销售而单独计价。其收入记入“其他业务收入”账户,其应纳消费税和包装物成本则应记入“其他业务支出“账户。

(3)出租、出借的包装物收取的押金。没收的押金转为“其他业务收入”,这部分押金收入应缴纳的消费税记入“其他业务支出”账户。

(四)委托加工应税消费品的会计核算

1. 委托方的会计核算

(1)委托的应税消费品收回后直接用于销售的,销售时不再缴消费税,委托方将受托方代收代缴的消费税随同应支付的加工费一并计入委托加工的应税消费品成本。

借:委托加工物资　或　生产成本　或　自制半成品

贷:应付账款　或　银行存款　等

②委托的应税消费品收回后用于连续生产应税消费品,受托方代缴代扣的消费税准予抵扣。委托方应将受托方代收代缴的消费税借记“应交税金——应交消费税”账户,贷记“银行存款”或“应付账款”等账户。

2. 受托方的会计核算

(1)收取加工费:

借:银行存款

贷:主营业务收入/其他业务收入

应交税金——应交增值税(销项税额)

(2)收取代扣消费税:

借:银行存款

贷:应交税金——应交消费税

(3)上缴税金:

借:应交税金——应交消费税

贷:银行存款

(五)进口应税消费品的会计核算

纳税人进口应税消费品所缴纳的消费税应计入该应税消费品的成本。

借:固定资产　或　物资采购　或　原材料

　应交税金——应交增值税(进项税额)

　贷:银行存款　或　应付账款

第三节　消费税纳税申报

一、消费税的纳税义务发生时间和纳税期限

(一)纳税义务发生时间

(1)纳税人生产销售应税消费品的,其纳税义务发生时间为:

①纳税人采取赊销和分期收款结算方式的,为销售合同规定的收款日期的当天;

②纳税人采取预收货款结算方式的,为发出应税消费品的当天;

③纳税人采取托收承付结算方式的,为发出应税消费品并办妥托收手续的当天;

④纳税人采取其他结算方式的,为收讫销售款或者取得索取销货款的凭据的当天;

(2)纳税人自产自用的应税消费品,为移送使用的当天;

(3)纳税人委托加工的应税消费品,为纳税人提货的当天;

(4)纳税人进口的应税消费品,为报关进口的当天。

(二)纳税期限

纳税期限分别为 1 日、3 日、5 日、10 日、15 日或者 1 个月,具体期限由主管税务机关根据应纳税额的大小分别核定;不能按固定期限纳税的,可以按次纳税。纳税人以 1 个月为一期纳税的,自期满之日起 10 日内申报纳税;以 1 日、3 日、5 日、10 日或者 15 日为一期纳税的,自期满之日起 5 日内预缴税款,于次月 1 日起 10 日内申报纳税并结清上月应纳税款。进口货物应当自海关填发税款缴纳书之日起 15 日内缴纳税款。

二、消费税的纳税地点

纳税人销售的应税消费品以及自产自用的应税消费品,除国家另有规定的外,应当向纳税人核算地主管税务机关申报纳税。

委托加工的应税消费品,由受托方向所在地主管税务机关解缴消费税税款。

进口的应税消费品,由进口人或者其代理人向报关地海关申报纳税。

纳税人到外县(市)销售或委托外县(市)代销自产应税消费品的,于销售后回纳税人核算地或所在地缴纳消费税。

纳税人总分支机构不在同一县(市)的,分支机构应在其所在地缴纳消费税。但经国家税务总局及所属分局批准,纳税人分支机构应纳消费税税款也可由总机构汇总向总机构所在地主管税务机关缴纳。

纳税人销售的应税消费品,如因质量等原因由购买者退回时,经所在地主管税务机关审核批准后,可退还已征收的消费税税款。

三、消费税纳税申报表填制

消费税纳税申报表

税款所属时期：　　年　月　日　至　　年　月　日

纳税人识别号

纳税编码

纳税人名称：　　　　　　　　　　　　　　填表日期：　　年　月　日

应税消费品名称	适用税目	应税销售额(数量)	适用税率(单位税额)	当期准予扣除外购应税消费品买价(数量)				外购应税消费品适用税率(单位税额)	当期准予扣除外购应税消费品已纳税款	当期准予扣除委托加工应税消费品已纳税款			
				合计	期初库存外购应税消费品买价(数量)	当期购进外购应税消费品买价(数量)	期末库存外购应税消费品买价(数量)			合计	期初库存委托加工应税消费品已纳税款	当期收回委托加工应税消费品已纳税款	期末库存委托加工应税消费品已纳税款
1	2	3	4	5=6+7−8	6	7	8	9	10=5×9或 10=5×9×(1−征减幅度)	11=12+13−14	12	13	14
合计													
应纳消费税		已纳消费税		本期应补(退)税金额				截至上年底累计欠税额	本年度新增欠税额		减免税额	预缴税额	多缴税额
本期	累计	本期	累计	合计	上期结算税额	补交本年度欠税	补交以前年度欠税		本期	累计			
15=3×4−10或3×4−11或3×4−10−11	16	17	18	19=15−26−27	20	21	22	23	24	25	26=3×4或3×4×征减幅度	27	28

如纳税人填报，由纳税人填写以下各栏		如委托代理人填报，由代理人填写以下各栏				备注
会计主管： (签章)	纳税人 (公章)	代理人名称		代理人 (公章)		
		代理人地址				
		经办人		电话		
以下由税务机关填写						
收到申报表日期		接收人				

填表说明：

1. 本表条形码具有唯一性，表格复印使用无效；条形码区域请保持整洁。

2. 请在指定区域内盖纳税人公章。

3. 表中2栏“适用税目”必须按照《中华人民共和国消费税暂行条例》规定的税目填写。

4. 第10栏，准予抵扣项目无减税优惠的按10＝5×9的勾稽关系填报；准予抵扣项目有减税优惠的按10＝5×9×(1－减征幅度)的勾稽关系填报。目前准予抵扣且有减税优惠的项目为石脑油、润滑油，减征幅度为70%。

5. 第26栏，全额免税的应税消费品按“26＝3×4”填报，减征税款的应税消费品按“26＝3×4×减征幅度”填报，目前有减税优惠的项目为石脑油、润滑油，润滑油、燃料油，减征幅度为70%。

6. 本表一式三份，区(分)局、计征局、纳税人各一份。

7. 当期有出口应税消费品的纳税人，请在备注栏注明出口应税消费品的品目、销售金额及税额即可，无须反映在本表其他栏次。

本章小结

本章主要讲述了消费税的主要法律规定、核算及纳税申报表填制。消费税是对我国境内外从事生产、委托加工和进口应税消费品的单位和个人，就其销售额或销售数量，在特定环节征收的一种税。消费税的纳税人是在中华人民共和国境内生产、委托加工和进口《消费税条例》规定的消费品的单位和个人。

消费税是在对货物普遍征收增值税的基础上，选择少数消费品再征收的一个税种，主要是为了调节产品结构，引导消费方向，保证国家财政收入。目前，消费税的征税范围分布于六个环节：生产应税消费品，自产自用用于其他方面的应税消费品，委托加工应税消费品，进口应税消费品，零售应税消费品，批发应税消费品。

无论是我国，还是世界上征收消费税的其他国家，消费税计税方法基本相同。主要采用三种计税方法：从价定率、从量定额以及从价定率和从量定额复合征收。在从价定率征收情况下，根据不同的应税消费品确定不同的比例税率，以应税消费品的销售额为基数乘以比例税率计算应纳税额。在从量定额征收情况下，根据不同的应税消费品确定不同的单位税额，以应税消费品的数量为基数乘以单位税额计算应纳税额。在从价定率和从量定额复合征收情况下，基本与前两种征收方法相同，只不过是对同一应税消费品同时采用两种计税方法计算税额，以两种方法计算的应纳税额之和为该应税消费品的应纳税额。采用复合征收方法的应税消费品一般较少，如我国目前只对烟和酒采用复合征收方法。

纳税人进口应税消费品，实行从价定率征收办法的按照组成计税价格计税：组成计税价格＝(关税完税价格＋关税)÷(1－消费税税率)，应纳税额＝组成计税价格×消费税税率。

纳税义务发生时间依据结算方式及加工方式不同来定，纳税期限分别为1日、3日、5日、10日、15日或者1个月，具体期限由主管税务机关根据应纳税额的大小分别核定；不能按固定期限纳税的，可以按次纳税。纳税人销售的应税消费品以及自产自用的应税消费品，除国家另有规定的外，应当向纳税人核算地主管税务机关申报纳税。委托加工的应税消费品，由受托方向所在地主管税务机关解缴消费税税款。进口的应税消费品，由进口人或者其代理人向报关地海关申报纳税。

纳税人到外县(市)销售或委托外县(市)代销自产应税消费品的，于销售后回纳税人核算地或所在地缴纳消费税。纳税人总分支机构不在同一县(市)的,分支机构应在其所在地缴纳消费税。但经国家税务总局及所属分局批准,纳税人分支机构应纳消费税各税款也可由总机构汇总向总机构所在地主管税务机关缴纳。

第四章　关税核算与纳税申报

本章学习目标

本章主要讲述关税的主要法律规定、核算及关税的征收管理的内容。通过本章学习，应了解关税的概念、主要法律规定、纳税义务发生的时间、纳税期限及纳税地点；重点掌握关税的计算、账务处理及报关单的填制方法。本章的难点是关税完税价格的计算、账务处理及对报关单内容的了解。

第一节　关税概述

一、关税的概念

关税，是指海关根据国家制定的有关法律法规对进出国境或关境的货物和物品征收的一种流转税。一般情况下国境和关境是一致的，但有时关境就小于国境，比如当某一国在境内设立了自由港、自由贸易区等，如中国香港和澳门；还有一些国家只对来自或运往其他国家的货物进出共同关境征收关税，这时关境就大于国境，例如欧盟。

二、关税的主要法律规定

（一）关税的纳税人

关税的纳税人，包括进口货物的收货人、出口货物的发货人和进出境物品的所有人。进出口货物的收发货人，是指依法取得对外贸易经营权，并进口或出口货物的法人和其他组织，即具有进出口经营权的单位，包括外贸公司、信托投资公司、外商投资企业等。

对于携带进境的物品，推定其携带人为所有人；对分离运输的行李，推定相应的进出境旅客为所有人；对以邮递方式进境的物品，推定其收件人为所有人；以邮递或其他方式出境的物品，推定其寄件人或托运人为所有人。

（二）关税的特点

1. 纳税的统一性和一次性

即指按照全国统一的关税条例和税则征收关税，在征收一次性关税后，货物就可在整个关境内流通，不再另行征收关税。

2. 征收的过“关”性

即指是否征收关税，是以货物是否通过关境为标准。凡是进出关境的货物才征收关税，否则不属于关税的征税对象。

3. 税率的复式性

即指同一进口货物设置优惠税率和普通税率的复式税则制。优惠税率适用于与我国订有贸易互利条约或协定的国家；普通税率适用于与我国没有签订贸易条约或协定的国家。

4. 征管的权威性

即指海关代表国家向纳税人征收关税。

5. 对进出口贸易的调节性

即指许多国家通过调整关税税率来调节进出口贸易。如在出口方面，通过抵税、免税和退税来鼓励商品出口，在进口方面通过税率的高低、减免来调节商品的进口。

（三）关税的税率

1. 进口关税税率

自 2004 年 1 月 1 日起，我国进口税则设有最惠国税率、协定税率、特惠税率、普通税率、关税配额税率等税率形式。此外，对进口货物在一定期限内可以实行暂定税率。

（1）最惠国税率。适用于原产于我国共同适用最惠国待遇条款的世界贸易组织成员国或地区的进口货物、原产于与我国签订有相互给予最惠国待遇条款的双边贸易协定的国家或地区的进口货物，以及原产于中华人民共和国境内的进口货物。

（2）协定税率。协定税率适用于原产于与我国订有含关税优惠条款的区域性贸易协定的有关缔约方的进口货物。

（3）特惠税率。特惠税率适用原产于与我国签订有特殊优惠关税协定的国家或地区的进口货物。

（4）普通税率。普通税率适用原产于上述国家或地区以外的国家和地区的进口货物，以及原产地不明的国家或地区的进口货物。

（5）配额税率。关税配额制度是国际通行的惯例，即在一定数量内进口实行低关税，超过规定数量就实行高关税。按照国家规定实行关税配额管理的进口货物，关税配额内的，适用关税配额税率；关税配额外的，按其适用税率的规定执行。

2. 出口关税税率

我国出口税则为一栏税率，即出口税率，按不同商品实行差别比例税率。国家仅对少数资源性产品及易于竞相杀价盲目出口需要规范出口秩序的半制成品征收出口关税。目前，我国真正征收出口关税的商品只有 20 种，税率也比较低。

（四）关税的分类

1. 按进出口货物的流向为标准，关税可以分为进口关税、出口关税和过境关税

（1）进口关税，是指对从国外输入本国的货物和物品征收的一种关税，通常简称为进口税。进口税是关税中最重要的一种，有正税与附加税之分。正税是按税则法定税率征收的进口关税；此外征收的为附加税，如反倾销税、反补贴税、报复关税、紧急进口税等。

（2）出口关税，是指对由本国输出境外的货物和物品征收的一种关税，通常简称为出口税。目前，世界上大多数国家都不征收出口税。我国也仅对一小部分关系到国计民生的重要出口

商品征收出口税。

(3)过境关税,是指对外国经过本国国境(关境)运往另一国的货物所征收的一种关税,通常简称为过境税。

2. 按征收关税的标准分类,关税可以分为从价关税、从量关税、复合关税、选择关税、滑准关税、季节关税等

(1)从价关税是一种最常用的关税计税标准,它是以进出口货物的应税价格或价值为计税依据征收的关税。

(2)从量关税是以货物的实物计量单位(重量、数量、面积、容积、长度等)为计税依据征收的关税

(3)复合关税又称混合税,即订立从价、从量两种税率,随着完税价格和进口数量而变化,征收时两种税率合并计征,是对某种进口货物混合使用从价税和从量税的一种关税计征标准。

(4)选择关税是指对同一种货物在税则中规定有从价和从量两种关税税率,在计征时根据需要(从高计征或从低计征)选择其中一种标准而计算征收的关税。

(5)滑准关税是指关税税率随着进口货物价格由高至低,而由低至高设置计征关税。

(6)季节关税是指对税则规定的同一货物,按其不同的进口时间制定不同的税率而征收的关税。通常情况下,在销售旺季按高税率计征关税,在销售淡季按低税率计征。

3. 按征税性质分类,关税可以分为普通关税、优惠关税、差别关税三种

(1)普通关税,又称一般关税,是对与本国没有签署贸易或经济互惠等友好协定的国家原产的货物征收的非优惠性关税。普通关税与优惠关税的税率差别一般较大。

(2)优惠关税,是一种互惠关税,即优惠协定的双方互相给对方优惠关税待遇。

(3)差别关税,它是为保护一国产业所采取的特别手段,主要分为加重关税、反补贴关税、报复关税、反倾销关税。

三、关税的征税范围

关税的征税对象是指国家准许进出境的货物和物品,包括《中华人民共和国关税税则》规定应当征税的各种货物。货物,是指贸易性商品。物品,是指入境旅客随身携带的行李物品、个人邮递物品、各种运输工具上的服务人员携带进口的自用物品、馈赠物品以及其他方式进境的个人物品。

第二节 关税核算

我国对进出口货物征收关税,主要采取从价计征的办法,即以货物的完税价格为计税依据征收关税。货物的完税价格,指经海关审查的价格,即海关价格。关税税率确定之后,货物完税价格的高低直接影响课征关税税额的多少,从而影响纳税人的利润。

一、进口货物的完税价格

(一)一般进口货物的完税价格

除特殊货物外,进口货物的完税价格由海关以进口应税货物的成交价格以及该货物运抵我国境内输入地点起卸前的运输及其相关费用、保险费为基础审查确定。进口应税货物的成

交价格，是指卖方向中国境内销售该货物时，买方为进口该货物向卖方实付、应付的并按规定调整后的价款总额。

下列费用应包含在进口货物的完税价格中：(1)由买方负担的除购货佣金以外的佣金和经纪费；(2)由买方负担的与该货物视为一体的容器费用；(3)由买方负担的包装材料费用和包装劳务费用；(4)与该货物的生产和向我国境内销售有关的，由买方以免费或低于成本的方式提供，并可以按适当比例分摊的材料、部件、工具、模具、消耗性材料以及类似货物的价款以及在境外研发、设计等相关服务的费用；(5)由买方直接或间接支付的与该货物有关的特许权使用费；(6)卖方直接或间接从买方获得的该货物进口后转售处置或者使用的收益。

下列费用如进口时在货物的价款中已列明，不计入该货物的完税价格：(1)厂房、机器、设备等货物进口后的建设、安装、装配、维修和技术服务费用，不包括保修费用；(2)进口货物运抵境内输入起点起卸后发生的运输及其相关费用、保险费；(3)进口关税、进口环节海关代征税及其他国内税收；(4)境内外技术培训及境外考察费用。

【例 4－1】 北京宏伟商场于 2016 年 2 月进口一批无绳加密电话，该批货物在国外的买价 120 万元，货物运抵我国入关前发生的运输费、保险费和其他费用分别为 10 万元、6 万元、4 万元。货物报关后，该商场缴纳了进口环节的增值税并取得了海关开具的缴款书。从海关将无绳加密电话运往商场所在地发生运输费用 5 万元。要求：计算该批无绳加密电话进口环节应缴纳的关税。（注：关税税率 30％）

关税的组成计税价格＝120＋10＋6＋4＝140(万元)。该价格获得海关审查认可。

应缴纳进口关税＝140×30％＝42(万元)

(二)特殊进口货物的完税价格

运往境外加工的货物的完税价格。出境时已向海关报明，并在海关规定的期限内复运进境的，应当以海关审定的境外加工费和料件费，以及复运进境的运输费、保险费及其相关费用确定完税价格。

运往境外修理的器具、工具或者其他货物的完税价格。出境时已向海关报明，并在海关规定的期限内复运进境的，应当以海关审定的境外修理费和料件费，以及复运进境的运输费、保险费及其相关费用确定完税价格。

租赁方式进口货物的完税价格。租赁方式进境的货物以海关审查确定的该货物的租金作为完税价格；留购的租赁物，以海关审定的留购价格作为完税价格。

对于境内留购的进口货样、展览品和广告陈列品，以海关审定的留购价格作为完税价格。

减税或免税进口货物在转让或出售需要补税时，应以海关审定的该货物原进口时的价格，扣除折旧部分作为完税价格，计算公式如下：

完税价格＝海关审定的该货物进口时价格×[1－补税时实际已进口时间(月)/(监管年限×12)]

以货易货、寄售、捐赠、赠送等其他方式进口的货物，按照一般进口货物估价办法估定完税价格。加工贸易进口料件及其制成品需征税或补税的，海关按照一般进口货物完税价格规定审定完税价格。

内销的进料加工进口料件或其制成品，包括残次品、副产品，以料件进口时的价格估定完税价格。

内销的来料加工进口料件或其制成品，包括残次品、副产品，以料件申报内销时的价格估定完税价格。

保税区内的或者出口加工区内的加工企业内销的制成品，包括残次品、副产品，以制成品申报内销时的价格估定完税价格。

二、出口货物的完税价格

出口货物的完税价格由海关以该货物的成交价格为基础审查确定，并应当包括货物运至中国境内输入地装卸前的运输费、保险费及其相关费用。

出口货物的成交价格是指该货物出口时卖方为出口该货物应当向买方直接收取和间接收取的价款总额、但是不包含出口关税，不含在货物价款中单独列明的货物运至中国境内输入地装卸后的运输及其相关费用、保险费，不含在货物价款中单独列明的由卖方承担的佣金。

出口货物的成交价格不能确定的，海关经了解情况，并与纳税义务人进行价格磋商后，依次以下列价格审查确定该货物的完税价格：

同时或者大约同时向同一国家或地区出口的相同货物的成交价格；

同时或者大约同时向同一国家或地区出口的类似货物的成交价格；

根据境内生产相同或类似货物的成本、利润和一般费用(包括直接费用和间接费用)、境内发生的运输及相关费用、保险费计算所得的价格；按照合理方法估定的价格。

三、关税应纳税额的计算

(一)从价关税的计算方法

从价关税是按进出口货物的价格为标准计征的关税，这里的价格指进出口商品的完税价格。计算公式为：

应纳税额＝应税进(出)口货物数量×单位完税价格×适用税率

进口货物的成交价格，因不同的成交条件而有不同的形式，常用的价格条款有 FOB、CFR、CIF 三种：FOB 的含义是“船上交货”价格，即卖方在合同规定的装运港把货物装上买方指定的船上，并负责货物装上船为止的一切费用和风险，又称“离岸价格”；CFR 的含义是“成本加运费”价格，即卖方负责将合同规定的货物装上买方指定运往目的港的船上，并负责货物装上船为止的一切费用和风险，并支付运费，又称“离岸加运费价格”；CIF 的含义是“成本加运费、保险费”价格，即卖方负责将合同规定的货物装上买方指定运往目的港的船，并支付运费和保险费，又称“到岸价格”。三者之间的关系如下：

CIF＝FOB＋运费＋保险费＝CFR＋保险费＝(FOB＋运费)/(1－保险费率)

【例 4－2】 某企业从美国进口某种金属材料1 000吨，申报价格为 FOB 320 000美元，运费每吨 50 美元，保险费率 3‰，当日人民币兑美元汇率中间价为 7.0，关税税率为 10%，计算该批金属材料的进口关税额。

【解析】 FOB 320 000美元不是完税价格，需要换算成 CIF 价格。

关税完税价格＝CIF＝(FOB＋运费)/(1－保险费率)

＝(320 000×7＋1 000×50×7)/(1－3‰)

＝(2 240 000＋350 000)/0.997

＝2 597 793.3(元)

进口关税额＝关税完税价格×适用税率

＝2 597 793.3×10%＝259 779.33(元)

（二）从量关税的计算方法

从量关税应纳关税税额的计算公式如下：

应纳税额＝应税进（出）口货物数量×关税单位税额

【例 4－3】 国内某公司从日本进口胶卷依规定单位换算为2 000平方米，成交价格为 CIF 上海 10 元每卷，适用最惠国税率 26 元每平方米，计算应征进口关税。

【解析】 胶卷适用从量税，从量税的特点是与商品价格没有关联，只以商品数量、重量、容量、长度、面积等计量单位为标准来征收关税。

应征进口关税税额＝货物数量×单位税额

＝2 000×26

＝52 000（元）

（三）复合关税的计算方法

复合关税应纳关税税额的计算公式如下：

应纳税额＝应税进（出）口货物数量×关税单位税额＋应税进（出）口货物数量×单位完税价格×适用税率

（四）滑准关税的计算方法

滑准关税应纳关税税额的计算公式如下：

应纳税额＝应税进（出）口货物数量×单位完税价格×滑准税税率

四、关税的征收管理

（一）关税的强制执行

当关税纳税义务人未在关税缴纳期限内缴纳税款，即构成关税滞纳。为了保证国家关税的收入及时入库，海关在关税征收和缴纳过程中可以依法采取一定的强制措施。强制措施主要有征收滞纳金和强制征收两类。

1. 征收滞纳金

纳税义务人如不能按海关规定的期限缴清税款，则需缴纳罚款——滞纳金。滞纳金自关税缴纳期限届满之日起至缴清税款之日止，按日以加收欠缴税款 5‰的比例征收。滞纳金的起征点为 50 元，对滞纳金不足人民币 50 元的免征。滞纳金的收入，随同税款同一科目一并缴入中央金库。

2. 强制征收

纳税义务人自海关填发缴款书之日起 3 个月仍未缴纳的，经直属海关关长或者其他授权的隶属海关关长批准，海关可以采取下列强制措施：

（1）书面通知其开户银行或者其他金融机构强制从其存款中扣缴税款。

（2）将应税货物依法变卖，以变卖所得抵缴税款。

（3）扣留并依法变卖其价值相当于应缴税款的货物或者其他财产，以变卖所得抵缴税款。

海关采取强制措施时，对前述所列的纳税义务人、担保人未缴纳的滞纳金同时强制执行。

进出境物品的纳税义务人，应当在物品放行前缴纳税款。

（二）关税的退还

关税退还是关税纳税义务人按海关核定的税额缴纳关税后，因某种原因的出现，海关将实际征收多于应当征收的税额退还给原纳税义务人的一种行政行为。海关发现多征税款的，应当立即通知纳税义务人办理退税手续；纳税义务人应当自收到海关通知之日起 3 个月内办理有关退税手续。

有下列情形之一的,进出口货物的纳税义务人可以自缴税款之日起 1 年内,书面声明理由,连同原纳税收据向海关申请退税并加算银行同期活期存款利息,逾期不予受理。

(1)因海关误征,多缴纳税款的。

(2)海关核准免验进口的货物,在完税后发现有短卸情形,经海关审查认可的。

(3)已征出口关税的货物,因故未将其运出口,申报退关,经海关查验属实的。

(三)关税的补征、追征

1. 补征

补征,指在进出口货物、进出境物品放行后,海关发现少征或漏征税款,应当自缴纳税款或者货物、物品放行之日起 1 年内,向纳税义务人补征。

2. 追征

追征,指因纳税义务人违反规定而造成的少征或漏征税款,海关可以在 3 年内追征,并从缴纳税款之日起按日加收少征或漏征税款 5‰的滞纳金。

五、关税的会计核算

【例 4—4】 A 外贸公司代理 B 生产企业出口某商品一批,该商品的离岸价格为884 800元,出口关税税率为 12%,协议代理手续费为9 000元。要求:编制 A 公司的会计分录。

(1)计算应纳出口关税并缴纳税款时:

应纳出口关税税额=[884 800÷(1+12%)] ×12%=94 800(元)

借:应收账款——B 企业	94 800	
贷:应交税金——应交关税(出口关税)		94 800
借:应交税金——应交关税(出口关税)	94 800	
贷:银行存款		94 800

(2)计算应收手续费时:

借:应收账款——B 企业	9 000	
贷:其他业务收入——代理手续费收入		9 000

(3)收到 B 企业支付的税款及手续费时:

借:银行存款	103 800	
贷:应收账款——B 企业		103 800

第三节　关税纳税申报

一、关税的纳税义务发生时间和纳税期限

根据《中华人民共和国海关进出口货物征税管理办法》规定,进口货物自运输工具申报进境之日起 14 日内,出口货物在货物运抵海关监管区后装货的 24 小时以前,应由进出口货物的纳税义务人向货物进出境地海关申报,海关根据税则归类和完税价格计算应缴纳的关税和进口环节代征税,并填发税款缴款书。为方便纳税义务人,经申请且海关同意,进(出)口货物的纳税义务人可以在设有海关的指运地(启运地)办理海关申报、纳税手续。

关税纳税义务人应当自海关填发税款缴款书之日起15日内，向指定的银行缴纳税款。为方便纳税义务人，经申请且海关同意，纳税义务人可以在设有海关的启运地办理海关申报、纳税手续。关税纳税义务人因不可抗力或者在国家税收政策调整的情形下，不能按期缴纳税款的，经海关总署批准，可以延期缴纳税款，但最长不得超过6个月。

二、通关制度

通关是进出口货物在进出海关时所必须履行的一系列程序的总称。所有进出口货物从进入关境至办理完通关手续离开关境的这段时间都要受到海关监管。我国海关通关过程主要包括进出口货物的申报、查验、纳税和放行四个过程。

（一）申报制度

申报是海关通关过程的第一个环节，它是海关进行后续监管的基础和依据。船舶、飞机等运输工具的负责人以及货物和物品的收发人或其代理人，在通过海关监管的口岸时，都必须按照规定填写进出口货物报关单、征免税申请表，并呈交必要的货物单证和一些其他文件，以便海关依据这些单证和文件进行查验，征、免税，并给予放行。关税的申报实际上就蕴含在货物进出境申报中，申报与否以及是否如实申报，是区别是否走私或违规行为的重要依据之一。海关对进出境申报的时间、方式、地点和内容都有明确的规定，从而形成了一套法定的申报制度。进出口货物必须在规定的期限内进行申报，否则要受到海关相应处罚。就申报方式来说，一般有口头申报和书面申报两种。海关对申报单证进行预审、初审和复审等审查过程，对不符合申报要求的报关单证，可作退单处理，由报关人重新填写或补齐手续后再行申报。

（二）查验制度

进出境运输工具的负责人、货物和物品的收发人或其代理人向海关办结申报手续后，海关就要根据所提交的法定单证，对所申报进出境的运输工具、货物、物品进行实际的查验。检查的目的在于验明申报的内容是否属实，申报“单”、“证”是否相符，“单”、“货”是否一致。海关规定，除按照国家规定、国际惯例以及海关总署特准免验的货物、运输工具和进出境人员携带的物品外，均应接受海关查验。查验的方法分一般查验和重点查验。一般查验又称外形查验，指通过核对货名、规格、国别等标志是否与报关单证相符，以及仔细分辨外包装是否有开包痕迹等方式来查验，一般查验的对象主要是正常往来的进出口货物。重点查验又称开箱查验，指对在一定时期内海关总署明文规定须重点查验的敏感货物、有重大走私嫌疑的货物以及资信较差企业的货物等所进行的开箱检查，必要时海关可以对查验对象逐件细查。

在海关工作人员对货物进行查验时，报关人员应依法缴纳海关规费和海关监管手续费。如海关查验货物造成损坏，报关人员则有权要求海关赔偿损失。海关有关法规对查验过程中的收费和赔偿的条件、金额、期限、方式都做出了详细的规定。

（三）放行制度

在海关对进出境的运输工具、货物和物品经过审单、查验和征税后，就可在有关单证上签印放行，这意味着海关监管工作的结束。同时，放行制度也是海关对整个监管过程进行复核的过程，通过复核，可以发现和弥补以前未发现的问题，进一步避免违法行为的发生。针对不同的情况，海关可以采取正常放行、担保放行和信任放行这三种放行方式。正常放行是对货物先征税后放行，这是最基本的放行方式；担保放行是海关暂不征收关税，而是以接受担保的形式给予放行，它包括缴纳保证金和提交保证函两种形式；信任放行是指海关对一些资信好的企业的进出口货物允许其先放行后，定期或分批申报和缴纳关税的一种新型的放行形式。

三、报关单填制

关税纳税申报应提供的资料：

(1)《海关(进出口)专用缴款书》；

(2)《中华人民共和国海关进口货物报关单》；

(3)《中华人民共和国海关出口货物报关单》；

(4)进口许可证及其有关各类单证。

中华人民共和国海关出口货物报关单

预录入编号：　　　　　　　　海关编号：011020160420585722

收发货人（18位统一社会信用代码） 北京××××贸易有限公司	出口口岸 北京海关	出口日期 20160401	申报日期 20160329	
生产销售单位（18位社会信用代码） 内蒙古××××生物科技有限公司	运输方式 空运	运输工具名称	提运单号 020－25102618	
申报单位 91110113670558003P 北京飞捷腾达货运代理有限公司	监管方式 0110 一般贸易	征免性质 101 一般征税	备案号	
贸易国(地区)142 中国	运抵国(地区)502 美国	指运港 3166 纽约	境内货源地 15909 内蒙古其他	
许可证号	成交方式 CIF	运费 3550USD	保费 75USD	杂费
合同协议号 FJTD－2016BJ001	件数 40	包装种类 桶装	毛重(千克) 1 150	净重(千克) 1 000
集装箱号	随附单证 B			
标记唛码及备注 随附单证号：				

项号	商品编号	商品名称、规格型号	数量及单位	最终目的国(地区)	单价	总价	币制	征免
1.	1302199099	苹果提取物	200千克	美国	45	9 000	美元	照章
制作或保存方法：粉末；加工工艺：提纯、烘干；品牌：无								
2.	2102200000	螺旋藻粉	200千克	美国	8.2	1 640	美元	照章
是否活性酵母：否；是否已死的单细胞微生物：是；包装规格：25KG/桶；品牌：无								
3.	2932999099	越橘多酚	25千克	美国	325	8 125	美元	照章
成分含量：15%花青素，35%多酚，5%水分，5%灰分，40%碳水化合物；用途：减缓衰老、增强记忆								
4.	2938909090	甜菊糖甙	200千克	美国	38	7 600	美元	照章
成分含量：甜菊糖甙90%，其他10%；用途：补充膳食纤维；来源：甜菊干叶								
5.	2932999099	西兰花提取物	75千克	美国	8.5	637.5	美元	照章
成分含量：萝卜硫素50%、水分6%、维生素6%、类黄酮5%、碳水化合物和纤维33%；用途：增香，调味								
6.	2932999099	红景天提取物	300千克	美国	23	6 900	美元	照章
成分含量：红景天甙96%，水分2%，灰分2%；用途：保健品用食品添加剂								

特殊关系确认：是　　价格影响确认：否　　支付特许权使用费确认：是

录入员录入单位	兹申明对以上内容承担如实申报、依法纳税之法律责任	海关批注及签章

续表

报关人员　　　　　　　　　申报单位(签章)

注意事项：

(1)请认真核对,我司将严格按照此确认件申报,申报后将无法更改,由此造成的无法退税我司概不负责。

(2)境内货源地需要特别注意,申报错误将导致无法退税。

(3)涉及品牌、型号的货物一定申报准确,否则造成的扣货、退单、推迟航班以及所产生的费用由发货人承担。

(4)无纸化通关:一定确认好是否已在相应关区备案。如因为没有备案,导致的退单及费用由发货人承担。

(5)报关单请务必于到货前填制完整并确认好,否则很可能延误出运。

(6)请务必提前确认买卖双方是否存在特殊关系,是否影响价格。

(7)还要确认货物是否有品牌、是否需要品牌授权或者可能存在侵权的问题。

本章小结

本章主要讲述了关税的概念与特点、关税制度的主要内容、关税应纳税额的计算及会计核算的内容,报关单的形式内容。

关税,是指海关根据国家制定的有关法律对进出国境或关境的货物和物品征收的一种流转税。关税的纳税人,包括进口货物的收货人、出口货物的发货人和进出境物品的所有人。进出口货物的收发货人,是指依法取得对外贸易经营权,并进口或出口货物的法人和其他组织,即具有进出口经营权的单位,包括外贸公司、信托投资公司、外商投资企业等。

进口关税税率。自 2004 年 1 月 1 日起,我国进口税则设有最惠国税率、协定税率、特惠税率、普通税率、关税配额税率等税率形式。我国对进出口货物征收关税,主要采取从价计征的办法,以货物的完税价格为计税依据征收关税。货物的完税价格,指经海关审查的价格,即海关价格。一般进口货物的完税价格,除特殊货物外,进口货物的完税价格由海关以进口应税货物的成交价格以及该货物运抵我国境内输入地点起卸前的运输及其相关费用、保险费为基础审查确定。进口应税货物的成交价格,是指卖方向中国境内销售该货物时,买方为进口该货物向卖方实付、应付的并按规定调整后的价款总额。

根据《中华人民共和国海关进出口货物征税管理办法》规定,进口货物自运输工具申报进境之日起 14 日内,出口货物在货物运抵海关监管区后装货的 24 小时以前,应由进出口货物的纳税义务人向货物进出境地海关申报,关税纳税义务人应当自海关填发税款缴款书之日起 15 日内,向指定的银行缴纳税款。

通关是进出口货物在进出海关时所必须履行的一系列程序的总称。所有进出口货物从进入关境至办理完通关手续离开关境的这段时间都要受到海关监管。我国海关通关过程主要包括进出口货物的申报、查验、纳税和放行四个过程。

第五章　企业所得税核算与纳税申报

本章学习目标

本章主要讲述企业所得税的主要法律规定、核算及纳税申报表填制。通过本章学习，应了解企业所得税的概念、主要法律规定、纳税义务发生的时间、纳税期限及纳税地点；重点掌握企业所得税的计算、账务处理及纳税申报表的填制方法。本章的难点是能够确定准予扣除的项目及不得扣除的项目，能够区别不征税收入及免税收入。

第一节　企业所得税概述

一、企业所得税概念

企业所得税，是以企业的生产经营所得和其他所得为计税依据而征收的一种税，是对中国境内的企业（居民企业及非居民企业）和其他取得收入的组织以其生产经营所得为课税对象所征收的一种所得税。作为企业所得税纳税人，应依照《中华人民共和国企业所得税法》（简称《企业所得税法》）缴纳企业所得税，但个人独资企业及合伙企业除外。个人独资企业、合伙企业不适用本法，这两类企业征收个人所得税即可，避免重复征税。

非居民企业在中国境内设立机构、场所的，应当就其所设机构、场所取得的来源于中国境内的所得，以及发生在中国境外但与其所设机构、场没有实际联系的所得，缴纳企业所得税。非居民企业在中国境内未设立机构、场所的，或者虽设立机构、场所但取得的所得与其所设机构、场所没有实际联系的，应当就其来源于中国境内的所得缴纳企业所得税，适用税率为20%。现在减按10%的税率征收。

二、企业所得税的主要法律规定

（一）纳税主体

根据法律规定，在我国境内的企业，除外商投资企业和外国企业，应当就其生产、经营所得和其他所得依法缴纳所得税。境内企业所得税纳税人包括：

(1)国有企业；

(2)集体企业；

(3)私营企业；

(4)联营企业；

(5)股份制企业；

(6)有生产、经营所得和其他所得的其他组织。

(二)纳税客体

《企业所得税法》规定，企业的生产、经营所得和其他所得，包括销售货物所得、提供劳务所得、转让财产所得、股息红利所得、利息所得、租金所得、特许权使用费所得、接受捐赠所得和其他所得，是纳税客体。

居民企业应当就其来源于中国境内、境外的所得缴纳企业所得税。

(三)税率

《企业所得税法》规定法定税率为25%，内资企业和外资企业一致，国家需要重点扶持的高新技术企业为15%，小型微利企业为20%，非居民企业为20%。

(四)收入总额的内容

(1)生产、经营收入，是指纳税人从事主要业务活动取得的收入，包括商品(产品)销售收入、劳务服务收入、营运收入、工程价款结算收入、工业性作业收入等。

(2)财产转让收入，是指纳税人有偿转让各类财产取得的收入，包括转让固定资产、有价证券、股权以及其他财产而取得的收入。

(3)利息收入，是指纳税人由资本资源或收入欠款而形成的收入，包括购买各种债券等有价证券的利息，外单位欠款付给的利息及其他利息收入。

(4)租赁收入，指纳税人出租固定资产、包装物以及其他财产而取得的租金收入。

(5)特许权使用费收入，指纳税人提供或者转让专利权、专有技术、商标权、著作权以及其他特许权而取得的收入。

(6)股息收入，指纳税人对外投资入股分得的股息、红利收入。

(7)其他收入，一般包括固定资产盘盈收入、罚款收入，因债权人缘故确实无法支付的应付款项、物资及现金的溢余收入，教育费附加返还款、包装物押金收入等。

(五)《企业所得税法》及《企业所得税法实施条例》规定的扣除项目

(1)利息支出的扣除。纳税人在生产、经营期间，向金融机构借款的利息支出，按实际发生数扣除；向非金融机构借款的利息支出，不高于按照金融机构同类、同期贷款利率计算的数额以内的部分，准予扣除。

(2)计税工资的扣除。《企业所得税实施条例》规定，企业合理的工资、薪金予以据实扣除，这意味着取消实行多年的内资企业计税工资制度，切实减轻了内资企业的负担。但允许据实扣除的工资、薪金必须是“合理的”，对明显不合理的工资、薪金，则不予扣除。

(3)在职工福利费、工会经费和职工教育经费方面，《企业所得税实施条例》继续维持了以前的扣除标准(提取比例分别为14%、2%、2.5%)，但将“计税工资总额”调整为“工资薪金总额”，扣除额也就相应提高了。在职工教育经费方面，为鼓励企业加强职工教育投入，《企业所得税实施条例》规定，除国务院财税主管部门另有规定外，企业发生的职工教育经费支出，不超过工资薪金总额2.5%的部分，准予扣除；超过部分，准予在以后纳税年度结转扣除。

(4)捐赠的扣除。纳税人的公益、救济性捐赠,在年度会计利润的12%以内的,允许扣除。超过12%的部分则不得扣除。

(5)业务招待费的扣除。业务招待费,是指纳税人为生产、经营业务的合理需要而发生的交际应酬费用。企业发生的与生产经营有关的业务招待费支出按照发生额的60%扣除,但最高不得超过当年销售(营业)收入的5‰。也就是说,税法采用的是"两头卡"的方式。一方面,企业发生的业务招待费只允许列支60%,是为了区分业务招待费中的商业招待和个人消费,通过设计一个统一的比例,将业务招待费中的个人消费部分去掉;另一方面,最高扣除额限制为当年销售(营业)收入的5‰,这是用来防止有些企业为了调增40%的业务招待费,采用多找餐费发票甚至假发票冲账,造成业务招待费虚高的情况。

(6)职工养老基金和待业保险基金的扣除。职工养老基金和待业保险基金,在省级税务部门认可的上交比例和基数内,准予在计算应纳税所得额时扣除。

(7)残疾人保障基金的扣除。对纳税人按当地政府规定上交的残疾人保障基金,允许在计算应纳税所得额时扣除。

(8)财产、运输保险费的扣除。纳税人缴纳的财产、运输保险费,允许在计税时扣除。但保险公司给予纳税人的无赔款优待,则应计入企业的应纳税所得额。

(9)固定资产租赁费的扣除。纳税人以经营租赁方式租入固定资产的租赁费,可以直接在税前扣除;以融资租赁方式租入固定资产的租赁费,则不得直接在税前扣除,但租赁费中的利息支出、手续费可在支付时直接扣除。

(10)坏账准备金、呆账准备金和商品削价准备金的扣除。纳税人提取的坏账准备金、呆账准备金,在计算应纳税所得额时准予扣除。提取的标准暂按财务制度执行。纳税人提取的商品削价准备金准予在计税时扣除。

(11)转让固定资产支出的扣除。纳税人转让固定资产支出是指转让、变卖固定资产时所发生的清理费用等支出。纳税人转让固定资产支出准予在计税时扣除。

(12)固定资产、流动资产盘亏、毁损、报废净损失的扣除。纳税人发生的固定资产盘亏、毁损、报废的净损失,由纳税人提供清查、盘存资料,经主管税务机关审核后,准予扣除。这里所说的净损失,不包括企业固定资产的变价收入。纳税人发生的流动资产盘亏、毁损、报废净损失,由纳税人提供清查盘存资料,经主管税务机关审核后,可以在税前扣除。

(13)总机构管理费的扣除。纳税人支付给总机构的与该企业生产经营有关的管理费,应当提供总机构出具的管理费汇集范围、定额、分配依据和方法的证明文件,经主管税务机关审核后,准予扣除。

(14)国债利息收入的扣除。纳税人购买国债利息收入,不计入应纳税所得额。

(15)其他收入的扣除。包括各种财政补贴收入、减免或返还的流转税,除国务院、财政部和国家税务总局规定有指定用途者,可以不计入应纳税所得额外,其余则应并入企业应纳税所得额计算征税。

(16)亏损弥补的扣除。纳税人发生的年度亏损,可以用下一年度的所得弥补,下一纳税年度的所得不足弥补的,可以逐年延续弥补,但最长不得超过5年。

(六)计算应纳税所得额不得扣除的项目

(1)资本性支出,是指纳税人购置、建造固定资产,以及对外投资的支出。企业的资本性支出,不得直接在税前扣除,应以提取折旧的方式逐步摊销。

(2)无形资产受让、开发支出,是指纳税人购置无形资产以及自行开发无形资产的各项费用支出。无形资产受让、开发支出也不得直接扣除，应在其受益期内分期摊销。

(3)贷款担保。纳税人为其他独立纳税人提供的、与本身应纳税收入无关的贷款担保等，因被担保方还不清贷款而由纳税人承担的本息等，不得在担保企业税前扣除。

(4)违法经营的罚款和被没收财物的损失。纳税人违反国家法律、法规和规章，被有关部门处以的罚款以及被没收财物的损失，不得扣除。

(5)各项税收的滞纳金、罚金和罚款。纳税人违反国家税收法规，被税务部门处以的滞纳金和罚款、司法部门处以的罚金，以及上述以外的各项罚款，不得在税前扣除。

(6)自然灾害或者意外事故损失有赔偿的部分。纳税人遭受自然灾害或者意外事故，保险公司给予赔偿的部分，不得在税前扣除。

(7)超过国家允许扣除的公益、救济性捐赠，以及非公益、救济性捐赠。纳税人用于非公益、救济性捐赠，以及超过年度利润总额12%的部分的捐赠，不允许扣除。

(8)各种赞助支出。

(9)与取得收入无关的其他各项支出。

(七)加计扣除的项目

(1)企业开展研发活动中实际发生的研发费用，未形成无形资产计入当期损益的，在按规定据实扣除的基础上，按照本年度实际发生额的50%，从本年度应纳税所得额中扣除；形成无形资产的，按照无形资产成本的150%在税前摊销。

(2)企业安置残疾人员的，在按照支付给残疾职工工资据实扣除的基础上，可以在计算应纳税所得额时按照支付给残疾职工工资的100%加计扣除。残疾人员的范围适用《中华人民共和国残疾人保障法》的有关规定。

第二节 企业所得税核算

一、企业所得税的计算方法

利润总额＝主营业务收入－主营业务成本－营业税金及附加＋其他业务收入－其他业务支出－销售费用－管理费用－财务费用－资产减值损失＋公允价值变动收益(或减变动损失)＋投资收益(或减投资损失)＋营业外收入－营业外支出

应纳税所得额＝利润＋纳税调整增加额－纳税调整减少额

应纳税所得额＝收入总额－不征税收入－免税收入－各项允许的扣除－允许弥补的以前年度亏损

应纳所得税额＝当期应纳税所得额×适用税率

【例5－1】 某企业为居民纳税人，所得税税率为25%，2016年度该企业有关经营情况如下：

(1)全年实现产品销售收入6 800万元，取得国债利息收入120万元；

(2)全年产品销售成本3 680万元；

(3)全年营业税金及附加129.9万元，其中上缴消费税81万元、城市维护建设税34.23万元、消费税附加14.67万元；

(4)全年产品销售费用1 300万元(其中广告宣传费用1 150万元)；

(5)全年管理费用 1 280 万元，其中业务招待费用 84 万元，新产品研究开发费用 150 万元；

(6)全年财务费用 90 万元，其中 6 月 1 日向非金融机构借款 500 万元应用于生产经营，借款期 6 个月支付利息 25 万元，银行贷款年利率 8%；

(7)企业在册职工 250 人，本年工资支出1 780万元，发生职工福利费 260 万元，职工教育经费 40 万元，拨缴工会经费 35.6 万元(取得专用收据)，上述职工薪酬支出已包含在各项成本费用中；

(8)全年营业外支出 36 万元，其中违反政府规定被工商行政管理部门罚款 3 万元、直接向某困难地区捐赠支出 5 万元。

要求：

(1)计算该企业 2014 年利润总额；

(2)在利润总额的基础上进行纳税调整计算当年企业所得税税额(答案中的金额单位用万元表示)。

解析：

利润总额＝6800＋120－3680－129.9－1300－1280－90－36＝404.1(万元)

需要调整的项目如下：

(1)国债利息收入不交纳企业所得税，所以调减 120 万元。

(2)广告宣传费的扣除限额＝6 800×15%＝1 020万元，小于本期发生额1 150万元，所以调增 130 万元。这 130 万元可以结转以后年度扣除。

(3)业务招待费：84×60%＝50.4(万元)，6 800×0.5%＝34(万元)。因为 34＜50.4，所以本期业务招待费的扣除限额为 34 万元，应调增 84－34＝50(万元)；新产品研发费用可以加计扣除 50%：150×50%＝75(万元)，应调减 75 万元。

(4)借款利息只能以同类同期金融机构的贷款利率计算的利息为限扣除：500×8%×6/12＝20 万元，小于本期支付利息 25 万元，应调增 5 万元。

(5)职工福利费扣除限额：1 780×14%＝249.2(万元)，小于本期发生额 260 万元，应调增 10.8 万元；

职工教育经费扣除限额：1 780×2.5%＝44.5(万元)，大于本期发生额 40 万元，不调整；

工会经费扣除限额：1 780×2%＝35.6 万元，等于本期发生额 35.6 万元，不调整。

(6)行政罚款 3 万元不允许税前扣除，直接捐赠的 5 万元也不可以税前扣除，应调增 8 万元。

综上，企业所得税应纳税所得额＝404.1－120＋130＋50－75＋5＋10.8＋8＝412.9(万元)

当年企业所得税税额＝412.9×25%＝103.23(万元)

二、企业境外所得已纳税款的扣除的计算

居民企业来源于中国境外的应税所得，非居民企业在中国境内设立机构、场所，取得发生在中国境外但与该机构、场所有实际联系的应税所得，已在境外缴纳的所得税税额，可以从其当期应纳税额中抵免。抵免限额为该项所得依照企业所得税法规定计算的应纳税额；超过抵免限额的部分，可以在以后 5 个年度内，用每年度抵免限额抵免当年应抵税额后的余额进行抵补。

下列情况可视同已缴纳税款抵扣：

(1)纳税人在与中国缔结避免双重征税协定的国家，按所在国(地区)税法规定获得的所得税减免税，由纳税人提供有关证明，经税务机关审核后，视同已缴纳所得税进行抵扣。

(2)对外经济合作企业承揽中国政府援外项目、当地国家(地区)的政府项目、世界银行等世界性经济组织的援建项目和中国政府驻外使、领馆项目，获当地国家(地区)政府减免所得税的，由纳税人提供有关证明，经税务机关审核后，视同已缴纳所得税进行抵扣。

【例 5—2】 某境内公司企业所得税税率为 25%，2016 年取得境内应纳税所得额 160 万元，境外应纳税所得额 50 万元，在境外已缴纳企业所得税 10 万元。计算该企业 2016 年度该公司汇总纳税时实际应缴纳企业所得税。

解析：境外缴纳企业所得税的抵免限额＝50×25%＝12.5(万元)，在境外已缴纳企业所得税 10 万元，那么此部分境外已经缴纳的企业所得税 10 万元可以全额抵免，汇总纳税时实际应缴纳企业所得税＝(160＋50)×25%－10＝42.5(万元)。

三、企业所得税的预缴和汇算清缴

(一)预缴

纳税人应在月份或季度终了后 15 日内，向其所在地主管税务机关报送预缴所得税申报表，并预缴所得税。预缴的计算方法有两种：按本年一个月或一个季度实际的应纳税所得额实际发生数计算缴纳或者按以上一年度应纳税所得额按月或按季的平均计算缴纳。预缴方法一经确定，不得随意变更。计算公式如下：

全年应纳税所得额＝当月累计应纳税所得额×12÷当月月份

全年应纳税额＝全年应纳税所得额×适用税率

当月累计应纳税额＝全年应纳税额×当月月份÷12

当月应纳税额＝当月累计应纳税额－上月累计已缴所得税

季度应纳税额＝全年所得税税额×季度数÷4－以前季度累计预缴数

(二)汇算清缴

企业所得税采取按期预缴、年终汇算清缴的办法。汇算清缴是指纳税人在纳税年度终了后规定时期内，依照税收法律、法规、规章及其他有关企业所得税的规定，自行计算全年应纳税所得额和应纳所得税额，根据月度或季度预缴的所得税数额，确定该年度应补或者应退税额。当全年应纳税款大于预缴总额时，少缴的税款应在下一年度的规定时间内予以补缴；当小于预缴总额时，多缴的税款应予以退回或在下一年度抵缴。并填写年度企业所得税纳税申报表，向主管税务机关办理年度企业所得税纳税申报、提供税务机关要求提供的有关资料、结清全年企业所得税税款。

四、企业所得税会计核算

(一)无递延所得税的情况

(1)计算：

　借：所得税费用

　　　贷：应交税费——应交所得税

(2)交纳：

　借：应交税费——应交所得税

　　　贷：银行存款

(3)结转入本年利润：

借:本年利润

贷:所得税费用

(二)有递延所得税的情况

所得税费用＝当期所得税＋递延所得税费用－递延所得税收益

第三节 企业所得税纳税申报

一、纳税申报期限

企业所得税分月或者分季预缴。无论盈利或亏损，都应向税务机关报送预缴企业所得税纳税申报表，预缴税款。按月份或季度预缴税款的纳税人，应在月份或季度终了后15日内向主管税务机关进行纳税申报并预缴税款。其中，第四季度的税款也应于季度终了后15日内先进行预缴，然后在年度终了后45日内进行年度申报，税务机关在5个月内进行汇算清缴，多退少补。

企业应当自年度终了之日起5个月内，向税务机关报送年度企业所得税纳税申报表，并汇算清缴，结清应缴应退税款。从公历1月1日起至12月31日止，纳税人在一个纳税年度中间开业，或者由于合并、关闭等原因，使该纳税年度的实际经营期不足12个月的，应当以其实际经营期为一个纳税年度；纳税人清算时，应当以清算期间为一个纳税年度。

纳税人在规定的申报期申报确有困难的，可报经主管税务机关批准，延期申报。

二、缴纳方式

企业所得税按年计算，但为了保证税款及时、均衡入库，对企业所得税采取分期(按月或季)预缴、年终汇算清缴的办法。纳税人预缴所得税时，应当按纳税期限的实际数预缴；按实际数预缴有困难的，可以按上一年度应纳税所得额的1/12或1/4，或者经当地税务机关认可。预缴方法一经确定，不得随意改变。企业在报送企业所得税纳税申报表时，应当按照规定附送财务会计报告和其他有关资料。

三、纳税地点

除国家另有规定者外，企业所得税由纳税人在其所在地主管税务机关就地缴纳。所在地，是指纳税人的实际经营管理所在地。

中华人民共和国企业所得税年度纳税申报表(A类)

税款所属期间： 年 月 日 至 年 月 日

纳税人名称：

纳税人识别号：□□□□□□□□□□□□□□□□□□ 金额单位：元(列至角分)

类别	行次	项目	金额
利润总额计算	1	一、营业收入(填附表一)	
	2	减：营业成本(填附表二)	

续表

类别	行次	项目	金额
利润总额计算	3	营业税金及附加	
	4	销售费用(填附表二)	
	5	管理费用(填附表二)	
	6	财务费用(填附表二)	
	7	资产减值损失	
	8	加:公允价值变动收益	
	9	投资收益	
	10	二、营业利润(1－2－3－4－5－6－7＋8＋9)	
	11	加:营业外收入(填附表一)	
	12	减:营业外支出(填附表二)	
	13	三、利润总额(10＋11－12)	
应纳税所得额计算	14	加:纳税调整增加额(填附表三)	
	15	减:纳税调整减少额(填附表三)	
	16	其中:不征税收入	
	17	免税收入	
	18	减计收入	
	19	减、免税项目所得	
	20	加计扣除	
	21	抵扣应纳税所得额	
	22	加:境外应税所得弥补境内亏损	
	23	纳税调整后所得(13＋14－15－19－21＋22)	
	24	减:弥补以前年度亏损(填附表四)	
	25	应纳税所得额(23－24)	
	26	税率(25%)	
	27	应纳所得税额(25×26)	
	28	减:减免所得税额(填附表五)	
	29	减:抵免所得税额(填附表五)	
	30	应纳税额(27－28－29)	
	31	加:境外所得应纳所得税额(填附表六)	
	32	减:境外所得抵免所得税额(填附表六)	
	33	实际应纳所得税额(30＋31－32)	
	34	减:本年累计实际已预缴的所得税额	

续表

类别	行次	项目	金额
应纳税额计算	35	其中：汇总纳税的总机构分摊预缴的税额	
	36	汇总纳税的总机构财政调库预缴的税额	
	37	汇总纳税的总机构所属分支机构分摊的预缴税额	
	37－1	其中：本市总机构所属本市分支机构分摊的预缴税额	
	38	合并纳税（母子体制）成员企业就地预缴比例	
	39	合并纳税企业就地预缴的所得税额	
	40	本年应补（退）的所得税额（33－34）	
附列资料	41	以前年度多缴的所得税额在本年抵减额	
	42	以前年度应缴未缴在本年入库所得税额	

谨声明：此纳税申报表是根据《中华人民共和国企业所得税法》、《中华人民共和国企业所得税法实施条例》和国家有关税收规定填报的，是真实的、可靠的、完整的。

法定代表人（签字）：　　　　年　月　日

纳税人公章：	代理申报中介机构公章：	主管税务机关受理专用章：
经办人：	经办人及执业证件号码：	受理人：
申报日期：　年　月　日	代理申报日期：　年　月　日	受理日期：　年　月　日

《中华人民共和国企业所得税年度纳税申报表（A类）》填报说明：

一、适用范围

本表适用于实行查账征收企业所得税的居民纳税人（以下简称纳税人）填报。

二、填报依据及内容

根据《中华人民共和国企业所得税法》及其实施条例、相关税收政策，以及国家统一会计制度（企业会计制度、企业会计准则、小企业会计制度、分行业会计制度、事业单位会计制度和民间非营利组织会计制度）的规定，填报计算纳税人利润总额、应纳税所得额、应纳税额和附列资料等有关项目。

三、有关项目填报说明

（一）表头项目

1.“税款所属期间”：正常经营的纳税人，填报公历当年1月1日至12月31日；纳税人年度中间开业的，填报实际生产经营之日的当月1日至同年12月31日；纳税人年度中间发生合并、分立、破产、停业等情况的，填报公历当年1月1日至实际停业或法院裁定并宣告破产之日的当月月末；纳税人年度中间开业且年度中间又发生合并、分立、破产、停业等情况的，填报实际生产经营之日的当月1日至实际停业或法院裁定并宣告破产之日的当月月末。

2.“纳税人识别号”：填报税务机关统一核发的税务登记证号码。

3.“纳税人名称”：填报税务登记证所载纳税人的全称。

（二）表体项目

本表是在纳税人会计利润总额的基础上，加减纳税调整额后计算出“纳税调整后所得”（应纳税所得额）。会计与税法的差异（包括收入类、扣除类、资产类等差异）通过纳税调整项目明细表（附表三）集中体现。

本表包括利润总额计算、应纳税所得额计算、应纳税额计算和附列资料四个部分。

1.“利润总额计算”中的项目，按照国家统一会计制度口径计算填报。实行企业会计准则的纳税人，其数据直接取自损益表；实行其他国家统一会计制度的纳税人，与本表不一致的项目，按照其利润表项目进行分析填报。

利润总额部分的收入、成本、费用明细项目，一般工商企业纳税人，通过附表一(1)《收入明细表》和附表二(1)《成本费用明细表》相应栏次填报；金融企业纳税人，通过附表一(2)《金融企业收入明细表》、附表二(2)《金融企业成本费用明细表》相应栏次填报；事业单位、社会团体、民办非企业单位、非营利组织等纳税人，通过附表一(3)《事业单位、社会团体、民办非企业单位收入项目明细表》和附表二(3)《事业单位、社会团体、民办非企业单位支出项目明细表》相应栏次填报。

2.“应纳税所得额计算”和“应纳税额计算”中的项目，除根据主表逻辑关系计算的外，通过附表相应栏次填报。

3.“附列资料”填报用于税源统计分析的上一纳税年度税款在本纳税年度抵减或入库金额。

（三）行次说明

1. 第1行“营业收入”：填报纳税人主要经营业务和其他经营业务取得的收入总额。本行根据“主营业务收入”和“其他业务收入”科目的数额计算填报。一般工商企业纳税人，通过附表一(1)《收入明细表》计算填报；金融企业纳税人，通过附表一(2)《金融企业收入明细表》计算填报；事业单位、社会团体、民办非企业单位、非营利组织等纳税人，通过附表一(3)《事业单位、社会团体、民办非企业单位收入明细表》计算填报。

2. 第2行“营业成本”项目：填报纳税人主要经营业务和其他经营业务发生的成本总额。本行根据“主营业务成本”和“其他业务成本”科目的数额计算填报。一般工商企业纳税人，通过附表二(1)《成本费用明细表》计算填报；金融企业纳税人，通过附表二(2)《金融企业成本费用明细表》计算填报；事业单位、社会团体、民办非企业单位、非营利组织等纳税人，通过附表二(3)《事业单位、社会团体、民办非企业单位支出明细表》计算填报。

3. 第3行“营业税金及附加”：填报纳税人经营活动发生的营业税、消费税、城市维护建设税、资源税、土地增值税和教育费附加等相关税费。本行根据“营业税金及附加”科目的数额计算填报。

4. 第4行“销售费用”：填报纳税人在销售商品和材料、提供劳务过程中发生的各种费用。本行根据“销售费用”科目的数额计算填报。

5. 第5行“管理费用”：填报纳税人为组织和管理企业生产经营发生的管理费用。本行根据“管理费用”科目的数额计算填报。

6. 第6行“财务费用”：填报纳税人为筹集生产经营所需资金等发生的筹资费用。本行根据“财务费用”科目的数额计算填报。

7. 第7行“资产减值损失”：填报纳税人计提各项资产准备发生的减值损失。本行根据“资产减值损失”科目的数额计算填报。

8. 第8行“公允价值变动收益”：填报纳税人交易性金融资产、交易性金融负债，以及采用公允价值模式计量的投资性房地产、衍生工具、套期保值业务等公允价值变动形成的应计入当期损益的利得或损失。本行根据“公允价值变动损益”科目的数额计算填报。

9. 第9行“投资收益”：填报纳税人以各种方式对外投资确认所取得的收益或发生的损失。本行根据“投资收益”科目的数额计算填报。

10. 第10行“营业利润”：填报纳税人当期的营业利润。根据上述项目计算填列。

11. 第11行“营业外收入”：填报纳税人发生的与其经营活动无直接关系的各项收入。本行根据“营业外收入”科目的数额计算填报。一般工商企业纳税人，通过附表一(1)《收入明细表》相关项目计算填报；金融企业纳税人，通过附表一(2)《金融企业收入明细表》相关项目计算填报；事业单位、社会团体、民办非企业单位、非营利组织等纳税人，通过附表一(3)《事业单位、社会团体、民办非企业单位收入明细表》计算填报。

12. 第12行“营业外支出”：填报纳税人发生的与其经营活动无直接关系的各项支出。本行根据“营业外支出”科目的数额计算填报。一般工商企业纳税人，通过附表二(1)《成本费用明细表》相关项目计算填报；金融企业纳税人，通过附表二(2)《金融企业成本费用明细表》相关项目计算填报；事业单位、社会团体、民办非企业单位、非营利组织等纳税人，通过附表一(3)《事业单位、社会团体、民办非企业单位支出明细表》计算填报。

13. 第13行“利润总额”：填报纳税人当期的利润总额。

14. 第 14 行“纳税调整增加额”：填报纳税人会计处理与税收规定不一致，进行纳税调整增加的金额。本行通过附表三《纳税调整项目明细表》“调增金额”列计算填报。

15. 第 15 行“纳税调整减少额”：填报纳税人会计处理与税收规定不一致，进行纳税调整减少的金额。本行通过附表三《纳税调整项目明细表》“调减金额”列计算填报。

16. 第 16 行“不征税收入”：填报纳税人计入利润总额但属于税收规定不征税的财政拨款、依法收取并纳入财政管理的行政事业性收费、政府性基金以及国务院规定的其他不征税收入。本行通过附表一(3)《事业单位、社会团体、民办非企业单位收入明细表》计算填报。

17. 第 17 行“免税收入”：填报纳税人计入利润总额但属于税收规定免税的收入或收益，包括国债利息收入；符合条件的居民企业之间的股息、红利等权益性投资收益；从居民企业取得与该机构、场所有实际联系的股息、红利等权益性投资收益；符合条件的非营利组织的收入。本行通过附表五《税收优惠明细表》第 1 行计算填报。

18. 第 18 行“减计收入”：填报纳税人以《资源综合利用企业所得税优惠目录》规定的资源作为主要原材料，生产国家非限制和禁止并符合国家和行业相关标准的产品取得收入 10%的数额。本行通过附表五《税收优惠明细表》第 6 行计算填报。

19. 第 19 行“减、免税项目所得”：填报纳税人按照税收规定减征、免征企业所得税的所得额。本行通过附表五《税收优惠明细表》第 14 行计算填报。

20. 第 20 行“加计扣除”：填报纳税人开发新技术、新产品、新工艺发生的研究开发费用，以及安置残疾人员及国家鼓励安置的其他就业人员所支付的工资，符合税收规定条件的准予按照支出额一定比例，在计算应纳税所得额时加计扣除的金额。本行通过附表五《税收优惠明细表》第 9 行计算填报。

21. 第 21 行“抵扣应纳税所得额”：填报创业投资企业采取股权投资方式投资于未上市的中小高新技术企业 2 年以上的，可以按照其投资额的 70%在股权持有满 2 年的当年抵扣该创业投资企业的应纳税所得额。当年不足抵扣的，可以在以后纳税年度结转抵扣。本行通过附表五《税收优惠明细表》第 39 行计算填报。

22. 第 22 行“境外应税所得弥补境内亏损”：填报纳税人根据税收规定，境外所得可以弥补境内亏损的数额。

23. 第 23 行“纳税调整后所得”：填报纳税人经过纳税调整计算后的所得额。

当本表第 23 行<0 时，即为可结转以后年度弥补的亏损额；如本表第 23 行>0 时，继续计算应纳税所得额。

24. 第 24 行“弥补以前年度亏损”：填报纳税人按照税收规定可在税前弥补的以前年度亏损的数额。

本行通过附表四《企业所得税弥补亏损明细表》第 6 行第 10 列填报。但不得超过本表第 23 行“纳税调整后所得”。

25. 第 25 行“应纳税所得额”：金额等于本表第 23－24 行。

本行不得为负数。本表第 23 行或者按照上述行次顺序计算结果本行为负数，本行金额填零。

26. 第 26 行“税率”：填报税法规定的税率 25%。

27. 第 27 行“应纳所得税额”：金额等于本表第 25×26 行。

28. 第 28 行“减免所得税额”：填报纳税人按税收规定实际减免的企业所得税额，包括小型微利企业、国家需要重点扶持的高新技术企业、享受减免税优惠过渡政策的企业，其法定税率与实际执行税率的差额，以及其他享受企业所得税减免税的数额。本行通过附表五《税收优惠明细表》第 33 行计算填报。

29. 第 29 行“抵免所得税额”：填报纳税人购置用于环境保护、节能节水、安全生产等专用设备的投资额，其设备投资额的 10%可以从企业当年的应纳所得税额中抵免的金额；当年不足抵免的，可以在以后 5 个纳税年度结转抵免。本行通过附表五《税收优惠明细表》第 40 行计算填报。

30. 第 30 行“应纳税额”：金额等于本表第 27－28－29 行。

31. 第 31 行“境外所得应纳所得税额”：填报纳税人来源于中国境外的所得，按照企业所得税法及其实施条例、以及相关税收规定计算的应纳所得税额。

32. 第 32 行“境外所得抵免所得税额”：填报纳税人来源于中国境外所得依照中国境外税收法律以及相

关规定应缴纳并实际缴纳的企业所得税性质的税款，准予抵免的数额。

企业已在境外缴纳的所得税额，小于抵免限额的，“境外所得抵免所得税额”按其在境外实际缴纳的所得税额填报；大于抵免限额的，按抵免限额填报，超过抵免限额的部分，可以在以后五个年度内，用每年度抵免限额抵免当年应抵税额后的余额进行抵补。

33. 第 33 行“实际应纳所得税额”：填报纳税人当期的实际应纳所得税额。

34. 第 34 行“本年累计实际已预缴的所得税额”：填报纳税人按照税收规定本纳税年度已在月(季)度累计预缴的所得税款。

35. 第 35 行“汇总纳税的总机构分摊预缴的税额”：填报汇总纳税的总机构按照税收规定已在月(季)度在总机构所在地累计预缴的所得税款。

附报《中华人民共和国企业所得税汇总纳税分支机构企业所得税分配表》。

36. 第 36 行“汇总纳税的总机构财政调库预缴的税额”：填报汇总纳税的总机构按照税收规定已在月(季)度在总机构所在地累计预缴在财政调节专户的所得税款。

附报《中华人民共和国企业所得税汇总纳税分支机构企业所得税分配表》。

37. 第 37 行“汇总纳税的总机构所属分支机构分摊的预缴税额”：填报汇总纳税的分支机构已在月(季)度在分支机构所在地累计分摊预缴的所得税款。第 37－1 行“本市总机构所属本市分支机构分摊的预缴税额”：填报本市总机构设在本市的分支机构(包括本市总机构独立生产经营部门作为分支机构)所分摊的预缴税额。

附报《中华人民共和国企业所得税汇总纳税分支机构企业所得税分配表》。

38. 第 38 行“合并纳税(母子体制)成员企业就地预缴比例”：填报经国务院批准的实行合并纳税(母子体制)的成员企业按照税收规定就地预缴税款的比例。

39. 第 39 行“合并纳税企业就地预缴的所得税额”：填报合并纳税的成员企业已在月(季)度累计预缴的所得税款。

40. 第 40 行“本年应补(退)的所得税额”：填报纳税人当期应补(退)的所得税额。

41. 第 41 行“以前年度多缴的所得税在本年抵减额”：填报纳税人以前纳税年度汇算清缴多缴的税款尚未办理退税、并在本纳税年度抵缴的所得税额。

42. 第 42 行“以前年度应缴未缴在本年入库所得额”：填报纳税人以前纳税年度损益调整税款、上一纳税年度第四季度预缴税款和汇算清缴的税款，在本纳税年度入库所得税额。

四、表内及表间关系

1. 第 1 行＝附表一(1)第 2 行或附表一(2)第 1 行或附表一(3)第 2 行至 7 行合计。

2. 第 2 行＝附表二(1)第 2＋7 行或附表二(2)第 1 行或附表二(3)第 2 至 9 行合计。

3. 第 10 行＝本表第 1－2－3－4－5－6－7＋8＋9 行。

4. 第 11 行＝附表一(1)第 17 行或附表一(2)第 42 行或附表一(3)第 9 行

5. 第 12 行＝附表二(1)第 16 行或附表二(2)第 45 行或附表二(3)第 10 行。

6. 第 13 行＝本表第 10＋11－12 行。

7. 第 14 行＝附表三第 55 行第 3 列合计。

8. 第 15 行＝附表三第 55 行第 4 列合计。

9. 第 16 行＝附表一(3)10 行或附表三第 14 行第 4 列。

10. 第 17 行＝附表五第 1 行。

11. 第 18 行＝附表五第 6 行。

12. 第 19 行＝附表五第 14 行。

13. 第 20 行＝附表五第 9 行。

14. 第 21 行＝附表五第 39 行。

15. 第 22 行＝附表六第 7 列合计。(当本表第 13＋14－15 行≥0 时，本行＝0)

16. 第 23 行＝本表第 13＋14－15＋22 行。

17. 第 24 行＝附表四第 6 行第 10 列。

18. 第 25 行＝本表第 23－24 行(当本行<0 时,则先调整 21 行的数据,使其本行≥0;当 21 行＝0 时,23－24 行≥0)。

19. 第 26 行填报 25%。

20. 第 27 行＝本表第 25×26 行。

21. 第 28 行＝附表五第 33 行。

22. 第 29 行＝附表五第 40 行。

23. 第 30 行＝本表第 27－28－29 行。

24. 第 31 行＝附表六第 10 列合计。

25. 第 32 行＝附表六第 13 列合计＋第 15 列合计或附表六第 17 列合计。

26. 第 33 行＝本表第 30＋31－32 行。

27. 第 40 行＝本表第 33－34 行。

企业所得税年度纳税申报表附表一：

收入明细表

填报时间：　年　月　日　　　　金额单位:元(列至角分)

行次	项　目	金　额
1	一、销售(营业)收入合计(2＋13)	
2	(一)营业收入合计(3＋8)	
3	1. 主营业务收入(4＋5＋6＋7)	
4	(1)销售货物	
5	(2)提供劳务	
6	(3)让渡资产使用权	
7	(4)建造合同	
8	2. 其他业务收入(9＋10＋11＋12)	
9	(1)材料销售收入	
10	(2)代购代销手续费收入	
11	(3)包装物出租收入	
12	(4)其他	
13	(二)视同销售收入(14＋15＋16)	
14	1. 非货币性交易视同销售收入	
15	2. 货物、财产、劳务视同销售收入	
16	3. 其他视同销售收入	
17	二、营业外收入(18＋19＋20＋21＋22＋23＋24＋25＋26)	
18	1. 固定资产盘盈	
19	2. 处置固定资产净收益	
20	3. 非货币性资产交易收益	
21	4. 出售无形资产收益	

续表

行次	项 目	金 额
22	5. 罚款净收入	
23	6. 债务重组收益	
24	7. 政府补助收入	
25	8. 捐赠收入	
26	9. 其他	

经办人(签章):　　　　　　　　　　　　　　　　　　　　法定代表人(签章):

附表一《收入明细表》填报说明:

一、适用范围

本表适用于执行企业会计制度、小企业会计制度、企业会计准则以及分行业会计制度的一般工商企业的居民纳税人填报。

二、填报依据和内容

根据《中华人民共和国企业所得税法》及其实施条例、相关税收政策,以及企业会计制度、小企业会计制度、企业会计准则,以及分行业会计制度规定,填报"主营业务收入"、"其他业务收入"和"营业外收入",以及根据税收规定确认的"视同销售收入"。

三、有关项目填报说明

1. 第1行"销售(营业)收入合计":填报纳税人根据国家统一会计制度确认的主营业务收入、其他业务收入,以及根据税收规定确认的视同销售收入。

本行数据作为计算业务招待费、广告费和业务宣传费支出扣除限额的计算基数。

2. 第2行"营业收入合计":填报纳税人根据国家统一会计制度确认的主营业务收入和其他业务收入。本行数额填入主表第1行。

3. 第3行"主营业务收入":根据不同行业的业务性质分别填报纳税人按照国家统一会计制度核算的主营业务收入。

(1)第4行"销售货物":填报从事工业制造、商品流通、农业生产以及其他商品销售企业取得的主营业务收入。

(2)第5行"提供劳务":填报从事提供旅游饮食服务、交通运输、邮政通信、对外经济合作等劳务、开展其他服务的纳税人取得的主营业务收入。

(3)第6行"让渡资产使用权":填报让渡无形资产使用权(如商标权、专利权、专有技术使用权、版权、专营权等)而取得的使用费收入以及以租赁业务为基本业务的出租固定资产、无形资产、投资性房地产在主营业务收入中核算取得的租金收入。

(4)第7行"建造合同":填报纳税人建造房屋、道路、桥梁、水坝等建筑物,以及船舶、飞机、大型机械设备等取得的主营业务收入。

4. 第8行:根据不同行业的业务性质分别填报纳税人按照国家统一会计制度核算的其他业务收入。

(1)第9行"材料销售收入":填报纳税人销售材料、下脚料、废料、废旧物资等取得的收入。

(2)第10行"代购代销手续费收入":填报纳税人从事代购代销、受托代销商品取得的手续费收入。

(3)第11行"包装物出租收入":填报纳税人出租、出借包装物取得的租金和逾期未退包装物没收的押金。

(4)第12行"其他":填报纳税人按照国家统一会计制度核算、上述未列举的其他业务收入。

5. 第13行:填报纳税人会计上不作为销售核算,但按照税收规定视同销售确认的应税收入。

(1)第14行"非货币性交易视同销售收入":填报纳税人发生非货币性交易行为,会计核算未确认或未全部确认损益,按照税收规定应视同销售确认应税收入。

纳税人按照国家统一会计制度已确认的非货币性交易损益的,直接填报非货币性交易换出资产公允价值与已确认的非货币交易收益的差额。

(2)第15行"货物、财产、劳务视同销售收入":填报纳税人将货物、财产、劳务用于捐赠、偿债、赞助、集资、广告、样品、职工福利或者利润分配等用途的,按照税收规定应视同销售确认应税收入。

(3)第16行"其他视同销售收入":填报除上述项目外,按照税收规定其他视同销售确认应税收入。

6. 第17行"营业外收入":填报纳税人与生产经营无直接关系的各项收入的金额。本行数据填入主表第11行。

(1)第18行"固定资产盘盈":填报纳税人在资产清查中发生的固定资产盘盈。

(2)第19行"处置固定资产净收益":填报纳税人因处置固定资产而取得的净收益。

(3)第20行"非货币性资产交易收益":填报纳税人发生的非货币性交易按照国家统一会计制度确认为损益的金额。执行企业会计准则的纳税人,发生具有商业实质且换出资产为固定资产、无形资产的非货币性交易,填报其换出资产公允价值和换出资产账面价值的差额;执行企业会计制度和小企业会计制度的纳税人,填报与收到补价相对应的收益额。

(4)第21行"出售无形资产收益":填报纳税人处置无形资产而取得净收益的金额。

(5)第22行"罚款净收入":填报纳税人在日常经营管理活动中取得的罚款收入。

(6)第23行"债务重组收益":填报纳税人发生的债务重组行为确认的债务重组利得。

(7)第24行"政府补助收入":填报纳税人从政府无偿取得的货币性资产或非货币性资产的金额,包括补贴收入。

(8)第25行"捐赠收入":填报纳税人接受的来自其他企业、组织或者个人无偿给予的货币性资产、非货币性资产捐赠,确认的收入。

(9)第26行"其他":填报纳税人按照国家统一会计制度核算、上述项目未列举的其他营业外收入。

四、表内、表间关系

(一)表内关系

1. 第1行=本表第2+13行。

2. 第2行=本表第3+8行。

3. 第3行=本表第4+5+6+7行。

4. 第8行=本表第9+10+11+12行。

5. 第13行=本表第14+15+16行。

6. 第17行=本表第18至26行合计。

(二)表间关系

1. 第1行=附表八第4行。

2. 第2行=主表第1行。

3. 第13行=附表三第2行第3列。

4. 第17行=主表第11行。

企业所得税年度纳税申报表附表二:

成本费用明细表

填表时间:　　年　月　日　　　　　　金额单位:元(列至角分)

行次	项　目	金　额
1	一、销售(营业)成本合计(2+7+12)	
2	(一)主营业务成本(3+4+5+6)	
3	1. 销售货物成本	
4	2. 提供劳务成本	

行次	项　目	金　额
5	3. 让渡资产使用权成本	
6	4. 建造合同成本	
7	(二)其他业务成本(8+9+10+11)	
8	1. 材料销售成本	
9	2. 代购代销费用	
10	3. 包装物出租成本	
11	4. 其他	
12	(三)视同销售成本(13+14+15)	
13	1. 非货币性交易视同销售成本	
14	2. 货物、财产、劳务视同销售成本	
15	3. 其他视同销售成本	
16	二、营业外支出(17+18+…+24)	
17	1. 固定资产盘亏	
18	2. 处置固定资产净损失	
19	3. 出售无形资产损失	
20	4. 债务重组损失	
21	5. 罚款支出	
22	6. 非常损失	
23	7. 捐赠支出	
24	8. 其他	
25	三、期间费用(26+27+28)	
26	1. 销售(营业)费用	
27	2. 管理费用	
28	3. 财务费用	

经办人(签章):　　　　　　　　　　　　　　　　　　法定代表人(签章):

附表二《成本费用明细表》填报说明:

一、适用范围

本表适用于执行企业会计制度、小企业会计制度、企业会计准则,以及分行业会计制度的一般工商企业的居民纳税人填报。

二、填报依据和内容

根据《中华人民共和国企业所得税法》及其实施条例、相关税收政策,以及企业会计制度、小企业会计制度、企业会计准则,以及分行业会计制度的规定,填报"主营业务成本"、"其他业务成本"和"营业外支出",以及根据税收规定确认的"视同销售成本"。

三、有关项目填报说明

1. 第1行"销售(营业)成本合计":填报纳税人根据国家统一会计制度确认的主营业务成本、其他业务成本和按税收规定视同销售确认的成本。

2. 第2行“主营业务成本”：根据不同行业的业务性质分别填报纳税人按照国家统一会计制度核算的主营业务成本。

(1)第3行“销售货物成本”：填报从事工业制造、商品流通、农业生产以及其他商品销售企业发生的主营业务成本。

(2)第4行“提供劳务成本”：填报从事提供旅游饮食服务、交通运输、邮政通信、对外经济合作等劳务、开展其他服务的纳税人发生的主营业务成本。

(3)第5行“让渡资产使用权成本”：填报让渡无形资产使用权(如商标权、专利权、专有技术使用权、版权、专营权等)发生的使用费成本以及以租赁业务为基本业务的出租固定资产、无形资产、投资性房地产在主营业务收入中核算发生的租金成本。

(4)第6行“建造合同成本”：填报纳税人建造房屋、道路、桥梁、水坝等建筑物，以及船舶、飞机、大型机械设备等发生的主营业务成本。

3. 第7行“其他业务成本”：根据不同行业的业务性质分别填报纳税人按照国家统一会计制度核算的其他业务成本。

(1)第8行“材料销售成本”：填报纳税人销售材料、下脚料、废料、废旧物资等发生的支出。

(2)第9行“代购代销费用”：填报纳税人从事代购代销、受托代销商品发生的支出。

(3)第10行“包装物出租成本”：填报纳税人出租、出借包装物发生的租金支出和逾期未退包装物发生的支出。

(4)第11行“其他”：填报纳税人按照国家统一会计制度核算、上述项目未列举的其他业务成本。

4. 第12行“视同销售成本”：填报纳税人会计上不作为销售核算、但按照税收规定视同销售确认的应税成本。

本行数据填入附表三第21行第4列。

5. 第16至24行“营业外支出”：填报纳税人与生产经营无直接关系的各项支出。本行数据填入主表第12行。

(1)第17行“固定资产盘亏”：填报纳税人在资产清查中发生的固定资产盘亏。

(2)第18行“处置固定资产净损失”：填报纳税人因处置固定资产发生的净损失。

(3)第19行“出售无形资产损失”：填报纳税人因处置无形资产而发生的净损失。

(4)第20行“债务重组损失”：填报纳税人发生的债务重组行为按照国家统一会计制度确认的债务重组损失。

(5)第21行“罚款支出”：填报纳税人在日常经营管理活动中发生的罚款支出。

(6)第22行“非常损失”：填报纳税人按照国家统一会计制度规定在营业外支出中核算的各项非正常的财产损失。

(7)第23行“捐赠支出”：填报纳税人实际发生的货币性资产、非货币性资产捐赠支出。

(8)第24行“其他”：填报纳税人按照国家统一会计制度核算、上述项目未列举的其他营业外支出。

6. 第25至28行“期间费用”：填报纳税人按照国家统一会计制度核算的销售(营业)费用、管理费用和财务费用的数额。

(1)第26行“销售(营业)费用”：填报纳税人在销售商品和材料、提供劳务的过程中发生的各种费用。本行根据“销售费用”科目的数额计算填报。本行数据填入主表第4行。

(2)第27行“管理费用”：填报纳税人为组织和管理企业生产经营发生的管理费用。本行根据“管理费用”科目的数额计算填报。本行数据填入主表第5行。

(3)第28行“财务费用”：填报纳税人为筹集生产经营所需资金等发生的筹资费用。本行根据“财务费用”科目的数额计算填报。本行数据填入主表第6行。

四、表内、表间关系

(一)表内关系

1. 第1行＝本表第2＋7＋12行。

2. 第 2 行＝本表第 3 行至 6 行合计
3. 第 7 行＝本表第 8 行至 11 行合计。
4. 第 12 行＝本表第 13＋14＋15 行。
5. 第 16 行＝本表第 17 至 24 行合计。
6. 第 25 行＝本表第 26＋27＋28 行。

(二)表间关系

1. 第 2＋7 行＝主表第 2 行。
2. 第 12 行＝附表三第 21 行第 4 列。
3. 第 16 行＝主表第 12 行。
4. 第 26 行＝主表第 4 行。
5. 第 27 行＝主表第 5 行。
6. 第 28 行＝主表第 6 行。

企业所得税年度纳税申报表附表三：

纳税调整明细表

填报时间：　　年　月　日　　　　　　　　金额单位:元(列至角分)

行次	项　目	账载金额	税收金额	调增金额	调减金额
		1	2	3	4
1	一、收入类调整项目	*	*		
2	1. 视同销售收入(填写附表一)	*	*		*
#3	2. 接受捐赠收入	*			*
4	3. 不符合税收规定的销售折扣和折让				*
*5	4. 未按权责发生制原则确认的收入				
*6	5. 按权益法核算长期股权投资对初始投资成本调整确认收益	*	*	*	
7	6. 按权益法核算的长期股权投资持有期间的投资损益	*	*		
*8	7. 特殊重组				
*9	8. 一般重组				
*10	9. 公允价值变动净收益(填写附表七)	*	*		
11	10. 确认为递延收益的政府补助				
12	11. 境外应税所得(填写附表六)	*	*		
13	12. 不允许扣除的境外投资损失	*	*		*
14	13. 不征税收入(填附表一[3])	*	*	*	
15	14. 免税收入(填附表五)	*	*	*	
16	15. 减计收入(填附表五)	*	*	*	
17	16. 减、免税项目所得(填附表五)	*	*	*	
18	17. 抵扣应纳税所得额(填附表五)	*	*	*	
19	18. 其他				

续表

行次	项　目	账载金额	税收金额	调增金额	调减金额
		1	2	3	4
20	二、扣除类调整项目	*	*		
21	1. 视同销售成本(填写附表二)	*	*	*	
22	2. 工资薪金支出				
23	3. 职工福利费支出				
24	4. 职工教育经费支出				
25	5. 工会经费支出				
26	6. 业务招待费支出				*
27	7. 广告费和业务宣传费支出(填写附表八)	*	*		
28	8. 捐赠支出				*
29	9. 利息支出				
30	10. 住房公积金				*
31	11. 罚金、罚款和被没收财物的损失		*		*
32	12. 税收滞纳金		*		*
33	13. 赞助支出		*		*
34	14. 各类基本社会保障性缴款				
35	15. 补充养老保险、补充医疗保险				
36	16. 与未实现融资收益相关在当期确认的财务费用				
37	17. 与取得收入无关的支出		*		*
38	18. 不征税收入用于支出所形成的费用		*		*
39	19. 加计扣除(填附表五)	*	*	*	
40	20. 其他				
41	三、资产类调整项目	*	*		
42	1. 财产损失				
43	2. 固定资产折旧(填写附表九)	*	*		
44	3. 生产性生物资产折旧(填写附表九)	*	*		
45	4.长期待摊费用的摊销(填写附表九)	*	*		
46	5. 无形资产摊销(填写附表九)	*	*		
47	6. 投资转让、处置所得(填写附表十一)	*	*		
48	7. 油气勘探投资(填写附表九)	*	*		
49	8. 油气开发投资(填写附表九)	*	*		
50	9. 其他	*	*		

续表

行次	项　目	账载金额	税收金额	调增金额	调减金额
		1	2	3	4
51	四、准备金调整项目(填写附表十)	*	*		
52	五、房地产企业预售收入计算的预计利润	*	*		
53	六、特别纳税调整应税所得	*	*		*
54	七、其他	*	*		
55	合　计	*	*		

注：

1. 标有＊或＃的行次，纳税人分别按照适用的国家统一会计制度填报。

2. 没有标注的行次，无论执行何种会计核算办法，有差异就填报相应行次，填＊号不可填列。

3. 有二级附表的项目只填调增、调减金额，账载金额、税收金额不再填写。

经办人(签章)：　　　　　　　　　　　　　　　　　　法定代表人(签章)：

附表三《纳税调整项目明细表》填报说明：

一、适用范围

本表适用于实行查账征收的企业所得税居民纳税人填报。

二、填报依据和内容

根据《中华人民共和国企业所得税法》及其实施条例、相关税收政策，以及国家统一会计制度的规定，填报企业财务会计处理与税收规定不一致、进行纳税调整项目的金额。

三、有关项目填报说明

本表纳税调整项目按照“收入类调整项目”、“扣除类调整项目”、“资产类调整调整项目”、“准备金调整项目”、“房地产企业预售收入计算的预计利润”、“特别纳税调整应税所得”、“其他”七大项分类汇总填报，并计算纳税调整项目的“调增金额”和“调减金额”的合计数。

数据栏分别设置“账载金额”、“税收金额”、“调增金额”、“调减金额”四个栏次。“账载金额”是指纳税人按照国家统一会计制度规定核算的项目金额。“税收金额”是指纳税人按照税收规定计算的项目金额。

“收入类调整项目”：“税收金额”扣减“账载金额”后的余额为正，填报在“调增金额”，余额如为负数，将其绝对值填报在“调减金额”。其中第 4 行“3.不符合税收规定的销售折扣和折让”，按“扣除类调整项目”处理。

“扣除类调整项目”、“资产类调整项目”：“账载金额”扣减“税收金额”后的余额为正，填报在“调增金额”，余额如为负数，将其绝对值填报在“调减金额”。

其他项目的“调增金额”、“调减金额”按上述原则计算填报。

本表打＊号的栏次均不填报。

(一)收入类调整项目

1. 第 1 行“一、收入类调整项目”：填报收入类调整项目第 2 行至第 19 行的合计数。第 1 列“账载金额”、第 2 列“税收金额”不填报。

2. 第 2 行“1.视同销售收入”：填报纳税人会计上不作为销售核算、税收上应确认为应税收入的金额。

(1)事业单位、社会团体、民办非企业单位直接填报第 3 列“调增金额”。

(2)金融企业第 3 列“调增金额”取自附表一(2)《金融企业收入明细表》第 38 行。

(3)一般工商企业第 3 列“调增金额”取自附表一(1)《收入明细表》第 13 行。

(4)第 1 列“账载金额”、第 2 列“税收金额”和第 4 列“调减金额”不填。

3. 第 3 行“2.接受捐赠收入”：第 2 列“税收金额”填报纳税人按照国家统一会计制度规定，将接受捐赠直接计入资本公积核算、进行纳税调整的金额。第 3 列“调增金额”等于第 2 列“税收金额”。第 1 列“账载金额”

和第 4 列“调减金额”不填。

4. 第 4 行“3.不符合税收规定的销售折扣和折让”：填报纳税人不符合税收规定的销售折扣和折让应进行纳税调整的金额。第 1 列“账载金额”填报纳税人按照国家统一会计制度规定，销售货物给购货方的销售折扣和折让金额。第 2 列“税收金额”填报纳税人按照税收规定可以税前扣除的销售折扣和折让的金额。第 3 列“调增金额”填报第 1 列与第 2 列的差额。第 4 列“调减金额”不填。

5. 第 5 行“4.未按权责发生制原则确认的收入”：填报纳税人会计上按照权责发生制原则确认收入，但按照税收规定不按照权责发生制确认收入，进行纳税调整的金额。

第 1 列“账载金额”填报纳税人按照国家统一会计制度确认的收入；第 2 列“税收金额”填报纳税人按照税收规定确认的应纳税收入；第 3 列“调增金额”填报纳税人纳税调增的金额；第 4 列“调减金额”填报纳税人纳税调减的金额。

6. 第 6 行“5.按权益法核算长期股权投资对初始投资成本调整确认收益”：填报纳税人采取权益法核算，初始投资成本小于取得投资时应享有被投资单位可辨认净资产公允价值份额的差额计入取得投资当期的营业外收入。本行“调减金额”数据通过附表十一《长期股权投资所得(损失)明细表》第 5 列 “合计”填报。第 1 列“账载金额”、第 2 列“税收金额”和第 3 列“调增金额”不填。

7. 第 7 行“6.按权益法核算的长期股权投资持有期间的投资损益”：第 3 列“调增金额”填报纳税人应分担被投资单位发生的净亏损、确认为投资损失的金额；第 4 列“调减金额”填报纳税人应分享被投资单位发生的净利润、确认为投资收益的金额。本行根据附表十一《长期股权投资所得(损失)明细表》分析填列。

8. 第 8 行“7.特殊重组”：填报纳税人按照税收规定作为特殊重组处理，导致财务会计处理与税收规定不一致进行纳税调整的金额。

第 1 列“账载金额”填报纳税人按照国家统一会计制度确认的账面金额；第 2 列“税收金额”填报纳税人按照税收规定确认的应税收入金额；第 3 列“调增金额”填报纳税人进行纳税调整增加的金额；第 4 列“调减金额”填报纳税人进行纳税调整减少的金额。

9. 第 9 行“8.一般重组”：填报纳税人按照税收规定作为一般重组处理，导致财务会计处理与税收规定不一致进行纳税调整的金额。

第 1 列“账载金额”填报纳税人按照国家统一会计制度确认的账面金额；第 2 列“税收金额”填报纳税人按照税收规定确认的应税收入金额；第 3 列“调增金额”填报纳税人进行纳税调整增加的金额；第 4 列“调减金额”填报纳税人进行纳税调整减少的金额。

10. 第 10 行“9.公允价值变动净收益”：第 3 列“调增金额”或第 4 列“调减金额”通过附表七《以公允价值计量资产纳税调整表》第 10 行第 5 列数据填报。

附表七第 5 列“纳税调整额”第 10 行“合计”数为正数时，填入附表三第 10 行本行第 3 列“调增金额”；为负数时，将其绝对值填入本行第 4 列“调减金额”。

11. 第 11 行“10.确认为递延收益的政府补助”：填报纳税人取得的不属于税收规定的不征税收入、免税收入以外的其他政府补助，按照国家统一会计制度确认为递延收益，税收处理应计入应纳税所得额应进行纳税调整的数额。

第 1 列“账载金额”填报纳税人按照国家统一会计制度确认的账面金额；第 2 列“税收金额”填报纳税人按照税收规定确认的应税收入金额；第 3 列“调增金额”填报纳税人进行纳税调整增加的金额；第 4 列“调减金额”填报纳税人进行纳税调整减少的金额。

12. 第 12 行“11.境外应税所得”：第 3 列“调增金额”填报纳税人并入利润总额的成本费用或确认的境外投资损失。第 4 列“调减金额”填报纳税人并入利润总额的境外收入、投资收益等。第 1 列“账载金额”、第 2 列“税收金额”不填。

13. 第 13 行“12.不允许扣除的境外投资损失”：第 3 列“调增金额”填报纳税人境外投资除合并、撤销、依法清算外形成的损失。第 1 列“账载金额”、第 2 列“税收金额”和第 4 列“调减金额”不填。

14. 第 14 行“13.不征税收入”：第 4 列“调减金额”通过附表一(3)《事业单位、社会团体、民办非企业单位收入项目明细表》第 12 行“不征税收入总额”和附表五(2)第 29 行、第 61 行“不征税收入”填报，还包括国务院规定的其他不征税收入。第 1 列“账载金额”、第 2 列“税收金额”和第 3 列“调增金额”不填。

15. 第 15 行“14.免税收入”：第 4 列“调减金额”通过附表五《税收优惠明细表》第 1 行“免税收入”填报。第 1 列“账载金额”、第 2 列“税收金额”和第 3 列“调增金额”不填。

16. 第 16 行“15.减计收入”：第 4 列“调减金额”通过取自附表五《税收优惠明细表》第 6 行“减计收入”填报。第 1 列“账载金额”、第 2 列“税收金额”和第 3 列“调增金额”不填。

17. 第 17 行“16.减、免税项目所得”：第 4 列“调减金额”通过取自附表五《税收优惠明细表》第 14 行“减免所得额合计” 填报。第 1 列“账载金额”、第 2 列“税收金额”和第 3 列“调增金额”不填。

18. 第 18 行“17.抵扣应纳税所得额”：第 4 列“调减金额”通过取自附表五《税收优惠明细表》第 39 行“创业投资企业抵扣应纳税所得额” 填报。第 1 列“账载金额”、第 2 列“税收金额”和第 3 列“调增金额”不填。

19. 第 19 行“18.其他”：填报企业财务会计处理与税收规定不一致、进行纳税调整的其他收入类项目金额。

（二）扣除类调整项目

1. 第 20 行“二、扣除类调整项目”：填报扣除类调整项目第 21 行至第 40 行的合计数。第 1 列“账载金额”、第 2 列“税收金额”不填报。

2. 第 21 行“1.视同销售成本”：第 2 列“税收金额”填报按照税收规定视同销售应确认的成本。

（1）事业单位、社会团体、民办非企业单位直接填报第 4 列“调减金额”。

（2）金融企业第 4 列“调减金额”取自附表二（2）《金融企业成本费用明细表》第 41 行。

（3）一般工商企业第 4 列“调减金额”取自附表二（1）《成本费用明细表》第 12 行。

（4）第 1 列“账载金额”、第 2 列“税收金额”和第 3 列“调增金额”不填。

3. 第 22 行“2.工资薪金支出”：第 1 列“账载金额”填报纳税人按照国家统一会计制度计入成本费用的职工工资、奖金、津贴和补贴；第 2 列“税收金额”填报纳税人按照税收规定允许税前扣除的工资薪金。如本行第 1 列≥第 2 列，第 1 列减去第 2 列的差额填入本行第 3 列“调增金额”；如本行第 1 列＜第 2 列，第 2 列减去第 1 列的差额填入本行第 4 列“调减金额”。

4. 第 23 行“3.职工福利费支出”：第 1 列“账载金额”填报纳税人按照国家统一会计制度计入成本费用的职工福利费；第 2 列“税收金额”填报纳税人按照税收规定允许税前扣除的职工福利费，金额小于等于第 22 行“工资薪金支出”第 2 列“税收金额”×14％；如本行第 1 列≥第 2 列，第 1 列减去第 2 列的差额填入本行第 3 列“调增金额”；如本行第 1 列＜第 2 列，第 2 列减去第 1 列的差额填入本行第 4 列“调减金额”。

5. 第 24 行“4.职工教育经费支出”：第 1 列“账载金额”填报纳税人按照国家统一会计制度计入成本费用的教育经费支出；第 2 列“税收金额”填报纳税人按照税收规定允许税前扣除的的职工教育经费，金额小于等于第 22 行“工资薪金支出”第 2 列“税收金额”×2.5％，或国务院财政、税务主管部门另有规定的金额；如本行第 1 列≥第 2 列，第 1 列减去第 2 列的差额填入本行第 3 列“调增金额”；如本行第 1 列＜第 2 列，第 2 列减去第 1 列的差额填入本行第 4 列“调减金额”。

6. 第 25 行“5.工会经费支出”：第 1 列“账载金额”填报纳税人按照国家统一会计制度计入成本费用的工会经费支出。第 2 列“税收金额”填报纳税人按照税收规定允许税前扣除的的工会经费，金额等于第 22 行“工资薪金支出”第 2 列“税收金额”×2％减去没有工会专用凭据列支的工会经费后的余额，如本行第 1 列≥第 2 列，第 1 列减去第 2 列的差额填入本行第 3 列“调增金额”；如本行第 1 列＜第 2 列，第 2 列减去第 1 列的差额填入本行第 4 列“调减金额”。

7. 第 26 行“6.业务招待费支出”：第 1 列“账载金额”填报纳税人按照国家统一会计制度计入成本费用的业务招待费支出；第 2 列“税收金额”填报纳税人按照税收规定允许税前扣除的业务招待费支出的金额。比较“本行第 1 列×60％”与“附表一（1）《收入明细表》第 1 行×5‰”或“附表一（2）《金融企业收入明细表》第 1＋38 行合计×5‰”或“本行第 1 列×60％”两数，孰小者填入本行第 2 列。如本行第 1 列≥第 2 列，本行第 1 列减去第 2 列的余额填入本行第 3 列“调增金额”，第 4 列“调减金额”不填。如本行第 1 列＜第 2 列，第 3 列“调增金额”，第 4 列“调减金额”均不填。

8. 第 27 行“7.广告费与业务宣传费支出”：第 3 列“调增金额”取自附表八《广告费和业务宣传费跨年度纳

税调整表》第 7 行“本年广告费和业务宣传费支出纳税调整额”，第 4 列“调减金额”取自附表八《广告费和业务宣传费跨年度纳税调整表》第 10 行“本年扣除的以前年度结转额”。第 1 列“账载金额”和第 2 列“税收金额”不填。

9. 第 28 行“8.捐赠支出”：第 1 列“账载金额”填报纳税人按照国家统一会计制度实际发生的捐赠支出。第 2 列“税收金额”填报纳税人按照税收规定允许税前扣除的捐赠支出的金额。如本行第 1 列≥第 2 列，第 1 列减去第 2 列的差额填入本行第 3 列“调增金额”，第 4 列“调减金额”不填；如本行第 1 列＜第 2 列，第 3 列“调增金额”、第 4 列“调减金额”均不填。

10. 第 29 行“9.利息支出”：第 1 列“账载金额”填报纳税人按照国家统一会计制度实际发生的向非金融企业借款计入财务费用的利息支出的金额；第 2 列“税收金额”填报纳税人按照税收规定允许税前扣除的利息支出的金额。如本行第 1 列≥第 2 列，第 1 列减去第 2 列的差额填入本行第 3 列“调增金额”，第 4 列“调减金额”不填；如本行第 1 列＜第 2 列，第 3 列“调增金额”、第 4 列“调减金额”均不填。

11. 第 30 行“10.住房公积金”：第 1 列“账载金额”填报纳税人按照国家统一会计制度实际发生的住房公积金的金额；第 2 列“税收金额”填报纳税人按照税收规定允许税前扣除的住房公积金的金额。如本行第 1 列≥第 2 列，第 1 列减去第 2 列的差额填入本行第 3 列“调增金额”，第 4 列“调减金额”不填；如本行第 1 列＜第 2 列，第 3 列“调增金额”、第 4 列“调减金额”均不填。

12. 第 31 行“11.罚金、罚款和被没收财物的损失”：第 1 列“账载金额”填报纳税人按照国家统一会计制度实际发生的罚金、罚款和被罚没财物损失的金额，不包括纳税人按照经济合同规定支付的违约金(包括银行罚息)、罚款和诉讼费。第 3 列“调增金额”等于第 1 列；第 2 列“税收金额”和第 4 列“调减金额”不填。

13. 第 32 行“12.税收滞纳金”：第 1 列“账载金额”填报纳税人按照国家统一会计制度实际发生的税收滞纳金的金额。第 3 列“调增金额”等于第 1 列；第 2 列“税收金额”和第 4 列“调减金额”不填。

14. 第 33 行“13.赞助支出”：第 1 列“账载金额”填报纳税人按照国家统一会计制度实际发生且不符合税收规定的公益性捐赠的赞助支出的金额。第 3 列“调增金额”等于第 1 列；第 2 列“税收金额”和第 4 列“调减金额”不填。

广告性的赞助支出按广告费和业务宣传费的规定处理，在第 27 行“广告费与业务宣传费支出”中填报。

15. 第 34 行“14.各类基本社会保障性缴款”：第 1 列“账载金额”填报纳税人按照国家统一会计制度实际发生的各类基本社会保障性缴款的金额，包括基本医疗保险费、基本养老保险费、失业保险费、工伤保险费和生育保险费；第 2 列“税收金额”填报纳税人按照税收规定允许税前扣除的各类基本社会保障性缴款的金额。本行第 1 列≥第 2 列，第 1 列减去第 2 列的差额填入本行第 3 列“调增金额”；如本行第 1 列＜第 2 列，第 3 列“调增金额”、第 4 列“调减金额”均不填。

16. 第 35 行“15.补充养老保险、补充医疗保险”：第 1 列“账载金额”填报纳税人按照国家统一会计制度实际发生的补充养老保险、补充医疗保险的金额；第 2 列“税收金额”填报纳税人按照税收规定允许税前扣除的补充养老保险、补充医疗保险的金额。如本行第 1 列≥第 2 列，第 1 列减去第 2 列的差额填入本行第 3 列“调增金额”，如本行第 1 列＜第 2 列，则第 3 列“调增金额”、第 4 列“调减金额”均不填。

17. 第 36 行“16.与未实现融资收益相关在当期确认的财务费用”：第 1 列“账载金额”填报纳税人按照国家统一会计制度实际发生的、与未实现融资收益相关并在当期确认的财务费用的金额。第 2 列“税收金额”填报纳税人按照税收规定允许税前扣除的相关金额。

18. 第 37 行“17.与取得收入无关的支出”：第 1 列“账载金额”填报纳税人按照国家统一会计制度实际发生的、与取得收入无关的支出的金额。第 3 列“调增金额”等于第 1 列；第 2 列“税收金额”和第 4 列“调减金额”不填。

19. 第 38 行“18.不征税收入用于支出所形成的费用”：第 1 列“账载金额”填报纳税人按照国家统一会计制度实际发生的、不征税收入用于支出形成的费用的金额。第 3 列“调增金额”等于第 1 列；第 2 列“税收金额”和第 4 列“调减金额”不填。

20. 第 39 行“19.加计扣除”：第 4 列“调减金额”取自附表五《税收优惠明细表》第 9 行“加计扣除额合计”金额。第 1 列“账载金额”、第 2 列“税收金额”和第 3 列“调增金额”不填。

21. 第 40 行“20.其他”:填报企业财务会计处理与税收规定不一致、进行纳税调整的其他扣除类项目金额。

（三）资产类调整项目

1. 第 41 行“三、资产类调整项目”:填报资产类调整项目第 42 行至第 50 行的合计数。第 1 列“账载金额”、第 2 列“税收金额”不填报。

2. 第 42 行“1.财产损失”:第 1 列“账载金额”填报纳税人按照国家统一会计制度确认的财产损失金额;第 2 列“税收金额”填报纳税人按照税收规定允许税前扣除的财产损失金额。如本行第 1 列≥第 2 列,第 1 列减去第 2 列的差额填入本行第 3 列“调增金额”;如本行第 1 列<第 2 列,第 1 列减去第 2 列的差额的绝对值填入第 4 列“调减金额”。

3. 第 43 行“2.固定资产折旧”:通过附表九《资产折旧、摊销纳税调整明细表》填报。附表九《资产折旧、摊销纳税调整明细表》第 1 行“固定资产”第 7 列“纳税调整额”的正数填入本行第 3 列“调增金额”;附表九《资产折旧、摊销纳税调整明细表》第 1 行“固定资产”第 7 列“纳税调整额”负数的绝对值填入本行第 4 列“调减金额”。第 1 列“账载金额”、第 2 列“税收金额”不填。

4. 第 44 行“3.生产性生物资产折旧”:通过附表九《资产折旧、摊销纳税调整明细表》填报。附表九《资产折旧、摊销纳税调整明细表》第 7 行“生产性生物资产”第 7 列“纳税调整额”的正数填入本行第 3 列“调增金额”;附表九《资产折旧、摊销纳税调整明细表》第 7 行“生产性生物资产”第 7 列“纳税调整额”的负数的绝对值填入本行第 4 列“调减金额”。第 1 列“账载金额”、第 2 列“税收金额”不填。

5. 第 45 行“4.长期待摊费用”:通过附表九《资产折旧、摊销纳税调整明细表》填报。附表九《资产折旧、摊销纳税调整明细表》第 10 行“长期待摊费用”第 7 列“纳税调整额”的正数填入本行第 3 列“调增金额”;附表九《资产折旧、摊销纳税调整明细表》第 10 行“长期待摊费用”第 7 列“纳税调整额”的负数的绝对值填入本行第 4 列“调减金额”。第 1 列“账载金额”、第 2 列“税收金额”不填。

6. 第 46 行“5.无形资产摊销”:通过附表九《资产折旧、摊销纳税调整明细表》填报。附表九《资产折旧、摊销纳税调整明细表》第 15 行“无形资产”第 7 列“纳税调整额”的正数填入本行第 3 列“调增金额”;附表九《资产折旧、摊销纳税调整明细表》第 15 行“无形资产”第 7 列“纳税调整额”的负数的绝对值填入本行第 4 列“调减金额”。第 1 列“账载金额”、第 2 列“税收金额”不填。

7. 第 47 行“6.投资转让、处置所得”:第 3 列“调增金额”和第 4 列“调减金额”通过附表十一《股权投资所得(损失)明细表》分析填报。第 1 列“账载金额”、第 2 列“税收金额”不填。

8. 第 48 行“7.油气勘探投资”:通过附表九《资产折旧、摊销纳税调整明细表》填报。附表九《资产折旧、摊销纳税调整明细表》第 16 行“油气勘探投资”第 7 列“纳税调整额”的正数填入本行第 3 列;附表九《资产折旧、摊销纳税调整明细表》第 16 行“油气勘探投资”第 7 列“纳税调整额”负数的绝对值填入本行第 4 列“调减金额”。第 1 列“账载金额”、第 2 列“税收金额”不填。

9. 第 49 行“油气开发投资”:通过附表九《资产折旧、摊销纳税调整明细表》填报。附表九《资产折旧、摊销纳税调整明细表》第 17 行“油气开发投资”第 7 列“纳税调整额”的正数填入本行第 3 列;附表九《资产折旧、摊销纳税调整明细表》第 17 行“油气开发投资”第 7 列“纳税调整额”负数的绝对值填入本表第 4 列“调减金额”。第 1 列“账载金额”、第 2 列“税收金额”不填。

10. 第 50 行“7.其他”:填报企业财务会计处理与税收规定不一致、进行纳税调整的其他资产类项目金额。

（四）准备金调整项目

第 51 行“四、准备金调整项目”:通过附表十《资产减值准备项目调整明细表》填报。附表十《资产减值准备项目调整明细表》第 17 行“合计”第 5 列“纳税调整额”的正数填入本行第 3 列“调增金额”;附表十《资产减值准备项目调整明细表》第 17 行“合计”第 5 列“纳税调整额”的负数的绝对值填入本行第 4 列“调减金额”。第 1 列“账载金额”、第 2 列“税收金额”不填。

（五）房地产企业预售收入计算的预计利润

第 52 行“五、房地产企业预售收入计算的预计利润”:第 3 列“调增金额”填报从事房地产开发业务的纳税人本期取得的预售收入,按照税收规定的预计利润率计算的预计利润的金额;第 4 列“调减金额”填报从事房地产开发业务的纳税人本期将预售收入转为销售收入，转回已按税收规定征税的预计利润的数额。第1列“账载金额”、第2列“税收金额”不填。

（六）特别纳税调整应税所得

第53行“六、特别纳税调整应税所得”：第3列“调增金额”填报纳税人按特别纳税调整规定，自行调增的当年应纳税所得。第1列“账载金额”、第2列“税收金额”、第4列“调减金额”不填。

（七）其他

第54行“六、其他”：填报企业财务会计处理与税收规定不一致、进行纳税调整的其他项目金额。第1列“账载金额”、第2列“税收金额”不填报。

第55行“合计”：“调增金额”等于本表第1、20、41、51、52、53、54行第3列合计；“调减金额”分别等于本表第1、20、41、51、52、53、54行第4列合计。

四、表内、表间关系

（一）表内关系

1. 第1行＝本表第2＋3＋…＋19行。

2. 第20行＝本表第21＋22＋…＋40行。

3. 第41行＝本表第42＋43＋…＋50行。

（二）表间关系

1. 一般工商企业：第2行第3列＝附表一(1)第13行。

金融企业：第2行第3列＝附表一(2)第38行。

2. 第6行第4列＝附表十一第5列“合计”行的绝对值。

3. 当附表七第10行第5列为正数时：第10行第3列＝附表七第10行第5列；附表七第10行第5列为负数时：第10行第4列＝附表七第10行第5列负数的绝对值。

4. 第14行第4列＝附表一(3)第10行或附表五(2)第29＋61行。

5. 第15行第4列＝附表五第1行。

6. 第16行第4列＝附表五第6行。

7. 第17行第4列＝附表五第14行。

8. 第18行第4列＝附表五第39行。

9. 一般工商企业：第21行第4列＝附表二(1)第12行。

金融企业：第21行第4列＝附表二(2)第41行。

10. 第27行第3列＝附表八第7行。27行第4列＝附表八第10行。

11. 第39行第4列＝附表五第9行。

12. 附表九第1行第7列为正数时：第43行第3列＝附表九第1行第7列；附表九第1行第7列为负数时：第43行第4列＝附表九第1行第7列负数的绝对值。

13. 附表九第7行第7列为正数时：第44行第3列＝附表九第7行第7列；附表九第7行第7列为负数时：第44行第4列＝附表九第7行第7列负数的绝对值。

14. 附表九第10行第7列为正数时：第45行第3列＝附表九第10行第7列；附表九第10行第7列为负数时：第45行第4列＝附表九第10行第7列负数的绝对值。

15. 附表九第15行第7列为正数时：第46行第3列＝附表九第15行第7列；附表九第15行第7列为负数时：第46行第4列＝附表九第15行第7列负数的绝对值。

16. 附表九第16行第7列为正数时：第48行第3列＝附表九第16行第7列；附表九第16行第7列为负数时：第48行第4列＝附表九第16行第7列负数的绝对值。

17. 附表九第17行第7列为正数时：第49行第3列＝附表九第17行第7列；附表九第17行第7列为负数时：第49行第4列＝附表九第17行第7列负数的绝对值。

18. 附表十第17行第5列合计数为正数时：第51行第3列＝附表十第17行第5列；附表十第17行第5列合计数为负数时：第51行第4列＝附表十第17行第5列合计数的绝对值。

19. 第 55 行第 3 列＝主表第 14 行。

20. 第 55 行第 4 列＝主表第 15 行。

本章小结

本章主要讲述了企业所得税的概念与特点、纳税人及分类，企业所得税的应纳税额的计算及会计核算的内容，纳税期限、纳税地点及纳税申报的相关内容。

企业所得税，是以企业的生产经营所得和其他所得为计税依据而征收的一种税，是对中华人民共和国境内的企业（居民企业及非居民企业）和其他取得收入的组织以其生产经营所得为课税对象所征收的一种所得税。

《企业所得税条例》规定，企业的生产、经营所得和其他所得，包括销售货物所得、提供劳务所得、转让财产所得、股息红利所得、利息所得、租金所得、特许权使用费所得、接受捐赠所得和其他所得，是纳税客体。

利润总额＝主营业务收入－主营业务成本－营业税金及附加＋其他业务收入－其他业务支出－销售费用－管理费用－财务费用－资产减值损失＋公允价值变动收益（或减变动损失）＋投资收益（或减投资损失）＋营业外收入－营业外支出，应纳税所得额＝利润＋纳税调整增加额－纳税调整减少额，应纳税所得额＝收入总额－不征税收入－免税收入－各项允许的扣除－允许弥补的以前年度亏损，应纳所得税额＝当期应纳税所得额×适用税率。

居民企业来源于中国境外的应税所得，非居民企业在中国境内设立机构、场所，取得发生在中国境外但与该机构、场所有实际联系的应税所得，已在境外缴纳的所得税税额，可以从其当期应纳税额中抵免。抵免限额为该项所得依照企业所得税法规定计算的应纳税额；超过抵免限额的部分，可以在以后五个年度内，用年度抵免限额抵免当年应抵税额后的余额进行抵补。

纳税人应在月份或季度终了后 15 日内，向其所在地主管税务机关报送预缴所得税申报表，并预缴所得税。预缴的计算方法有两种：按本年一个月或一个季度实际的应纳税所得额实际发生数计算缴纳或者按以上一年度应纳税所得额按月或按季的平均计算缴纳。预缴方法一经确定，不得随意变更。

企业所得税采取按期预缴、年终汇算清激的办法。汇算清缴是指纳税人在纳税年度终了后规定时期内，依照税收法律、法规、规章及其他有关企业所得税的规定，自行计算全年应纳税所得额和应纳所得税额，根据月度或季度预缴的所得税数额，确定该年度应补或者应退税额，当全年应纳税款大于预缴总额时，少缴的税款应在下一年度的规定时间内予以补缴；当小于预缴总额时，多缴的税款应予以退回或在下一年度抵缴。并填写年度企业所得税纳税申报表，向主管税务机关办理年度企业所得税纳税申报、提供税务机关要求提供的有关资料、结清全年企业所得税税款的行为。

按月份或季度预缴税款的纳税人，应在月份或季度终了后 15 日内向主管税务机关进行纳税申报并预缴税款。其中，第四季度的税款也应于季度终了后 15 日内先进行预缴，然后在年度终了后 45 日内进行年度申报，税务机关在 5 个月内进行汇算清缴，多退少补。

第六章　个人所得税核算与纳税申报

本章学习目标

本章主要讲述个人所得税的主要法律规定、核算。通过本章学习，应了解个人所得税的概念、主要法律规定、纳税义务发生的时间、纳税期限及纳税地点；重点掌握计税所得额的确定、应纳税额的计算、账务处理及纳税申报表的填制方法。本章的难点是费用扣除的标准及征税项目。

第一节　个人所得税概述

一、个人所得税概念

个人所得税法是调整征税机关与自然人（居民、非居民）之间在个人所得税的征纳与管理过程中所发生的社会关系的法律规范的总称。简言之，个人所得税法，就是有关个人的所得税的法律规定。凡在中国境内有住所，或者无住所而在中国境内居住满一年的个人，从中国境内和境外取得所得的，以及在中国境内无住所又不居住或者无住所而在境内居住不满一年的个人，从中国境内取得所得的，均为个人所得税的纳税人。

二、个人所得税的主要法律规定

（一）纳税主体

(1)居民。对居民行使居民税收管辖权，这类纳税人负有从中国境内外所得的纳税义务。同时对在一个历年内在中国境内居住 1 年以上、5 年以下的个人，其来源于中国境外所得，经主管税务机关批准，可以只就由中国境内公司、企业以及其他经济组织或个人支付的部分所得缴纳个人所得税；居住超过 5 年的个人，从第 6 年起，应当就其来源中国境内、境外的全部所得缴纳个人得税。

所称“居住满 1 年”，指一个纳税年度中在中国境内居住了 365 日。临时离境的，不扣减日数。临时离境，指一个纳税年度中一次不超过 30 日或多次累计不超过 90 日的离境。

(2)非居民。非居民是指不在中国境内居住，或在一个历年内在中国境内居住不满365天的外籍人员和没有户籍的中国公民。

对非居民行使收入来源地管辖权，这类纳税人只就其中国境内取得的所得负有纳税义务。我国《个人所得税法实施条例》规定，在中国境内无住所，但是在一个纳税年度中在中国境内连续或者累计居住不超过90日的个人，其来源于中国境内的所得，由境外雇主支付并且不由该雇主在中国境内的机构、场所负担的部分，免予缴纳个人所得税。

“在一个纳税年度中在中国境内连续或者累计居住不超过90日”，是指从1月1日起至12月31日止，在华居住日数，不论是连续还是累计计算都不超过90日。即使中途离境(包括在签证有效期内离境)又入境，都准予扣除离境的天数，按在华实际居住天数计算其是否超过90日。

对来华工作和提供劳务的外籍人员在一个历年中连续或累计居住不超过90日的，仅适宜于临时来华工作和提供劳务的外籍人员(包括为雇主履行机器设备贸易合同临时被派来华，对雇主所销售的机器设备的安装、调试和使用提供技术服务的外籍人员)，不适用于在中国境内的工商企业、营业机构、事务所、办事处、文教事业和科研单位以及机关团体有固定工作或定期任职的和其工资、薪金是由雇主在华营业机构、场所，包括代表机构和承包、建筑、安装、装配、勘探等工程作业场所负担的。连续或累计居住不超过90日，不得跨年度计算。对跨年度居住的，要分别计算其在每个纳税年度是否居住超过90日，仅对其居住超过90日的纳税年度按实际在华居住期间应得的工资、薪金所得计算征税。

我国个人所得税的纳税义务人是在中国境内居住有所得的人，以及不在中国境内居住而从中国境内取得所得的个人，包括中国国内公民，在华取得所得的外籍人员和港、澳、台同胞。

(二)税率

个人所得税根据不同的征税项目，分别规定了三种不同的税率：

(1)工资、薪金所得，适用7级超额累进税率，按月应纳税所得额计算征税。该税率按个人月工资、薪金应税所得额划分级距，最高一级为45%，最低一级为3%，共7级。

(2)个体工商户的生产、经营所得和对企事业单位适用5级超额累进税率。适用按年计算、分月预缴税款的个体工商户的生产、经营所得和对企事业单位的承包经营、承租经营的全年应纳税所得额划分级距，最低一级为5%，最高一级为35%，共5级。

(3)比例税率。对个人的稿酬所得，劳务报酬所得，特许权使用费所得，利息、股息、红利所得，财产租赁所得，财产转让所得，偶然所得和其他所得，按次计算征收个人所得税，适用20%的比例税率。其中，对稿酬所得适用20%的比例税率，并按应纳税额减征30%；对劳务报酬所得一次性收入畸高的，除按20%征税外，应纳税所得额超过2万元至5万元的部分，依照税法规定计算应纳税额后再按照应纳税额加征五成；超过5万元的部分，加征十成。

三、征税范围

个人所得税的征收对象是纳税义务人的各项所得。《个人所得税法》规定下列各项个人所得，应纳个人所得税：

(1)工资、薪金所得。指个人因任职或者受雇而取得的工资、薪金、奖金、年终加薪、劳动分红、津贴、补贴以及任职或者受雇有关的其他所得。

(2)个体工商户的生产、经营所得。指以下所得：①个体工商户从事工业、建筑业、交通运输业、商业、饮食业、服务业、修理业以及其他行业生产、经营取得的所得；②个人经政府有关部门批准，取得执照，从事办学、医疗、咨询以及其他有偿服务活动取得的所得；③其他个人从事个体工商生产、经营取得的所得；④上述个体工商户和个人取得的与生产、经营有关的各项应纳税所得。

(3)对企、事业单位的承包经营、承租经营所得。指个人承包经营、承租经营以及转包、转租取得的所得，包括个人按日或者按次取得的工资、薪金性质的所得。

(4)劳务报酬所得。指个人从事设计、装潢、安装、制图、化验、测试、医疗、法律、会计、咨询、讲学、新闻、广播、翻译、审稿、书画、雕刻、影视、录音、录像、演出、表演、广告、展览、技术服务、介绍服务、经纪服务、代办服务以及其他劳务取得的所得。

(5)稿酬所得。指个人因其作品以图书、报刊形式出版、发表而取得的所得。

(6)特许权使用费所得。指个人提供专利权、商标权、著作权、非专利技术以及其他特许权的使用权取得的所得；提供著作权的使用权取得的所得(不包括稿酬所得)。

(7)利息、股息、红利所得。指个人拥有债权、股权而取得的利息、股息、红利所得。利息是指个人的存款利息(国家宣布 2008 年 10 月 8 日次日开始取消利息税)、贷款利息和购买各种债券的利息。股息也称股利，是指股票持有人根据股份公司章程规定，凭股票定期从股份公司取得的投资利益。红利也称公司(企业)分红，是指股份公司或企业根据应分配的利润按股份分配超过股息部分的利润。股份制企业以股票形式向股东个人支付股息、红利即派发红股，应以派发的股票面额为收入额计税。

(8)财产租赁所得。指个人出租建筑物、土地使用权、机器设备、车船以及其他对应取得的所得。如果租金中包括有不属于租金的分期支付的财产价款，应将这部分价款扣除。国际税收协定中的财产，仅限于不动产。

(9)财产转让所得。指个人转让有价证券、股权、建筑物、土地使用权、机器设备、车船以及其他财产取得的所得。

(10)偶然所得。指个人得奖、中奖、中彩以及其他偶然性质的所得。

(11)经国务院财政部门确定征税的其他所得。

上述各项应纳税所得，包括现金、实物和有价证券，所得为实物的，应当按照取得的凭证上所证明的价格计算应纳税所得额；无凭证的实物或者凭证上所注明的价格明显偏低的，由主管税务机关参照当地的市场价格核定应纳税所得额。所得为有价证券的，由主管税务机关根据票面价格和市场价格核定应纳税所得额。

第二节　个人所得税核算

一、应纳税所得额和税额的计算方法

从我国《个人所得税法》规定中可以看出，我国实行分类所得税制，纳税人按不同的所得项目，分别扣除费用计算应纳税的所得额，进而按不同项目的应缴税所得额，适用相应的税率计算应纳的所得税额。在计算应缴税所得额时还必须分人、分类、分项和分国内、国外计算。

(1)对工资、薪金所得的计算

工资、薪金所得，是指个人因任职或者受雇而取得的工资、薪金、奖金、年终加薪、劳动分红、津贴、补贴以及与任职或者受雇有关的其他所得。应纳税所得额的计算：工资、薪金所得，

以每月收入额减除费用3 500元后的余额，为应纳税所得额。单位对职工取得的除全年一次性奖金以外的其他各种名目的奖金，如半年奖、季度奖、加班奖、先进奖、考勤奖等，一律与当月工资、薪金收入合并，按税法规定缴纳个人所得税。在一个纳税年度内(12 个月)，对每一个纳税人，全年一次性奖金计税方法只允许使用一次。

年终奖缴纳个税计算公式：

(1)个人取得全年一次性奖金且获取奖金当月个人的工资所得高于(或等于)税法规定的费用扣除额的。其计算方法是：用全年一次性奖金总额除以 12，按其商数对照工资、薪金所得项目税率表，确定适用税率和对应的速算扣除数，计算缴纳个人所得税。计算公式为：

应纳个人所得税税额＝个人当月取得的全年一次性奖金×适用税率－速算扣除数

个人当月工资、薪金所得与全年一次性奖金应分别计算缴纳个人所得税。

【例 6－1】 张涛 2016 年的年终奖金为24 000元，12 月工资为5 100元。计算张涛 12 月应该缴纳的个人所得税。

以24 000除以 12，其商数2 000对应的适用税率为 10%，速算扣除数为 105：

年终奖金应纳税额＝24 000×10%－105＝2 295(元)

当月工资、薪金所得应纳税额＝(5 100－3 500)×10%－105＝55(元)

张涛 12 月共计应纳个人所得税＝2 295＋55＝2 350(元)

(2)个人取得全年一次性奖金且获取奖金当月个人的工资、薪金所得低于税法规定的费用扣除额的，其计算方法是：用全年一次性奖金减去“个人当月工资、薪金所得与费用扣除额的差额”后的余额除以 12，按其商数对照工资、薪金所得项目税率表，确定适用税率和对应的速算扣除数，计算缴纳个人所得税。计算公式为：

应纳个人所得税税额＝(个人当月取得全年一次性奖金－个人当月工资、薪金所得与费用扣除额的差额)×适用税率－速算扣除数

【例 6－2】 王飞 2016 年的年终奖金为12 000元，12 月工资为3 000元。计算王飞 12 月应该缴纳的个人所得税。

12 000－(3 500－3 000)＝11 500，以 11 500 除以 12，其商数 958.33 对应的适用税率为 3%，速算扣除数为 0：

年终奖金应纳税额＝11 500×3%＝345(元)

当月工资、薪金所得由于低于3 500元的费用扣除标准，不再缴纳个人所得税。

该纳税人当月共计应纳个人所得税＝345(元)

(二)个体工商户的生产、经营所得的计算

个体工商户的生产、经营所得，以每一纳税年度的收入总额，减除成本、费用以及损失的余额，为应纳税所得额。这里的成本、费用，是指纳税人从事生产、经营所发生的各项直接支出和分配计入成本的间接费用以及销售费用、管理费用、财务费用；个体工商户业主本人的费用扣除标准统一确定为42 000元/年(3 500元/月)。所说的损失，是指纳税人在生产、经营过程中发生的各项营业外支出。

纳税人未提供完整、准确的纳税资料，不能正确计算应纳税所得额的，由主管税务机关核定其应纳税所得额。

【例 6－3】 个体工商户甲 2011 年发生销售收入1 000 000元，实际支出广告费180 000元，实际发生业务招待费50 000元，当年的会计利润为250 000元，计算该个体工商户应缴纳的个人所得税。

个人应纳税所得额＝销售收入－准予扣除的广告费(销售收入×15%)－准予扣除的业务招待费(销售收入×5‰)－准予扣除的个体工商户业主本人的费用＝1 000 000－150 000－5 000－42 000＝803 000(元)

应缴个人所得税＝803 000×35%－14 750＝266 300(元)

(三)对企事业单位承包经营、承租经营所得的计算

对企事业单位承包经营、承租经营所得，以每一纳税年度的收入总额，减除必要费用后的余额，为应纳税所得额。这里所说的每一纳税年度的收入总额，是指纳税人按照承包经营、承租经营合同规定分得的经营利润和工资、薪金性质的所得；所说的减除必要费用，是指按月减除3 500元。

(四)劳务报酬所得应纳税额的计算

劳务报酬所得，每次收入不超过4 000元的，减除费用800元；4 000元以上的，减除20%的费用，其余额为应纳税所得额。劳务报酬所得，适用比例税率，税率为20%。对个人一次取得劳务报酬，应纳税所得额超过2万元至5万元的部分，依照税法规定计算应纳税额后再按照应纳税额加征五成；超过5万元的部分，加征十成。劳务报酬所得，属于一次性收入的，以取得该项收入为一次；属于同一项目连续性收入的，以一个月内取得的收入为一次。

【例6－4】 某歌星到某市演出，一月内在该市演出6次，共取得收入12万元，通过民政局向红十字会捐款4万元，计算该歌星应纳个人所得税。

捐款的扣除比例一般为30%，但通过民政局向红十字会的捐款可以全额抵扣。

应纳税所得额＝12×(1－20%)－4＝5.6(万元)

应纳个人所得税＝5.6×40%－0.7＝1.54(万元)

(五)稿酬所得应纳税额的计算

稿酬所得，每次收入不超过4 000元的，减除费用800元；4 000元以上的，减除20%的费用，其余额为应纳税所得额。稿酬所得，适用比例税率，税率为20%，并按应纳税额减征30%。

【例6－5】 张某2016年3月取得稿费收入10万元，应缴纳的个人所得税为多少万元?

应纳个人所得税＝10×(1－20%)×20%×(1－30%)＝1.12(万元)

(六)财产租赁所得应纳税额的计算

财产租赁所得，是指个人出租建筑物、土地使用权、机器设备、车船以及其他财产取得的所得。财产租赁所得，每次收入不超过4 000元的，减除费用800元；4 000元以上的，减除20%的费用，其余额为应纳税所得额。财产租赁所得，适用比例税率，税率为20%。财产租赁所得，以一个月内取得的收入为一次。目前个人出租住房个人所得税税率为10%。个人出租财产取得的财产租赁收入，在计算缴纳个人所得税时，应依次扣除以下费用：①财产租赁过程中缴纳的税费。②由纳税人负担的该出租财产实际开支的修缮费用；允许扣除的修缮费每月以800元为限，一次扣除不完的，未扣完的余额可无限期向以后月份结转抵扣。③税法规定的费用扣除标准。

【例6－6】 郑某于2016年1月将其自有的四间面积为150平方米的房屋出租给张某作为商店使用，租期1年。郑某每月取得租金收入1 500元，全年租金收入18 000元。计算郑某全年租金收入应缴纳的个人所得税。

解析：财产租赁收入以每月内取得的收入为一次，因此，郑某每月及全年应纳税额为：

(1)每月应纳税额＝(1 500－800)×10%＝70(元)

(2)全年应纳税额＝70×12＝840(元)

本例在计算个人所得税时未考虑其他税费。如果对租金收入计征城市维护建设税、房产税和教育费附加等，还应将其从税前的收入中先扣除后再计算应缴纳的个人所得税。

假定上例中，当年 2 月份因下水道堵塞找人修理，发生修理费用 500 元，有维修部门的正式收据，则 2 月份的应纳税额为：

应纳税额＝(1 500－500－800)×10%＝20(元)

全年应纳税额＝70×11＋20＝790(元)

(七)财产转让所得的计算

财产转让所得，以转让财产的收入额减除财产原值和合理费用后的余额，为应纳税所得额。财产转让所得，适用比例税率，税率为 20%。个人转让上市公司股票取得的所得暂免征收个人所得税。

这里所说的财产原值，按我国《个人所得税法实施条例》第 19 条的规定是指：

(1)有价证券，为买入价以及买入时按照规定交纳的有关费用；

(2)建筑物，为建造费或者购进价格以及其他有关费用；

(3)土地使用权，为取得土地使用权所支付的金额、开发土地的费用以及其他有关的费用；

(4)机器设备、车船，为购进价格、运输费、安装费以及其他有关费用；

(5)其他财产，参照以上方法确定。

财产转让所得是按照一次转让的收入额减除财产原值和合理费用的余额来计算应纳税额的。

应纳所得税额＝应纳税所得额×税率

(八)特许权使用费所得应纳税额的计算

特许权使用费所得，每次收入不超过 4 000 元的，减除费用 800 元；4 000 元以上的，减除 20%的费用，其余额为应纳税所得额。特许权使用费所得，适用比例税率，税率为 20%。

(九)利息、股息、红利所得应纳税额的计算

利息、股息、红利所得，适用比例税率，税率为 20%。利息、股息、红利所得，以每次收入额为应纳税所得额。储蓄存款在 2008 年 10 月 9 日(含 10 月 9 日)后孳生的利息所得，暂免征收个人所得税。

(十)偶然所得和其他所得应纳税额的计算

偶然所得和其他所得，适用比例税率，税率为 20%。偶然所得和其他所得，以每次收入额为应纳税所得额。

个人将其所得对教育和其他公益事业的捐赠，是指个人将其所得通过中国境内的社会团体、国家机关向教育和其他社会公益事业以及遭受严重自然灾害地区、贫困地区的捐赠。捐赠额未超过纳税人申报的应纳税所得额的 30%的部分，可以从其应纳税所得额中扣除。

【例 6－7】 某大学王教授 2016 年 5 月份收入如下：工资收入6 000元；出版小说一部取得稿酬8 000元，后因小说再版取得稿酬3 000元；为某企业设计产品 取得报酬20 000元；将自己撰写的小说拍卖取得收入5 000元；购买彩票中奖100 000元。计算王教授 5 月份应纳的个人所得税。

【解析】

(1)工资收入 6 000 元：

应纳个人所得税＝(6 000－3 500)×10%－105＝145(元)

(2)出版小说一部取得稿酬 8 000 元，后因小说再版取得稿酬 3 000 元：

应纳个人所得税＝8 000×(1－20%)×20%×(1－30%)＝896(元)

再版应纳个人所得税＝(3 000－800)×20％×(1－30％)＝308(元)

(3)为某企业设计产品取得报酬 20 000 元：

按照劳务报酬所得，应纳个人所得税＝20 000×(1－20％)×20％＝3 200(元)

(4)将自己撰写的小说拍卖取得收入 5 000 元：

按照特许权使用费所得征税，应纳个人所得税＝5 000×(1－20％)×20％＝800(元)

(5)购买彩票中奖 100 000 元：

按照偶然所得征税，应纳个人所得税＝100 000×20％＝20 000(元)

王教授 5 月份应纳的个人所得税＝145＋896＋308＋3 200＋800＋20 000＝25 349(元)

二、会计核算

个体工商户生产、经营所得个人所得税的会计核算：

借：留存利润

　　贷：应交税金——应交个人所得税

代扣代缴个人所得税的会计核算：

借：应付工资 或 应付账款

　　贷：其他应交款——应交代扣代缴个人所得税

第三节　个人所得税纳税申报

一、纳税申报期限

(一)自行申报纳税的申报期限

(1)年所得 12 万元以上的纳税人，在纳税年度终了后 3 个月内向主管税务机关办理纳税申报。

(2)个体工商户和个人独资、合伙企业投资者取得的生产、经营所得应纳的税款，分月预缴的，纳税人在每月终了后 7 日内办理纳税申报；分季预缴的，纳税人在每个季度终了后 7 日内办理纳税申报；纳税年度终了后，纳税人在 3 个月内进行汇算清缴。

(3)纳税人年终一次性取得对企事业单位的承包经营、承租经营所得的，自取得所得之日起 30 日内办理纳税申报；在一个纳税年度内分次取得承包经营、承租经营所得的，在每次取得所得后的次月 7 日内申报预缴，纳税年度终了后 3 个月内汇算清缴。

(4)从中国境外取得所得的纳税人，在纳税年度终了后 30 日内向中国境内主管税务机关办理纳税申报。

(5)除以上规定的情形外，纳税人取得其他各项所得须申报纳税的在取得所得的次月 7 日内向主管税务机关办理纳税申报。

(6)纳税人不能按照规定的期限办理纳税申报，需要延期的，按照《税收征管法》第 27 条和《税收征管法实施细则》第 37 条的规定办理。

(二)代扣代缴申报期限

(1)扣缴义务人每月所扣的税款，应当在次月 7 日内缴入国库，并向主管税务机关报送《扣缴个人所得税报告表》、代扣代收税款凭证和包括每一纳税人姓名、单位、职务、收入、税款等内容的支付个人收入明细表以及税务机关要求报送的其他有关资料。

(2)扣缴义务人违反上述规定不报送或者报送虚假纳税资料的，一经查实，其未在支付个人收入明细表中反映的向个人支付的款项，在计算扣缴义务人应纳税所得额时不得作为成本费用扣除。

(3)扣缴义务人因有特殊困难不能按期报送《扣缴个人所得税报告表》及其他有关资料的，经县级税务机关批准，可以延期申报。

二、纳税申报方式

(一)自行申报纳税

(1)自行申报纳税的所得项目：

①从两处或两处以上取得工资、薪金所得的。

②取得应纳税所得，没有扣缴义务人的。

③分笔取得属于一次劳务报酬所得、稿酬所得、特许权使用费所得、财产租赁所得的。

④取得应纳税所得，扣缴义务人未按规定扣缴税款的。

⑤税务主管部门规定必须自行申报纳税的。

(2)自行申报纳税地点。一般为收入来源地的主管税务机关。

(二)代扣代缴

代扣代缴是指按照税法规定负有扣缴税款义务的单位或者个人，在向个人支付应纳税所得时，应计算应纳税额，并从其所得中扣除，同时向税务机关报送扣缴个人所得税报告表。这种做法的目的是控制税源，防止漏税和逃税。

代扣代缴个人所得税明细申报表(年终奖金)

计算机代码：　　　　单位名称：　　　　联系电话：

税款所属期：　　　　申报日期：　　　　金额单位：元

<table>
<tr><td colspan="2">本单位总人数</td><td colspan="2"></td><td colspan="2">全部人员收入总额</td><td colspan="2"></td><td colspan="2">本期应扣缴税额</td><td colspan="2"></td></tr>
<tr><td colspan="2">纳税总人数</td><td colspan="2"></td><td colspan="2">纳税收入总额</td><td colspan="2"></td><td colspan="2">本期实缴税额</td><td colspan="2"></td></tr>
<tr><td colspan="2">非本单位总人数</td><td colspan="2"></td><td colspan="2">应纳税所得额</td><td colspan="2"></td><td colspan="2">本期欠缴税额</td><td colspan="2"></td></tr>
<tr><td colspan="2">其中纳税总人数</td><td colspan="2"></td><td colspan="2">减免税额</td><td colspan="2"></td><td colspan="2">缴款书号码</td><td colspan="2"></td></tr>
<tr><td>行次</td><td>身份证号码</td><td>姓名</td><td>国籍</td><td>行业编码</td><td>所得项目</td><td>收入额</td><td>应纳税所得额</td><td>税率</td><td>减免税额</td><td>抵免境外税额</td><td>本期实缴税额</td></tr>
<tr><td>1</td><td></td><td></td><td></td><td></td><td>年终奖金</td><td></td><td></td><td></td><td></td><td></td><td></td></tr>
<tr><td>2</td><td></td><td></td><td></td><td></td><td>年终奖金</td><td></td><td></td><td></td><td></td><td></td><td></td></tr>
<tr><td>3</td><td></td><td></td><td></td><td></td><td>年终奖金</td><td></td><td></td><td></td><td></td><td></td><td></td></tr>
<tr><td>4</td><td></td><td></td><td></td><td></td><td>年终奖金</td><td></td><td></td><td></td><td></td><td></td><td></td></tr>
<tr><td>5</td><td></td><td></td><td></td><td></td><td>年终奖金</td><td></td><td></td><td></td><td></td><td></td><td></td></tr>
<tr><td>6</td><td></td><td></td><td></td><td></td><td>年终奖金</td><td></td><td></td><td></td><td></td><td></td><td></td></tr>
<tr><td>7</td><td></td><td></td><td></td><td></td><td>年终奖金</td><td></td><td></td><td></td><td></td><td></td><td></td></tr>
<tr><td>8</td><td></td><td></td><td></td><td></td><td>年终奖金</td><td></td><td></td><td></td><td></td><td></td><td></td></tr>
<tr><td>9</td><td></td><td></td><td></td><td></td><td>年终奖金</td><td></td><td></td><td></td><td></td><td></td><td></td></tr>
<tr><td>10</td><td></td><td></td><td></td><td></td><td>年终奖金</td><td></td><td></td><td></td><td></td><td></td><td></td></tr>
<tr><td>11</td><td></td><td></td><td></td><td></td><td>年终奖金</td><td></td><td></td><td></td><td></td><td></td><td></td></tr>
<tr><td>12</td><td></td><td></td><td></td><td></td><td>年终奖金</td><td></td><td></td><td></td><td></td><td></td><td></td></tr>
<tr><td>13</td><td></td><td></td><td></td><td></td><td>年终奖金</td><td></td><td></td><td></td><td></td><td></td><td></td></tr>
</table>

续表

行次	身份证号码	姓名	国籍	行业编码	所得项目	收入额	应纳税所得额	税率	减免税额	抵免境外税额	本期实缴税额
14					年终奖金						
15					年终奖金						

会计主管人签字： 扣缴单位或个人盖章

代扣代缴个人所得税明细申报表(工薪所得)

计算机代码： 单位名称： 有效联系电话：

税款所属期： 申报日期： 金额单位:元

本单位总人数		全部人员收入总额		本期应扣缴税额	
纳税总人数		纳税收入总额		本期实缴税额	
非本单位总人数		应纳税所得额		本期欠缴税额	
其中纳税总人数		减免税额		缴款书号码	

行次	身份证号码	姓名	国籍	行业编码	所得项目	收入额	应纳税所得额	税率	减免税额	抵免境外税额	本期实缴税额
1					工薪所得						
2					工薪所得						
3					工薪所得						
4					工薪所得						
5					工薪所得						
6					工薪所得						
7					工薪所得						
8					工薪所得						
9					工薪所得						
10					工薪所得						
11					工薪所得						
12					工薪所得						
13					工薪所得						
14					工薪所得						
15					工薪所得						

会计主管人签字： 扣缴单位或个人盖章

说明：

1. 为规范代扣代缴单位正确填写《代扣代缴个人所得税明细申报表》，特制定本说明，各代扣代缴单位须参照本说明填写。

2. 必须使用地方税务局统一印制的申报表，不得使用污损、破裂或复印的申报表。

3. 申报表填写须工整、规范、清晰、完整，不连笔、不出格、不串行，每个红框内只允许填写一个数字，红框内数字不得重描，不得有涂抹痕迹，不得使用涂改液。

4. 若填写有误，可整行划去另起一行重新填写。

5. 明细记录的各行次之间不得有空白行。

6. 所有人数、金额一律使用阿拉伯数字，不得使用汉字。

7. 所有金额的货币种类均为人民币，不得在金额项中加写货币符号及汉字；金额均精确到分。例如：金额一千二百三十四元五角六分应填写为“1 234.56”。

8.“计算机代码”项必须从左边第一格开始填写，中间不得有空格。

9.“单位名称”项必须填写税务登记证上的单位全称。

10.“有效联系电话”项必须填写能够与本表填报人取得联系的有效电话。

11. 一张缴款书对应一组(张)申报表。每组申报表单独进行页码编号。若使用多张缴款书，则多组申报表不能混编页码。

12.《代扣代缴个人所得税明细申报表》中，明细行次以上的 4 行、共 12 项内容为表头部分。每组申报表第一页的表头部分必须全部填写，其余各页只填写“计算机代码”、“单位名称”、“有效联系电话”、“税款所属期”、“申报日期”、“页号”、“缴款书号码”等，表头其他部分不需填写。

13. 申报表的表头中“本期”指同一税款所属期。

14.“本期本单位总人数”必须填写本期本单位所有人员总数。

15.“本期本单位总人数”下的“其中纳税总人数”必须填写本期本单位所有被代扣代缴个人所得税的人员总数。

16.“本期非本单位总人数”必须填写本期从本单位取得收入的非本单位人员总数。

17.“本期非本单位总人数”下的“其中纳税总人数”，必须填写本期从本单位取得收入并被代扣代缴个人所得税的非本单位纳税人员总数。

18.“全部人员收入总额” 必须填写本期所有从本单位取得收入的全部人员(含非本单位人员)的收入总额。

19.“纳税收入总额”必须填写本组(对应同一张缴款书)申报表所涉及的纳税人员的收入总额。

20.“应纳税所得额”必须填写本组(对应同一张缴款书)申报表所涉及的纳税人员的应纳税所得额总额。

21.“减免税额”必须填写本组(对应同一张缴款书)申报表所涉及的纳税人员的减免税额总额。

22.“本期应扣缴税额”必须填写本期申报所涉及的所有纳税人员的应扣缴税额总额。

23.“ 本期实缴税额 ”必须填写本组(对应同一张缴款书)申报表所涉及的所有纳税人员的实缴税额总额。

24.“本期欠缴税额”必须填写本期申报所涉及的所有纳税人员的欠缴税额总额。

25. 如果单位本期实缴税款为零，“缴款书号码”不需填写。

26. 表头中各总额项与明细项汇总数之间的关系如下：表头中的“纳税收入总额”项的数值必须等于本组申报表明细项中“纳税人收入额”的汇总数 ，表头中的“应纳税所得额”项的数值必须等于本组申报表明细项中“应纳税所得额”的汇总数，表头中的“减免税额”项的数值必须等于本组申报表明细项中“减免税额”的汇总数，表头中的“本期实缴税额”项的数值必须等于本组申报表明细项中“本期(次)实缴税额”的汇总数。

27. 明细申报部分填写规定：“国籍编码”按照《国籍编码表》填写对应的三位编码，如空白，则视为中国。“行业职业编码”按照《行业职业编码表》填写对应的四位编码，不得填写汉字，不得空白。“所得项目”按照《所得项目编码表》填写对应的两位编码，不得填写汉字，如空白，则视为工资薪金所得。以上三种编码表参照《代扣代缴个人所得税明细申报表》背面的编码表说明。“税率%”项直接填写数字，不得填写“%”，例如税率为 5% ，则填写为“ 5 ”。

28. 每张申报表填写完毕后都必须由会计主管人、声明人在申报表指定位置签字，并在指定位置加盖公章，盖章不得遮盖表中红框处。

本章小结

本章主要讲述了个人所得税的概念与特点、个人所得税制度的主要内容、个人所得税应纳税额的计算及会计核算的内容，纳税申报时间、期限。

个人所得税法是调整征税机关与自然人(居民、非居民人)之间在个人所得税的征纳与管理过程中所发生的社会关系的法律规范的总称。个人所得税法，就是有关个人的所得税的法律规定。凡在中国境内有住所，或者无住所而在中国境内居住满一年的个人，从中国境内和境外取得所得的，以及在中国境内无住所又不居住或者无住所而在境内居住不满一年的个人，从中国境内取得所得的，均为个人所得税的纳税人。

个人所得税的征收对象是纳税义务人的各项所得。《个人所得税法》规定下列各项个人所得，应纳个人所得税：工资、薪金所得，个体工商户的生产、经营所得，对企、事业单位的承包经营、承租经营所得，劳务报酬所得，稿酬所得，特许权使用费所得，利息、股息、红利所得，财产租赁所得，财产转让所得，偶然所得。

从我国《个人所得税法》的规定，可以看出我国实行分类所得税制，纳税人按不同的所得项目，分别扣除费用计算应纳税的所得额，进而按不同项目的应缴税所得额，适用相应的税率计算应纳的所得税额。在计算应缴税所得额时还必须分人、分类、分项和分国内、国外计算。

纳税申报方式有两种：自行申报纳税和代扣代缴。代扣代缴是指按照税法规定负有扣缴税款义务的单位或者个人，在向个人支付应纳税所得时，应计算应纳税额，并从其所得中扣除，同时向税务机关报送扣缴个人所得税报告表。这种做法的目的是控制税源，防止漏税和逃税。

第七章　土地增值税核算与纳税申报

本章学习目标

本章主要讲述土地增值税的主要法律规定、核算及纳税申报表填制。通过本章学习，应了解土地增值税的概念、主要法律规定、计税依据、纳税义务发生的时间、纳税期限及纳税地点；重点掌握土地增值税的计算、账务处理及纳税申报表的填制方法。本章的难点是房地产开发企业和一般企业在土地增值税核算上的不同。

第一节　土地增值税概述

一、土地增值税概念

土地增值税是指转让国有土地使用权、地上的建筑物及其附着物并取得收入的单位和个人，以转让所取得的收入包括货币收入、实物收入和其他收入减除法定扣除项目金额后的增值额为计税依据向国家缴纳的一种税赋，不包括以继承、赠与方式无偿转让房地产的行为。纳税人为转让国有土地使用权及地上建筑物和其他附着物产权并取得收入的单位和个人。课税对象是指有偿转让国有土地使用权及地上建筑物和其他附着物产权所取得的增值额。土地价格增值额是指转让房地产取得的收入减除规定的房地产开发成本、费用等支出后的余额。

土地增值税是对有偿转让国有土地使用权及地上建筑物和其他附着物产权，取得增值收入的单位和个人征收的一种税。土地属于不动产，对土地课税是一种古老的税收形式，也是目前各国普遍征收的一种财产税。有些国家和地区将土地单列出来征收，如土地税、地价税、农地税、未开发土地税、荒地税、城市土地税、土地登记税、土地转让税、土地增值税、土地租金税、土地发展税等。

二、土地增值税的主要法律规定

（一）纳税主体

土地增值税的纳税义务人为转让国有土地使用权、地上的建筑及其附着物（简称转让房地

产)并取得收入的单位和个人。单位包括各类企业、事业单位、国家机关和社会团体及其他组织;个人包括个体经营者。具体而言:

(1)不论法人与自然人,即不论是企业、事业单位、国家机关、社会团体及其他组织,还是个人,只要有偿转让房地产,都是土地增值税的纳税人。

(2)不论经济性质,即不论是全民所有制企业、集体企业、私营企业、个体经营者,还是联营企业、合资企业、合作企业、外商独资企业等,只要有偿转让房地产,都是土地增值税的纳税人。

(3)不论是内资企业还是外商投资企业、外国驻华机构,也不论是中国公民、港澳台同胞、海外华侨,还是外国公民,只要有偿转让房地产,都是土地增值税的纳税人。

(4)不论部门,即不论是工业、农业、商业、学校、医院、机关等,只要有偿转让房地产,都是土地增值税的纳税人。

(二)土地增值税的税率

土地增值税实行四级超率累进税率:

(1)增值额未超过扣除项目金额50%的部分,税率为30%。

(2)增值额超过扣除项目金额50%、未超过扣除项目金额100%的部分,税率为40%。

(3)增值额超过扣除项目金额100%、未超过扣除项目金额200%的部分,税率为50%。

(4)增值额超过扣除项目金额200%的部分,税率为60%。

(三)土地增值税的征税范围

根据《土地增值税暂行条例》及其《实施细则》的规定,土地增值税的征税范围包括:

1. 转让国有土地使用权

这里所说的“国有土地”,是指按国家法律规定属于国家所有的土地。根据我国《宪法》和《土地管理法》的规定,城市的土地属于国家所有。农村和城市郊区的土地除由法律规定属于国家所有的以外,属于集体所有。国家为了公共利益,可以依照法律规定对集体土地实行征用,依法被征用后的土地属于国家所有。对于上述法律规定属于国家所有的土地,其土地使用权在转让时,按照《土地增值税暂行条例》规定,属于土地增值税的征税范围。而农村集体所有的土地,根据《土地管理法》《城市房地产管理法》及其他有关规定,是不得自行转让的,只有根据有关法律规定,由国家征用以后变为国家所有时,才能进行转让。故集体土地的自行转让是一种违法行为,应由有关部门予以处理。对于目前违法将集体土地转让给其他单位和个人的情况,应在有关部门处理、补办土地征用或出让手续变为国家所有之后,再纳入土地增值税的征税范围。

2. 地上的建筑物及其附着物连同国有土地使用权一并转让

这里所说的“地上的建筑物”,是指建于土地上的一切建筑物,包括地上地下的各种附属设施。这里所说的“附着物”,是指附着于土地上的不能移动或一经移动即遭损坏的物品。土地增值税是对国有土地使用权及其地上的建筑物和附着物的转让行为征税。这里,土地使用权、地上的建筑物及其附着物的产权是否发生转让是判定是否属于土地增值税征税范围的标准之二。

3. 土地增值税是对转让房地产并取得收入的行为征税

这里,是否取得收入是判定是否属于土地增值税征税范围的标准之三。

土地增值税的征税范围不包括房地产的权属虽转让但未取得收入的行为。如房地产的继承,尽管房地产的权属发生了变更,但权属人并没有取得收入,因此也不征收土地增值税。需要强调的是,无论是单独转让国有土地使用权,还是房屋产权与国有土地使用权一并转让的,只要取得收入，均属于土地增值税的征税范围，应对之征收土地增值税。

（四）土地增值税的征税范围若干具体规定

1. 以继承、赠与方式转让房地产的

这种情况因其只发生房地产产权的转让，没有取得相应的收入，属于无偿转让房地产的行为，所以不能将其纳入土地增值税的征税范围。这里又可分为两种情况：

（1）房地产的继承。房地产的继承是指房产的原产权所有人、依照法律规定取得土地使用权的土地使用人死亡以后，由其继承人依法承受死者房产产权和土地使用权的民事法律行为。这种行为虽然发生了房地产的权属变更，但作为房产产权、土地使用权的原所有人（即被继承人）并没有因为权属的转让而取得任何收入。因此，这种房地产的继承不属于土地增值税的征税范围。

（2）房地产的赠与。房地产的赠与是指房产所有人、土地使用权所有人将自己所拥有的房地产无偿地交给其他人的民事法律行为。但这里的"赠与"仅指以下情况：

①房产所有人、土地使用权所有人将房屋产权、土地使用权赠与直系亲属或承担直接赡养义务人的。

②房产所有人、土地使用权所有人通过中国境内非营利的社会团体、国家机关将房屋产权、土地使用权赠与教育、民政和其他社会福利、公益事业的。

上述社会团体是指中国青少年发展基金会、希望工程基金会、宋庆龄基金会、减灾委员会、中国红十字会、中国残疾人联合会、全国老年基金会、老区促进会以及经民政部门批准成立的其他非营利的公益性组织。

房地产的赠与虽发生了房地产的权属变更，但作为房产所有人、土地使用权的所有人并没有因为权属的转让而取得任何收入。因此，房地产的赠与不属于土地增值税的征税范围。

2. 房地产的出租

房地产的出租是指房产的产权所有人、依照法律规定取得土地使用权的土地使用人，将房产、土地使用权租赁给承租人使用，由承租人向出租人支付租金的行为。房地产的出租，出租人虽取得了收入，但没有发生房产产权、土地使用权的转让。因此，不属于土地增值税的征税范围。

3. 房地产的抵押

房地产的抵押是指房地产的产权所有人、依法取得土地使用权的土地使用人作为债务人或第三人向债权人提供不动产作为清偿债务的担保而不转移权属的法律行为。这种情况由于房产的产权、土地使用权在抵押期间产权并没有发生权属的变更，房产的产权所有人、土地使用权人仍能对房地产行使占有、使用、收益等权利，房产的产权所有人、土地使用权人虽然在抵押期间取得了一定的抵押贷款，但实际上这些贷款在抵押期满后是要连本带利偿还给债权人的。因此，对房地产的抵押，在抵押期间不征收土地增值税。待抵押期满后，视该房地产是否转移占有而确定是否征收土地增值税。对于以房地产抵债而发生房地产权属转让的，应列入土地增值税的征税范围。

4. 房地产的交换

这种情况是指一方以房地产与另一方的房地产进行交换的行为。由于这种行为既发生了房产产权、土地使用权的转移，交换双方又取得了实物形态的收入，按《土地增值税暂行条例》规定，它属于土地增值税的征税范围。但对个人之间互换自有居住用房地产的，经当地税务机关核实，可以免征土地增值税。

5. 以房地产进行投资、联营

对于以房地产进行投资、联营的，投资、联营的一方以土地(房地产)作价入股进行投资或作为联营条件，将房地产转让到所投资、联营的企业中时，暂免征收土地增值税。对投资、联营企业将上述房地产再转让的，应征收土地增值税。

6. 合作建房

对于一方出地，一方出资金，双方合作建房，建成后按比例分房自用的，暂免征收土地增值税；建成后转让的，应征收土地增值税。

7. 企业兼并转让房地产

在企业兼并中，对被兼并企业将房地产转让到兼并企业中的，暂免征收土地增值税。

8. 房地产的代建房行为

这是指房地产开发公司代客户进行房地产的开发，开发完成后向客户收取代建收入的行为。对于房地产开发公司而言，虽然取得了收入，但没有发生房地产权属的转移，其收入属于劳务收入性质，故不属于土地增值税的征税范围。

9. 房地产的重新评估

这主要是指国有企业在清产核资时对房地产进行重新评估而使其升值的情况。这种情况下，房地产虽然有增值，但其既没有发生房地产权属的转移，房产产权、土地使用权人也未取得收入，所以不属于土地增值税的征税范围。

第二节 土地增值税核算

一、应税收入的确定

根据《土地增值税暂行条例》及其《实施细则》的规定，纳税人转让房地产取得的应税收入，应包括转让房地产的全部价款及有关的经济收益。从收入的形式来看，包括货币收入、实物收入和其他收入。

(一)货币收入

货币收入是指纳税人转让房地产而取得的现金、银行存款、支票、银行本票、汇票等各种信用票据和国库券、金融债券、企业债券、股票等有价证券。这些类型的收入其实质都是转让方因转让土地使用权、房屋产权而向取得方收取的价款。货币收入一般比较容易确定。

(二)实物收入

实物收入是指纳税人转让房地产而取得的各种实物形态的收入，如钢材、水泥等建材，房屋、土地等不动产等。实物收入的价值不太容易确定，一般要对这些实物形态的财产进行估价。

(三)其他收入

其他收入是指纳税人转让房地产而取得的无形资产收入或具有财产价值的权利，如专利权、商标权、著作权、专有技术使用权、土地使用权、商誉权等。这种类型的收入比较少见，其价值需要进行专门的评估。

二、扣除项目的确定

计算土地增值税应纳税额，并不是直接对转让房地产所取得的收入征税，而是需对收入额减除国家规定的各项扣除项目金额后的余额计算征税(这个余额就是纳税人在转让房地产中获取的增值额)。因此,要计算增值额,首先必须确定扣除项目。税法准予纳税人从转让收入额中减除的扣除项目包括如下几项:

(一)取得土地使用权所支付的金额

取得土地使用权所支付的金额包括两方面的内容:

(1)纳税人为取得土地使用权所支付的地价款。如果是以协议、招标、拍卖等出让方式取得土地使用权的,地价款为纳税人所支付的土地出让金;如果是以行政划拨方式取得土地使用权的,地价款为按照国家有关规定补交的土地出让金;如果是以转让方式取得土地使用权的,地价款为向原土地使用权人实际支付的地价款。

(2)纳税人在取得土地使用权时按国家统一规定缴纳的有关费用。这是指纳税人在取得土地使用权过程中为办理有关手续,按国家统一规定缴纳的有关登记、过户手续费。

(二)房地产开发成本

房地产开发成本是指纳税人房地产开发项目实际发生的成本,包括土地的征用及拆迁补偿费、前期工程费、建筑安装工程费、基础设施费、公共配套设施费、开发间接费用等。

(1)土地征用及拆迁补偿费,包括土地征用费、耕地占用税、劳动力安置费及有关地上、地下附着物拆迁补偿的净支出、安置动迁用房支出等。

(2)前期工程费,包括规划、设计、项目可行性研究和水文、地质、勘察、测绘、“三通一平”等支出。

(3)建筑安装工程费,指以出包方式支付给承包单位的建筑安装工程费,以自营方式发生的建筑安装工程费。

(4)基础设施费,包括开发小区内道路、供水、供电、供气、排污、排洪、通信、照明、环卫、绿化等工程发生的支出。

(5)公共配套设施费,包括不能有偿转让的开发小区内公共配套设施发生的支出。

(6)开发间接费用。指直接组织、管理开发项目发生的费用,包括工资、职工福利费、折旧费、修理费、办公费、水电费、劳动保护费、周转房摊销等。

(三)房地产开发费用

房地产开发费用是指与房地产开发项目有关的销售费用、管理费用和财务费用。根据现行财务会计制度的规定,这三项费用作为期间费用,直接计入当期损益,不按成本核算对象进行分摊。故作为土地增值税扣除项目的房地产开发费用,不按纳税人房地产开发项目实际发生的费用进行扣除,而按《实施细则》的标准进行扣除。

《实施细则》规定,财务费用中的利息支出,凡能够按转让房地产项目计算分摊并提供金融机构证明的,允许据实扣除,但最高不能超过按商业银行同类同期贷款利率计算的金额。其他房地产开发费用,按《实施细则》第7条(一)、(二)项规定(即取得土地使用权所支付的金额和房地产开发成本,下同)计算的金额之和的5%以内计算扣除。凡不能按转让房地产项目计算分摊利息支出或不能提供金融机构证明的,房地产开发费用按《实施细则》第7条(一)、(二)项规定计算的金额之和的10%以内计算扣除。计算扣除的具体比例,由各省、自治区、直辖市人民政府规定。

上述规定的具体含义是:

(1)纳税人能够按转让房地产项目计算分摊利息支出,并能提供金融机构的贷款证明的,其允许扣除的房地产开发费用为:利息+(取得土地使用权所支付的金额+房地产开发成本)

×5%以内(注:利息最高不能超过按商业银行同类同期贷款利率计算的金额)。

(2)纳税人不能按转让房地产项目计算分摊利息支出或不能提供金融机构贷款证明的,其允许扣除的房地产开发费用为:(取得土地使用权所支付的金额+房地产开发成本)×10%以内。

此外,财政部、国家税务总局还对扣除项目金额中利息支出的计算问题做了两点专门规定:一是利息的上浮幅度按国家的有关规定执行,超过上浮幅度的部分不允许扣除;二是对于超过贷款期限的利息部分和加罚的利息不允许扣除。

(四)与转让房地产有关的税金

与转让房地产有关的税金是指在转让房地产时缴纳的城市维护建设税、印花税。因转让房地产缴纳的教育费附加,也可视同税金予以扣除。

需要明确的是,房地产开发企业按照《施工、房地产开发企业财务制度》有关规定,其在转让时缴纳的印花税因列入管理费用中,故在此不允许单独再扣除。房地产开发企业以外的其他纳税人缴纳的印花税(按产权转移书据所载金额的0.5‰贴花)允许在此扣除。

(五)其他扣除项目

对从事房地产开发的纳税人可按《实施细则》第7条(一)、(二)项规定计算的金额之和,加计20%的扣除。在此,应特别指出的是:此条优惠只适用于从事房地产开发的纳税人,除此之外的其他纳税人不适用。这样规定,目的是为了抑制炒买炒卖房地产的投机行为,保护正常开发投资者的积极性。

(六)旧房及建筑物的评估价格

旧房及建筑物的评估价格是指在转让已使用的房屋及建筑物时,由政府批准设立的房地产评估机构评定的重置成本价乘以成新度折扣率后的价格。评估价格需经当地税务机关确认。

重置成本价的含义是:对旧房及建筑物,按转让时的建材价格及人工费用计算,建造同样面积、同样层次、同样结构、同样建设标准的新房及建筑物所需花费的成本费用。成新度折扣率的含义是:按旧房的新旧程度作一定比例的折扣。例如,一幢房屋已使用近10年,建造时的造价为1 000万元,按转让时的建材及人工费用计算,建同样的新房需花费4 000万元,该房有六成新,则该房的评估价格为:4 000×60% =2 400(万元)。

此外,转让旧房的,应按房屋及建筑物的评估价格、取得土地使用权所支付的地价款和按国家统一规定缴纳的有关费用及在转让环节缴纳的税金作为扣除项目金额计征土地增值税。对取得土地使用权时未支付地价款或不能提供已支付的地价款凭据的,在计征土地增值税时不允许扣除。

三、增值额的确定

土地增值税纳税人转让房地产所取得的收入减除规定的扣除项目金额后的余额,为增值额。增值额是土地增值税的本质所在。由于计算土地增值税是以增值额与扣除项目金额的比率大小按相适用的税率累进计算征收的,增值额与扣除项目金额的比率越大,适用的税率越高,缴纳的税款越多,因此,准确核算增值额是很重要的。当然,准确核算增值额,还需要有准确的房地产转让收入额和扣除项目的金额。在实际房地产交易活动中,有些纳税人由于不能准确提供房地产转让价格或扣除项目金额,致使增值额不准确,直接影响应纳税额的计算和缴纳,因此,纳税人有下列情形之一的,按照房地产评估价格计算征收:

（1）隐瞒、虚报房地产成交价格的；

（2）提供扣除项目金额不实的；

（3）转让房地产的成交价格低于房地产评估价格，又无正当理由的。

这里所说的“房地产评估价格”，是指由政府批准设立的房地产评估机构根据相同地段、同类房地产进行综合评定的价格；“隐瞒、虚报房地产成交价格”，是指纳税人不报或有意低报转让土地使用权、地上建筑物及其附着物价款的行为；“提供扣除项目金额不实的”，是指纳税人在纳税申报时，不据实提供扣除项目金额的行为；“转让房地产的成交价格低于房地产评估价格，又无正当理由的”，是指纳税人申报的转让房地产的实际成交价低于房地产评估机构评定的交易价，纳税人又不能提供凭据或无正当理由的行为。

隐瞒、虚报房地产成交价格，应由评估机构参照同类房地产的市场交易价格进行评估。税务机关根据评估价格确定转让房地产的收入。提供扣除项目金额不实的，应由评估机构按照房屋重置成本价乘以成新度折扣率计算的房屋成本价和取得土地使用权时的基准地价进行评估。税务机关根据评估价格确定扣除项目金额。

转让房地产的成交价格低于房地产评估价格，又无正当理由的，由税务机关参照房地产评估价格确定转让房地产的收入。

四、应纳税额的计算

土地增值税按照纳税人转让房地产所取得的增值额和规定的税率计算征收。土地增值税的计算公式是：

应纳税额 $=\sum$（每级距的土地增值额 × 适用税率）

但在实际工作中，分步计算比较繁琐，一般可以采用速算扣除法计算，即：计算土地增值税税额，可按增值额乘以适用的税率，减去扣除项目金额乘以速算扣除系数的简便方法计算，具体公式如下：

（1）增值额未超过扣除项目金额 50%：

土地增值税税额＝增值额×30%

（2）增值额超过扣除项目金额 50%，未超过 100%：

土地增值税税额＝增值额×40%－扣除项目金额×5%

（3）增值额超过扣除项目金额 100%，未超过 200%：

土地增值税税额＝增值额×50%－扣除项目金额×15%

（4）增值额超过扣除项目金额 200%：

土地增值税税额＝增值额×60%－扣除项目金额×35%

【例 7－1】 某房地产开发企业建造商品房一幢，建房总支出3 000万元，有关费用为：①支付地价款 200 万元；②土地征用及拆迁补偿费 120 万元；③前期工程费 180 万元；④基础设施费 200 万元；⑤建筑安装工程费1 500万元；⑥公共配套设施费 200 万元。期间费用 600 万元，其中利息支出 500 万元（利息能按房地产项目分摊，并有金融机构贷款证明）。该房地产开发企业将商品房卖出，取得收入6 000万元，并按规定缴纳了增值税、城建税、印花税和教育费附加，请计算应缴纳多少土地增值税（扣除比例为 5%）。

解析：

（1）收入总额6 000万元。

（2）计算扣除项目金额：

支付地价款200(万元)

房地产开发成本＝120＋180＋200＋1 500＋200＝2 200(万元)

应纳增值税＝6 000×5%＝300(万元)

应纳城建税和教育费附加＝6 000×5%×(7%＋3%)＝30(万元)

扣除项目金额＝200＋2 200＋500＋(200＋2 200)×5%＋300＋30＋(200＋2 200)×20%
＝200＋2 200＋620＋330＋480＝3 830(万元)

(3)增值额＝6 000－3 830＝2 170(万元)

(4)增值额占扣除项目金额比率＝2 170/3 830×100%＝56.7%，适用土地增值税税率为40%，扣除率为5%。

(5)应纳土地增值税＝2 170×40%－3 830×5%＝676.5(万元)

五、土地增值税的会计核算

(1)转让取得收入时：

借：主营业务税金及附加

　　贷：应交税金——应交土地增值税

(2)实际上交时：

借：应交税金——应交土地增值税

　　贷：银行存款

第三节　土地增值税纳税申报

一、土地增值税的纳税义务发生时间和纳税期限

土地增值税纳税义务发生时间为房地产转让合同签订之日。以下通过非正常方式转让房地产土地增值税纳税义务发生时间如下：

(1)已签订房地产转让合同，原房产因种种原因迟迟未能过户，后因有关问题解决后再办理房产转移登记，土地增值税纳税义务发生时间以签订房地产转让合同时间为准。

(2)法院在进行民事判决、民事裁定、民事调解过程中，判决或裁定房地产所有权转移，土地增值税纳税义务发生时间以判决书、裁定书、民事调解书确定的权属转移时间为准。

(3)依法设立的仲裁机构裁决房地产权属转移，土地增值税纳税义务发生时间以仲裁书明确的权属转移时间为准。

土地增值税的纳税人应在转让房地产合同签订后的7日内，到房地产所在地主管税务机关办理纳税申报，并向税务机关提交房屋及建筑物产权、土地使用权证书，土地转让、房产买卖合同，房地产评估报告及其他与转让房地产有关的资料。纳税人因经常发生房地产转让而难以在每次转让后申报的，经税务机关审核同意后，可以定期进行纳税申报，具体期限由税务机关根据情况确定。纳税人预售房地产所取得的收入，凡当地税务机关规定不预征土地增值税的，也应在取得收入时先到税务机关登记或备案。

二、土地增值税的纳税地点

土地增值税的纳税人应向房地产所在地主管税务机关办理纳税申报，并在税务机关核定的期限内缴纳土地增值税。这里所说的“房地产所在地”，是指房地产的坐落地。纳税人转让的房地产坐落在两个或两个以上地区的，应按房地产所在地分别申报纳税。

在实际工作中，纳税地点的确定又可分为以下两种情况：

(1)纳税人是法人的。当转让的房地产坐落地与其机构所在地或经营所在地一致时，则在办理税务登记的原管辖税务机关申报纳税即可；如果转让的房地产坐落地与其机构所在地或经营所在地不一致时，则应在房地产坐落地所管辖的税务机关申报纳税。

(2)纳税人是自然人的。当转让的房地产坐落地与其居住所在地一致时，则在住所所在地税务机关申报纳税；当转让的房地产坐落地与其居住所在地不一致时，在办理过户手续所在地的税务机关申报纳税。

三、土地增值税的纳税申报表填制

1995 年 5 月 17 日，国家税务总局制定并下发了土地增值税纳税申报表。此表包括适用于从事房地产开发纳税人的土地增值税项目登记表和土地增值税纳税申报表及适用于非从事房地产开发纳税人的土地增值税纳税申报表。国家税务总局同时规定，纳税人必须按照税法的有关规定，向房地产所在地主管税务机关如实申报转让房地产所取得的收入、扣除项目金额以及应纳土地增值税税额，并按期缴纳。国家税务总局近日发布《关于修订土地增值税纳税申报表的通知》（税总函〔2016〕309 号），为加强土地增值税规范化管理，决定修订土地增值税纳税申报表。

土地增值税项目登记表

（从事房地产开发的纳税人适用）

纳税人识别号：　　　　　纳税人名称：　　　　　填表日期：　年　月　日

金额单位：元至角分　　　　　面积单位：平方米

项目名称		项目地址		业　别	
经济性质		主管部门			
开户银行		银行账号			
地　　址		邮政编码		电　话	
土地使用权受让（行政划拨）合同号			受让（行政划拨）时间		
建设项目起讫时间		总预算成本		单位预算成本	
项目详细坐落地点					
开发土地总面积		开发建筑总面积		房地产转让合同名称	
转让次序	转让土地面积（按次填写）	转让建筑面积（按次填写）		转让合同签订日期（按次填写）	
第 1 次					

续表

第2次					
……					
备注					
以下由纳税人填写：					
纳税人声明	此纳税申报表是根据《中华人民共和国土地增值税暂行条例》及其实施细则和国家有关税收规定填报的，是真实的、可靠的、完整的。				
纳税人签章		代理人签章		代理人身份证号	
以下由税务机关填写：					
受理人		受理日期	年 月 日	受理税务机关签章	

填表说明：

1. 本表适用于从事房地产开发与建设的纳税人，在立项后及每次转让时填报。

2. 凡从事新建房及配套设施开发的纳税人，均应在规定的期限内，据实向主管税务机关填报本表所列内容。

3. 本表栏目的内容如果没有，可以空置不填。

4. 纳税人在填报土地增值税项目登记表时，应同时向主管税务机关提交土地使用权受让合同、房地产转让合同等有关资料。

5. 本表一式三份，送主管税务机关审核盖章后，两份由地方税务机关留存，一份退纳税人。

土地增值税纳税申报表(一)

(从事房地产开发的纳税人预征适用)

税款所属时间：　　年　月　日 至　　年　月　日　　　　填表日期：　　年　月　日

项目名称：　　　　　　项目编号：　　　　　　金额单位：元至角分；面积单位：平方米

纳税人识别号 □□□□□□□□□□□□□□□□□□□□

房产类型	房产类型子目	收入				预征率(%)	应纳税额	税款缴纳	
		应税收入	货币收入	实物收入及其他收入	视同销售收入			本期已缴税额	本期应缴税额计算
	1	2=3+4+5	3	4	5	6	7=2×6	8	9=7−8
普通住宅									
非普通住宅									
其他类型房地产									
合　计	——					——			
以下由纳税人填写：									
纳税人声明	此纳税申报表是根据《中华人民共和国土地增值税暂行条例》及其实施细则和国家有关税收规定填报的，是真实的、可靠的、完整的。								
纳税人签章			代理人签章				代理人身份证号		
以下由税务机关填写：									
受理人			受理日期			年 月 日	受理税务机关签章		

填表说明：

1. 本表适用于从事房地产开发并转让的土地增值税纳税人，在每次转让时填报，也可按月或按各省、自治区、直辖市和计划单列市地方税务局规定的期限汇总填报。

2. 凡从事新建房及配套设施开发的纳税人，均应在规定的期限内，据实向主管税务机关填报本表所列内容。

3. 本表栏目的内容如果没有，可以空置不填。

4. 纳税人在填报土地增值税预征申报表时，应同时向主管税务机关提交《土地增值税项目登记表》等有关资料。

5. 项目编号是在进行房地产项目登记时，税务机关按照一定的规则赋予的编号，此编号会跟随项目的预征清算全过程。

6. 表第 1 列“房产类型子目”是主管税务机关规定的预征率类型，每一个子目唯一对应一个房产类型。

7. 表第 3 栏“货币收入”，按纳税人转让房地产开发项目所取得的货币形态的收入额(不含增值税)填写。

8. 表第 4 栏“实物收入及其他收入”，按纳税人转让房地产开发项目所取得的实物形态的收入和无形资产等其他形式的收入额(不含增值税)填写。

9. 表第 5 栏“视同销售收入”，纳税人将开发产品用于职工福利、奖励、对外投资、分配给股东或投资人、抵偿债务、换取其他单位和个人的非货币性资产等，发生所有权转移时应视同销售房地产，其收入不含增值税。

10. 本表一式两份，送主管税务机关审核盖章后，一份由地方税务机关留存，一份退纳税人。

土地增值税纳税申报表(二)

(从事房地产开发的纳税人清算适用)

税款所属时间：　　年　月　日至　　年　月　日　　填表日期：　　年　月　日　　　金额单位：元至角分

面积单位：平方米

纳税人识别号

纳税人名称		项目名称		项目编号		项目地址	
所属行业		登记注册类型		纳税人地址		邮政编码	
开户银行		银行账号		主管部门		电　话	
总可售面积				自用和出租面积			
已售面积		其中：普通住宅已售面积		其中：非普通住宅已售面积		其中：其他类型房地产已售面积	

项　目		行次	金　额			
			普通住宅	非普通住宅	其他类型房地产	合计
一、转让房地产收入总额　1=2+3+4		1				
其中	货币收入	2				
	实物收入及其他收入	3				
	视同销售收入	4				
二、扣除项目金额合计　5=6+7+14+17+21+22		5				
1. 取得土地使用权所支付的金额		6				
2. 房地产开发成本　7=8+9+10+11+12+13		7				
其中	土地征用及拆迁补偿费	8				
	前期工程费	9				
	建筑安装工程费	10				
	基础设施费	11				
	公共配套设施费	12				
	开发间接费用	13				

续表

3. 房地产开发费用　14=15+16			14				
其中	利息支出		15				
	其他房地产开发费用		16				
4. 与转让房地产有关的税金等　17=18+19+20			17				
其中	营业税		18				
	城市维护建设税		19				
	教育费附加		20				
5. 财政部规定的其他扣除项目			21				
6. 代收费用			22				
三、增值额　23=1−5			23				
四、增值额与扣除项目金额之比(%)　24=23÷5			24				
五、适用税率(%)			25				
六、速算扣除系数(%)			26				
七、应缴土地增值税税额　27=23×25−5×26			27				
八、减免税额　28=30+32+34			28				
其中	减免税(1)	减免性质代码(1)	29				
		减免税额(1)	30				
	减免税(2)	减免性质代码(2)	31				
		减免税额(2)	32				
	减免税(3)	减免性质代码(3)	33				
		减免税额(3)	34				
九、已缴土地增值税税额			35				
十、应补(退)土地增值税税额　36=27−28−35			36				

以下由纳税人填写:					
纳税人声明	此纳税申报表是根据《中华人民共和国土地增值税暂行条例》及其实施细则和国家有关税收规定填报的,是真实的、可靠的、完整的。				
纳税人签章		代理人签章		代理人身份证号	
以下由税务机关填写:					
受理人		受理日期	年　月　日	受理税务机关签章	

本表一式两份,一份纳税人留存,一份税务机关留存。

填表说明:

一、适用范围

土地增值税纳税申报表(二),适用从事房地产开发并转让的土地增值税纳税人。

二、土地增值税纳税申报表

(一)表头项目

1. 税款所属期是项目预征开始的时间,截止日期是税务机关规定(通知)申报期限的最后一日(应清算项目达到清算条件起 90 天的最后一日/可清算项目税务机关通知书送达起 90 天的最后一日)。

2. 纳税人识别号:填写税务机关为纳税人确定的识别号。

3. 项目名称:填写纳税人所开发并转让的房地产开发项目全称。

4. 项目编号:是在进行房地产项目登记时,税务机关按照一定的规则赋予的编号,此编号会跟随项目的预征清算全过程。

5. 所属行业：根据《国民经济行业分类》(GB/T 4754—2011)填写。该项可由系统根据纳税人识别号自动带出，无须纳税人填写。

6. 登记注册类型：单位，根据税务登记证或组织机构代码证中登记的注册类型填写；纳税人是企业的，根据国家统计局《关于划分企业登记注册类型的规定》填写。该项可由系统根据纳税人识别号自动带出，无须纳税人填写。

7. 主管部门：按纳税人隶属的管理部门或总机构填写。外商投资企业不填。

8. 开户银行：填写纳税人开设银行账户的银行名称；如果纳税人在多个银行开户的，填写其主要经营账户的银行名称。

9. 银行账号：填写纳税人开设的银行账户的号码；如果纳税人拥有多个银行账户的，填写其主要经营账户的号码。

(二)表中项目

1. 表第1栏“转让房地产收入总额”，按纳税人在转让房地产开发项目所取得的全部收入额(不含增值税)填写。

2. 表第2栏“货币收入”，按纳税人转让房地产开发项目所取得的货币形态的收入额(不含增值税)填写。

3. 表第3栏“实物收入及其他收入”，按纳税人转让房地产开发项目所取得的实物形态的收入和无形资产等其他形式的收入额(不含增值税)填写。

4. 表第4栏“视同销售收入”，纳税人将开发产品用于职工福利、奖励、对外投资、分配给股东或投资人、抵偿债务、换取其他单位和个人的非货币性资产等，发生所有权转移时应视同销售房地产，其收入不含增值税。

5. 表第6栏“取得土地使用权所支付的金额”，按纳税人为取得该房地产开发项目所需要的土地使用权而实际支付(补交)的土地出让金(地价款)及按国家统一规定交纳的有关费用的数额填写。

6. 表第8栏至表第13栏，应根据《中华人民共和国土地增值税暂行条例实施细则》(财法字〔1995〕6号，简称《细则》)规定的从事房地产开发所实际发生的各项开发成本的具体数额填写。

7. 表第15栏“利息支出”，按纳税人进行房地产开发实际发生的利息支出中符合《细则》第7条(三)规定的数额填写。如果不单独计算利息支出的，则本栏数额填写为“0”。

8. 表第16栏“其他房地产开发费用”，应根据《细则》第7条(三)的规定填写。

9. 表第18栏至表第20栏，按纳税人转让房地产时所实际缴纳的税金数额(不包括增值税)填写。

10. 表第21栏“财政部规定的其他扣除项目”，是指根据《中华人民共和国土地增值税暂行条例》(国务院令第138号，简称《条例》)和《细则》等有关规定所确定的财政部规定的扣除项目的合计数。

11. 表第22栏“代收费用”，应根据《财政部 国家税务总局关于土地增值税一些具体问题》(财税字〔1995〕48号)规定“对于县级及县级以上人民政府要求房地产开发企业在售房时代收的各项费用，如果代收费用是计入房价中向购买方一并收取的，可作为转让房地产所取得的收入计税；如果代收费用未计入房价中，而是在房价之外单独收取的，可以不作为转让房地产的收入。对于代收费用作为转让收入计税的，在计算扣除项目金额时，可予以扣除，但不允许作为加计20%扣除的基数；对于代收费用未作为转让房地产的收入计税的，在计算增值额时不允许扣除代收费用”填写。

12. 表第25栏“适用税率”，应根据《条例》规定的四级超率累进税率，按所适用的最高一级税率填写。

13. 表第26栏“速算扣除系数”，应根据《细则》第10条的规定找出相关速算扣除系数来填写。

14. 表第29、31、33栏“减免性质代码”：按照税务机关最新制发的减免税政策代码表中最细项减免性质代码填报。表第30、32、34栏“减免税额”填写相应“减免性质代码”对应的减免税金额，纳税人同时享受多个减免税政策应分别填写，不享受减免税的，不填写此项。

15. 表第35栏“已缴土地增值税税额”，按纳税人已经缴纳的土地增值税的数额填写。

16. 表中每栏按照“普通住宅、非普通住宅、其他类型房地产”分别填写。

土地增值税纳税申报表(三)

（非从事房地产开发的纳税人适用）

税款所属时间：　年　月　日至　年　月　日　　　　填表日期：　年　月　日

金额单位：元至角分　　　　面积单位：平方米

纳税人识别号 □□□□□□□□□□□□□□□□□□□□

纳税人名称		项目名称		项目地址			
所属行业		登记注册类型		纳税人地址		邮政编码	
开户银行		银行账号		主管部门		电　话	

项　目			行次	金　额
一、转让房地产收入总额　1=2+3+4			1	
其中	货币收入		2	
	实物收入		3	
	其他收入		4	
二、扣除项目金额合计 (1)5=6+7+10+15 (2)5=11+12+14+15			5	
(1)提供评估价格	1. 取得土地使用权所支付的金额		6	
	2. 旧房及建筑物的评估价格　7=8×9		7	
	其中	旧房及建筑物的重置成本价	8	
		成新度折扣率	9	
	3. 评估费用		10	
(2)提供购房发票	1. 购房发票金额		11	
	2. 发票加计扣除金额　12=11×5%×13		12	
	其中：房产实际持有年数		13	
	3. 购房契税		14	
4. 与转让房地产有关的税金等　15=16+17+18+19			15	
其中	营业税		16	
	城市维护建设税		17	
	印花税		18	
	教育费附加		19	
三、增值额　20=1−5			20	
四、增值额与扣除项目金额之比(%)　21=20÷5			21	
五、适用税率(%)			22	
六、速算扣除系数(%)			23	
七、应缴土地增值税税额　24=20×22−5×23			24	
八、减免税额(减免性质代码：______________)			25	
九、已缴土地增值税税额			26	
十、应补(退)土地增值税税额　27=24−25−26			27	

以下由纳税人填写：

纳税人声明	此纳税申报表是根据《中华人民共和国土地增值税暂行条例》及其实施细则和国家有关税收规定填报的，是真实的、可靠的、完整的。				
纳税人签章		代理人签章		代理人身份证号	

以下由税务机关填写：

受理人		受理日期	年　月　日	受理税务机关签章	

本表一式两份，一份纳税人留存，一份税务机关留存。

填表说明：

一、适用范围

土地增值税纳税申报表(三)适用于非从事房地产开发的纳税人。该纳税人应在签订房地产转让合同后的7日内，向房地产所在地主管税务机关填报土地增值税纳税申报表(三)。

土地增值税纳税申报表(三)还适用于以下从事房地产开发的纳税人：将开发产品转为自用、出租等用途且已达到主管税务机关旧房界定标准后，又将该旧房对外出售的。

二、土地增值税纳税申报表(三)主要项目填表说明

(一)表头项目

1. 纳税人识别号：填写税务机关为纳税人确定的识别号。

2. 项目名称：填写纳税人转让的房地产项目全称。

3. 登记注册类型：单位，根据税务登记证或组织机构代码证中登记的注册类型填写；纳税人是企业的，根据国家统计局《关于划分企业登记注册类型的规定》填写。该项可由系统根据纳税人识别号自动带出，无须纳税人填写。

4. 所属行业：根据《国民经济行业分类》(GB/T 4754－2011)填写。该项可由系统根据纳税人识别号自动带出，无须纳税人填写。

5. 主管部门：按纳税人隶属的管理部门或总机构填写。外商投资企业不填。

(二)表中项目

土地增值税纳税申报表(三)的各主要项目内容，应根据纳税人转让的房地产项目作为填报对象。纳税人如果同时转让两个或两个以上房地产的，应分别填报。

1. 表第1栏“转让房地产收入总额”，按纳税人转让房地产所取得的全部收入额(不含增值税)填写。

2. 表第2栏“货币收入”，按纳税人转让房地产所取得的货币形态的收入额(不含增值税)填写。

3. 表第3、4栏“实物收入”、“其他收入”，按纳税人转让房地产所取得的实物形态的收入和无形资产等其他形式的收入额(不含增值税)填写。

4. 表第6栏“取得土地使用权所支付的金额”，按纳税人为取得该房地产开发项目所需要的土地使用权而实际支付(补交)的土地出让金(地价款)及按国家统一规定交纳的有关费用的数额填写。

5. 表第7栏“旧房及建筑物的评估价格”，是指根据《中华人民共和国土地增值税暂行条例》(国务院令第138号，简称《条例》)和《中华人民共和国土地增值税暂行条例实施细则》(财法字〔1995〕6号，简称《细则》)等有关规定，按重置成本法评估旧房及建筑物并经当地税务机关确认的评估价格的数额。本栏由第8栏与第9栏相乘得出。如果本栏数额能够直接根据评估报告填报，则本表第8、9栏可以不必再填报。

6. 表第8栏“旧房及建筑物的重置成本价”，是指按照《条例》和《细则》规定，由政府批准设立的房地产评估机构评定的重置成本价 。

7. 表第9栏“成新度折扣率”，是指按照《条例》和《细则》规定，由政府批准设立的房地产评估机构评定的旧房及建筑物的新旧程度折扣率。

8. 表第10栏“评估费用”，是指纳税人转让旧房及建筑物时因计算纳税的需要而对房地产进行评估，其支付的评估费用允许在计算增值额时予以扣除。

9. 表第11栏“购房发票金额”，区分以下情形填写：提供营业税销售不动产发票的，按发票所载金额填写；提供增值税专用发票的，按发票所载金额与不允许抵扣进项税额合计金额数填写；提供增值税普通发票的，按照发票所载价税合计金额数填写。

10. 表第12栏“发票加计扣除金额”是指购房发票金额乘以房产实际持有年数乘以5%的积数。

11. 表第13栏“房产实际持有年数”是指按购房发票所载日期起至售房发票开具之日止，每满12个月计一年；未满12个月但超过6个月的，可以视同为一年。

12. 表第14栏“购房契税”是指购房时支付的契税。

13. 表第15栏“与转让房地产有关的税金等”为表第16栏至表第19栏的合计数。

14. 表第16栏至表第19栏，按纳税人转让房地产时实际缴纳的有关税金的数额填写。开具营业税发票

的，按转让房地产时缴纳的营业税数额填写；开具增值税发票的，第 16 栏营业税为 0。

15. 表第 22 栏“适用税率”，应根据《条例》规定的四级超率累进税率，按所适用的最高一级税率填写。

16. 表第 23 栏“速算扣除系数”，应根据《细则》第 10 条的规定找出相关速算扣除系数填写。

土地增值税纳税申报表(四)

(从事房地产开发的纳税人清算后尾盘销售适用)

税款所属时间：　年　月　日至　年　月　日　　　　填表日期：　年　月　日

金额单位：元至角分　　　　面积单位：平方米

纳税人识别号

纳税人名称		项目名称		项目编号		项目地址	
所属行业		登记注册类型		纳税人地址		邮政编码	
开户银行		银行账号		主管部门		电　话	

项　目			行次	金　额			
				普通住宅	非普通住宅	其他类型房地产	合计
一、转让房地产收入总额　1=2+3+4			1				
其中	货币收入		2				
	实物收入及其他收入		3				
	视同销售收入		4				
二、扣除项目金额合计			5				
三、增值额　6=1−5			6				
四、增值额与扣除项目金额之比(%)　7=6÷5			7				
五、适用税率(核定征收率)(%)			8				
六、速算扣除系数(%)			9				
七、应缴土地增值税税额　10=6×8−5×9			10				
八、减免税额　11=13+15+17			11				
其中	减免税(1)	减免性质代码(1)	12				
		减免税额(1)	13				
	减免税(2)	减免性质代码(2)	14				
		减免税额(2)	15				
	减免税(3)	减免性质代码(3)	16				
		减免税额(3)	17				
九、已缴土地增值税税额			18				
十、应补(退)土地增值税税额　19=10−11−18			19				

以下由纳税人填写：					
纳税人声明	此纳税申报表是根据《中华人民共和国土地增值税暂行条例》及其实施细则和国家有关税收规定填报的，是真实的、可靠的、完整的。				
纳税人签章		代理人签章		代理人身份证号	
以下由税务机关填写：					
受理人		受理日期	年　月　日	受理税务机关签章	

本表一式两份，一份纳税人留存，一份税务机关留存。

填表说明：

一、适用范围

土地增值税纳税申报表(四)，适用于从事房地产开发与建设的纳税人，在清算后尾盘销售时填报，各行次应按不同房产类型分别填写。

二、土地增值税纳税申报表

(一)表头项目

1. 纳税人识别号:填写税务机关为纳税人确定的识别号。

2. 项目名称:填写纳税人所开发并转让的房地产开发项目全称。

3. 项目编号:是在进行房地产项目登记时,税务机关按照一定的规则赋予的编号,此编号会跟随项目的预征清算全过程。

4. 所属行业:根据《国民经济行业分类》(GB/T 4754—2011)填写。该项可由系统根据纳税人识别号自动带出,无须纳税人填写。

5. 登记注册类型:单位,根据税务登记证或组织机构代码证中登记的注册类型填写;纳税人是企业的,根据国家统计局《关于划分企业登记注册类型的规定》填写。该项可由系统根据纳税人识别号自动带出,无须纳税人填写。

6. 主管部门:按纳税人隶属的管理部门或总机构填写。外商投资企业不填。

7. 开户银行:填写纳税人开设银行账户的银行名称;如果纳税人在多个银行开户的,填写其主要经营账户的银行名称。

8. 银行账号:填写纳税人开设的银行账户的号码;如果纳税人拥有多个银行账户的,填写其主要经营账户的号码。

(二)表中项目

1. 表第1栏"转让房地产收入总额",按纳税人在转让房地产开发项目所取得的全部收入额(不含增值税)填写。

2. 表第2栏"货币收入",按纳税人转让房地产开发项目所取得的货币形态的收入额(不含增值税)填写。

3. 表第3栏"实物收入及其他收入",按纳税人转让房地产开发项目所取得的实物形态的收入和无形资产等其他形式的收入额(不含增值税)填写。

4. 表第4栏"视同销售收入",纳税人将开发产品用于职工福利、奖励、对外投资、分配给股东或投资人、抵偿债务、换取其他单位和个人的非货币性资产等,发生所有权转移时应视同销售房地产,其收入不含增值税。

5. 表第5栏各类型"扣除项目金额合计"应为附表"清算后尾盘销售土地增值税扣除项目明细表"中对应的该类型扣除项目金额合计数额。

6. 表第8栏"适用税率",应根据《中华人民共和国土地增值税暂行条例》(国务院令第138号)规定的四级超率累进税率,按所适用的最高一级税率填写。

7. 表第9栏"速算扣除系数",应根据《中华人民共和国土地增值税暂行条例实施细则》(财法字〔1995〕6号)第10条的规定找出相关速算扣除系数来填写。

8. 表第12、14、16栏"减免性质代码":按照税务机关最新制发的减免税政策代码表中最细项减免性质代码填报。表第13、15、17栏"减免税额"填写相应"减免性质代码"对应的减免税金额,纳税人同时享受多个减免税政策应分别填写,不享受减免税的,不填写此项。

9. 表第18栏"已缴土地增值税税额",按纳税人已经缴纳的土地增值税的数额填写。

10. 表中每栏按照"普通住宅、非普通住宅、其他类型房地产"分别填写。

清算后尾盘销售土地增值税扣除项目明细表

纳税人名称:

税款所属期:自　　年　月　日至　　年　月　日　　　　　　填表日期:　　年　月　日

金额单位:元至角分　面积单位:平方米

纳税人识别号 | | | | | | | | | | | | | | | | | | |

纳税人名称		项目名称		项目编号		项目地址	
所属行业		登记注册类型		纳税人地址		邮政编码	

续表

开户银行		银行账号		主管部门		电话	
项目总可售面积		清算时已售面积		清算后剩余可售面积			

项目	行次	普通住宅	非普通住宅	其他类型房地产	合计
本次清算后尾盘销售的销售面积	1				
单位成本费用	2				——
扣除项目金额合计 3=1×2	3				——

本次与转让房地产有关的营业税		本次与转让房地产有关的城市维护建设税		本次与转让房地产有关的教育费附加	
以下由纳税人填写：					
纳税人声明	此纳税申报表是根据《中华人民共和国土地增值税暂行条例》及其实施细则和国家有关税收规定填报的，是真实的、可靠的、完整的。				
纳税人签章		代理人签章		代理人身份证号	
以下由税务机关填写：					
受理人		受理日期	年 月 日	受理税务机关签章	

填表说明：

1. 本表适用于从事房地产开发与建设的纳税人，在清算后尾盘销售时填报。
2. 项目总可售面积应与纳税人清算时填报的总可售面积一致。
3. 清算时已售面积应与纳税人清算时填报的已售面积一致。
4. 清算后剩余可售面积＝项目总可售面积－清算时已售面积。
5. 本表一式两份，送主管税务机关审核盖章后，一份由地方税务机关留存，一份退纳税人。

土地增值税纳税申报表(五)

（从事房地产开发的纳税人清算方式为核定征收适用）

税款所属时间： 年 月 日至 年 月 日　　填表日期： 年 月 日

金额单位：元至角分　　面积单位：平方米

纳税人识别号 □□□□□□□□□□□□□□□□□□□□

纳税人名称		项目名称		项目编号		项目地址	
所属行业		登记注册类型		纳税人地址		邮政编码	
开户银行		银行账号		主管部门		电话	

项 目		行次	金 额			
			普通住宅	非普通住宅	其他类型房地产	合计
一、转让房地产收入总额		1				
其中	货币收入	2				
	实物收入及其他收入	3				
	视同销售收入	4				
二、扣除项目金额合计		5				
1. 取得土地使用权所支付的金额		6				
2. 房地产开发成本		7				
其中	土地征用及拆迁补偿费	8				
	前期工程费	9				
	建筑安装工程费	10				
	基础设施费	11				
	公共配套设施费	12				
	开发间接费用	13				

续表

3. 房地产开发费用			14				
其中	利息支出		15				
	其他房地产开发费用		16				
4. 与转让房地产有关的税金等			17				
其中	营业税		18				
	城市维护建设税		19				
	教育费附加		20				
5. 财政部规定的其他扣除项目			21				
6.代收费用			22				
三、增值额			23				
四、增值额与扣除项目金额之比(%)			24				
五、适用税率(核定征收率)(%)			25				
六、速算扣除系数(%)			26				
七、应缴土地增值税税额			27				
八、减免税额 28=30+32+34			28				
其中	减免税(1)	减免性质代码(1)	29				
		减免税额(1)	30				
	减免税(2)	减免性质代码(2)	31				
		减免税额(2)	32				
	减免税(3)	减免性质代码(3)	33				
		减免税额(3)	34				
九、已缴土地增值税税额			35				
十、应补(退)土地增值税税额 36=27-28-35			36				

以下由纳税人填写：					
纳税人声明	此纳税申报表是根据《中华人民共和国土地增值税暂行条例》及其实施细则和国家有关税收规定填报的，是真实的、可靠的、完整的。				
纳税人签章		代理人签章		代理人身份证号	
以下由税务机关填写：					
受理人		受理日期	年 月 日	受理税务机关签章	

本表一式两份，一份纳税人留存，一份税务机关留存。

填表说明：

一、适用范围

土地增值税纳税申报表(五)，适用于从事房地产开发与建设的纳税人，清算方式为核定征收时填报，各行次应按不同房产类型分别填写。纳税人在填报土地增值税纳税申报表(五)时，应同时提交税务机关出具的核定文书。

二、土地增值税纳税申报表

(一)表头项目

1. 纳税人识别号：填写税务机关为纳税人确定的识别号。

2. 项目名称：填写纳税人所开发并转让的房地产开发项目全称。

3. 项目编号：是在进行房地产项目登记时，税务机关按照一定的规则赋予的编号，此编号会跟随项目的预征清算全过程。

4. 所属行业：根据《国民经济行业分类》(GB/T 4754—2011)填写。该项可由系统根据纳税人识别号自动带出，无须纳税人填写。

5. 登记注册类型：单位，根据税务登记证或组织机构代码证中登记的注册类型填写；纳税人是企业的，根据国家统计局《关于划分企业登记注册类型的规定》填写。该项可由系统根据纳税人识别号自动带出，无须纳税人填写。

6. 主管部门：按纳税人隶属的管理部门或总机构填写。外商投资企业不填。

7. 开户银行：填写纳税人开设银行账户的银行名称；如果纳税人在多个银行开户的，填写其主要经营账户的银行名称。

8. 银行账号：填写纳税人开设的银行账户的号码；如果纳税人拥有多个银行账户的，填写其主要经营账户的号码。

（二）表中项目

按税务机关出具的核定文书要求填写。

土地增值税纳税申报表（六）

（纳税人整体转让在建工程适用）

税款所属时间：　　年　月　日至　　年　月　日　　　　　　填表日期：　　年　月　日

金额单位：元至角分　　　　面积单位：平方米

纳税人识别号 | | | | | | | | | | | | | | | | | | | |

纳税人名称		项目名称		项目编号		项目地址	
所属行业		登记注册类型		纳税人地址		邮政编码	
开户银行		银行账号		主管部门		电话	

项　目		行次	金　额
一、转让房地产收入总额　1＝2＋3＋4		1	
其中	货币收入	2	
	实物收入及其他收入	3	
	视同销售收入	4	
二、扣除项目金额合计　5＝6＋7＋14＋17＋21		5	
1. 取得土地使用权所支付的金额		6	
2. 房地产开发成本　7＝8＋9＋10＋11＋12＋13		7	
其中	土地征用及拆迁补偿费	8	
	前期工程费	9	
	建筑安装工程费	10	
	基础设施费	11	
	公共配套设施费	12	
	开发间接费用	13	
3. 房地产开发费用　14＝15＋16		14	
其中	利息支出	15	
	其他房地产开发费用	16	
4. 与转让房地产有关的税金等　17＝18＋19＋20		17	
其中	营业税	18	
	城市维护建设税	19	
	教育费附加	20	
5. 财政部规定的其他扣除项目		21	
三、增值额　22＝1－5		22	
四、增值额与扣除项目金额之比（%）　23＝22÷5		23	
五、适用税率（核定征收率）（%）		24	

续表

六、速算扣除系数(%)				25	
七、应缴土地增值税税额　26=22×24-5×25				26	
八、减免税额(减免性质代码:＿＿＿＿＿＿)				27	
九、已缴土地增值税税额				28	
十、应补(退)土地增值税税额　29=26-27-28				29	
以下由纳税人填写:					
纳税人声明	此纳税申报表是根据《中华人民共和国土地增值税暂行条例》及其实施细则和国家有关税收规定填报的，是真实的、可靠的、完整的。				
纳税人签章		代理人签章		代理人身份证号	
以下由税务机关填写:					
受理人		受理日期	年　月　日	受理税务机关签章	

填表说明:

一、适用范围

土地增值税纳税申报表(六)，适用于从事房地产开发与建设的纳税人，及非从事房地产开发的纳税人，在整体转让在建工程时填报，数据应填列至其他类型房地产类型中。

二、土地增值税纳税申报表

(一)表头项目

1. 纳税人识别号:填写税务机关为纳税人确定的识别号。

2. 项目名称:填写纳税人所开发并转让的房地产开发项目全称。

3. 项目编号:是在进行房地产项目登记时，税务机关按照一定的规则赋予的编号，此编号会跟随项目的预征清算全过程。

4. 所属行业:根据《国民经济行业分类》(GB/T 4754-2011)填写。该项可由系统根据纳税人识别号自动带出，无须纳税人填写。

5. 登记注册类型:单位，根据税务登记证或组织机构代码证中登记的注册类型填写;纳税人是企业的，根据国家统计局《关于划分企业登记注册类型的规定》填写。该项可由系统根据纳税人识别号自动带出，无须纳税人填写。

6. 主管部门:按纳税人隶属的管理部门或总机构填写。外商投资企业不填。

7. 开户银行:填写纳税人开设银行账户的银行名称;如果纳税人在多个银行开户的，填写其主要经营账户的银行名称。

8. 银行账号:填写纳税人开设的银行账户的号码;如果纳税人拥有多个银行账户的，填写其主要经营账户的号码。

(二)表中项目

1. 表第1栏"转让房地产收入总额"，按纳税人在转让房地产开发项目所取得的全部收入额(不含增值税)填写。

2. 表第2栏"货币收入"，按纳税人转让房地产开发项目所取得的货币形态的收入额(不含增值税)填写。

3. 表第3栏"实物收入及其他收入"，按纳税人转让房地产开发项目所取得的实物形态的收入和无形资产等其他形式的收入额(不含增值税)填写。

4. 表第4栏"视同销售收入"，纳税人将开发产品用于职工福利、奖励、对外投资、分配给股东或投资人、抵偿债务、换取其他单位和个人的非货币性资产等，发生所有权转移时应视同销售房地产，其收入不含增值税。

5. 表第6栏"取得土地使用权所支付的金额"，按纳税人为取得该房地产开发项目所需要的土地使用权而实际支付(补交)的土地出让金(地价款)及按国家统一规定交纳的有关费用的数额填写。

6. 表第8栏至表第13栏，应根据《中华人民共和国土地增值税暂行条例实施细则》(财法字〔1995〕6号，简称《细则》)规定的从事房地产开发所实际发生的各项开发成本的具体数额填写。

7. 表第 15 栏“利息支出”,按纳税人进行房地产开发实际发生的利息支出中符合《细则》第 7 条(三)规定的数额填写。如果不单独计算利息支出的,则本栏数额填写为“0”。

8. 表第 16 栏“其他房地产开发费用”,应根据《细则》第 7 条(三)的规定填写。

9. 表第 18 栏至表第 20 栏,按纳税人转让房地产时所实际缴纳的税金数额(不包括增值税)填写。

10. 表第 21 栏“财政部规定的其他扣除项目”,是指根据《中华人民共和国土地增值税暂行条例》(国务院令第 138 号,简称《条例》)和《细则》等有关规定所确定的财政部规定的扣除项目的合计数。

11. 表第 24 栏“适用税率”,应根据《条例》规定的四级超率累进税率,按所适用的最高一级税率填写。

12. 表第 25 栏“速算扣除系数”,应根据《细则》第 10 条的规定找出相关速算扣除系数来填写。

13. 表第 27 栏“减免性质代码”:按照税务机关最新制发的减免税政策代码表中的最细项减免性质代码填报。

14. 表第 28 栏“已缴土地增值税税额”,按纳税人已经缴纳的土地增值税的数额填写。

15. 数据应填列至其他类型房地产类型中。

土地增值税纳税申报表(七)

(非从事房地产开发的纳税人核定征收适用)

税款所属时间:　　年　月　日至　　年　月　日　　　　填表日期:　　年　月　日

金额单位:元至角分　　　　面积单位:平方米

纳税人识别号□□□□□□□□□□□□□□□□□□□□

纳税人名称		项目名称		项目地址			
所属行业		登记注册类型		纳税人地址		邮政编码	
开户银行		银行账号		主管部门		电　话	

项　目			行次	金　额
一、转让房地产收入总额			1	
其中	货币收入		2	
	实物收入		3	
	其他收入		4	
二、扣除项目金额合计			5	
(1)提供评估价格	1. 取得土地使用权所支付的金额		6	
	2. 旧房及建筑物的评估价格		7	
	其中	旧房及建筑物的重置成本价	8	
		成新度折扣率	9	
	3. 评估费用		10	
(2)提供购房发票	1. 购房发票金额		11	
	2. 发票加计扣除金额		12	
	其中:房产实际持有年数		13	
	3. 购房契税		14	
4. 与转让房地产有关的税金等			15	
其中	营业税		16	
	城市维护建设税		17	
	印花税		18	
	教育费附加		19	
三、增值额			20	
四、增值额与扣除项目金额之比(%)			21	

续表

五、适用税率(核定征收率)(%)				22	
六、速算扣除系数(%)				23	
七、应缴土地增值税税额				24	
八、减免税额(减免性质代码:__________)				25	
九、已缴土地增值税税额				26	
十、应补(退)土地增值税税额　27=24-25-26				27	
以下由纳税人填写:					
纳税人声明	此纳税申报表是根据《中华人民共和国土地增值税暂行条例》及其实施细则和国家有关税收规定填报的,是真实的、可靠的、完整的。				
纳税人签章		代理人签章		代理人身份证号	
以下由税务机关填写:					
受理人		受理日期	年　月　日	受理税务机关签章	

本表一式两份,一份纳税人留存,一份税务机关留存。

填表说明:

一、适用范围

土地增值税纳税申报表(七)适用于非从事房地产开发的纳税人,清算方式为核定征收时填报。该纳税人应在签订房地产转让合同后的七日内,向房地产所在地主管税务机关填报土地增值税纳税申报表(七)。

土地增值税纳税申报表(七)还适用于以下从事房地产开发的纳税人核定征收时填报:将开发产品转为自用、出租等用途且已达到主管税务机关旧房界定标准后,又将该旧房对外出售的。

纳税人在填报土地增值税纳税申报表(七)时,应同时提交税务机关出具的核定文书。

二、土地增值税纳税申报表(七)主要项目填表说明

(一)表头项目

1. 纳税人识别号:填写税务机关为纳税人确定的识别号。

2. 项目名称:填写纳税人转让的房地产项目全称。

3. 登记注册类型:单位,根据税务登记证或组织机构代码证中登记的注册类型填写;纳税人是企业的,根据国家统计局《关于划分企业登记注册类型的规定》填写。该项可由系统根据纳税人识别号自动带出,无须纳税人填写。

4. 所属行业:根据《国民经济行业分类》(GB/T 4754—2011)填写。该项可由系统根据纳税人识别号自动带出,无须纳税人填写。

5. 主管部门:按纳税人隶属的管理部门或总机构填写。外商投资企业不填。

(二)表中项目

按税务机关出具的核定文书要求填写。

本章小结

本章主要讲述了土地增值税的概念与特点、土地增值税制度的主要内容、土地增值税应纳税额的计算及会计核算的内容,不同性质企业土地增值税纳税申报表的填制方法。

土地增值税是指转让国有土地使用权、地上的建筑物及其附着物并取得收入的单位和个人,以转让所取得的收入包括货币收入、实物收入和其他收入减除法定扣除项目金额后的增值额为计税依据向国家缴纳的一种税赋,不包括以继承、赠与方式无偿转让房地产的行为。

根据《土地增值税暂行条例》及其实施细则的规定，土地增值税的征税范围包括:转让国有土地使用权，地上的建筑物及其附着物连同国有土地使用权一并转让。土地增值税是对转让房地产并取得收入的行为征税。

根据《土地增值税暂行条例》及其实施细则的规定，纳税人转让房地产取得的应税收入，应包括转让房地产的全部价款及有关的经济收益。从收入的形式来看，包括货币收入、实物收入和其他收入。

计算土地增值税应纳税额，并不是直接对转让房地产所取得的收入征税.而是要对收入额减除国家规定的各项扣除项目金额后的余额计算征税(这个余额就是纳税人在转让房地产中获取的增值额)。因此，要计算增值额，首先必须确定扣除项目。税法准予纳税人从转让收入额中减除的扣除项目包括如下几项:取得土地使用权所支付的金额，房地产开发成本，房地产开发费用，与转让房地产有关的税金，其他扣除项目。

土地增值税纳税人转让房地产所取得的收入减除规定的扣除项目金额后的余额，为增值额。增值额是土地增值税的本质所在。由于计算土地增值税是以增值额与扣除项目金额的比率大小按相适用的税率累进计算征收的，增值额与扣除项目金额的比率越大，适用的税率越高，缴纳的税款越多，因此，准确核算增值额是很重要的，准确核算增值额，还需要有准确的房地产转让收入额和扣除项目的金额。

计算土地增值税税额，可按增值额乘以适用的税率减去扣除项目金额乘以速算扣除系数的简便方法计算，具体公式如下:增值额未超过扣除项目金额 50%，土地增值税税额＝增值额×30%;增值额超过扣除项目金额 50%，未超过 100%，土地增值税税额＝增值额×40%－扣除项目金额×5%;增值额超过扣除项目金额 100%，未超过 200%，土地增值税税额＝增值额×50%－扣除项目金额×15%;增值额超过扣除项目金额 200%，土地增值税税额＝增值额×60%－扣除项目金额×35%。

土地增值税的纳税人应在转让房地产合同签订后的 7 日内，到房地产所在地主管税务机关办理纳税申报，并向税务机关提交房屋及建筑物产权、土地使用权证书，土地转让、房产买卖合同，房地产评估报告及其他与转让房地产有关的资料。

土地增值税的纳税人应向房地产所在地主管税务机关办理纳税申报，并在税务机关核定的期限内缴纳土地增值税。这里所说的“房地产所在地”，是指房地产的坐落地。纳税人转让的房地产坐落在两个或两个以上地区的，应按房地产所在地分别申报纳税。

第八章　城市维护建设税及教育费附加核算与纳税申报

本章学习目标

本章主要讲述城市维护建设税及教育费附加的主要法律规定、核算及纳税申报表填制。通过本章学习，应了解城市维护建设税及教育费附加的概念、主要法律规定、纳税义务发生的时间、纳税期限及纳税地点；重点掌握应纳税额的计算、账务处理及纳税申报表的填制方法。本章的难点是退税的有关规定。

第一节　城市维护建设税概述

一、城市维护建设税概念

城市维护建设税法，是指国家制定的用以调整城市维护建设税征收与缴纳权利及义务关系的法律规范。城市维护建设税是对从事工商经营，缴纳增值税、消费税的单位和个人征收的一种税。

中华人民共和国成立以来，我国城市建设和维护在不同时期都取得了较大成绩，但国家在城市建设方面一直资金不足。1979 年以前，我国用于城市维护建设的资金来源由当时的工商税附加、城市公用事业附加和国家下拨城市维护费组成。1979 年国家开始在部分大中城市试行从上年工商利润中提取 5%用于城市维护和建设的办法，但未能从根本上解决问题。1981 年国务院在批转财政部关于改革工商税制的设想中提出："根据城市建设的需要，开征城市维护建设税，作为县以上城市和工矿区市政建设的专项资金。"1985 年 2 月 8 日国务院颁布了《中华人民共和国城市维护建设税暂行条例》，并于 1985 年 1 月 1 日起施行。

二、城市维护建设税的主要法律规定

（一）纳税义务人

城市维护建设税的纳税义务人，是指负有缴纳增值税、消费税和营业税（简称"三税"）义务的单位和个人，包括国有企业、集体企业、私营企业、股份制企业、其他企业和行政单位、事业单位、军事单位、社会团体、其他单位，以及个体工商户及其他个人。但目前，对外商投资企业和

外国企业缴纳的“三税”不征收城建税。

（二）城市维护建设税的特点

1. 税款专款专用

一般情况下，税收收入都直接纳入国家预算，由中央和地方政府根据需要，统一安排使用到国家建设和事业发展的各个方面，税法并不规定各个税种收入的具体使用范围和方向。但城市维护建设税不同，其所征税款要求保证用于城市公用事业和公共设施的维护和建设。

2. 属于一种附加税

征税对象是税法规定征税的目的物，是一个税种区别于另一个税种的主要标志。而城市维护建设税是以纳税人实际缴纳的增值税、消费税税额为计税依据，随“两税”同时征收，其本身没有特定的课税对象，其征管方法也完全比照“两税”的有关规定办理。

3. 根据城镇规模设计不同的比例税率

城市维护建设税的负担水平，不是依据纳税人获取的利润水平或经营特点而定，而是根据纳税人所在城镇的规模及其资金需要设计的。城镇规模大的，税率高一些；反之，就低一些。例如，纳税人所在地在城市市区的，税率为7%；在县城、建制镇的税率为5%。这样规定能够使不同地区获取不同数量的城市维护建设资金，因地制宜地进行城市的维护和建设。

4. 征收范围较广

增值税、消费税是对商品和劳务的征税，在我国现行税制体系中居主体税种的地位，占全部税收收入总额的70%左右，其征税范围基本上包括了我国境内所有经营行为的单位和个人。城市维护建设税以增值税、消费税、营业税额作为税基，从这个意义上看，城市维护建设税几乎是对所有纳税人的征税，因此，它的征税范围比其他任何税种的征税范围都要广。

（三）城市维护建设税的作用

1. 补充城市维护建设资金的不足

城市在国民经济建设中有着重要的作用。随着我国经济体制改革的深入和市场经济的迅速发展，我国城市化进程也在不断加快，城市的中心地位越来越重要。但是，由于城市建设资金不足，使城市的维护建设欠账较多，远远跟不上工农业生产和各项事业发展的需要。在1984年以前，国家用于城市维护建设的资金，除了在基本建设投资中安排及征收城市公用事业附加外，还在部分城市试行从上年利润中提取5%的城市维护费的办法。采用这种办法集中城建资金，不仅面窄、量少，而且极不稳定。1984年国营企业实行利改税后，企业利润减少，又直接影响了城建资金的提取量。1985年开征城市维护建设税之后，由于城市维护建设税以“商品劳务三税”的税额为计税依据，与“三税”同时征收，这样，不但扩大了征收范围，而且还可以保证城市维护建设税收入随“三税”的增长而增长，从而使城市维护建设有了一个比较稳定和可靠的资金来源。

2. 限制了对企业乱摊派

在开征城市维护建设税以前，有些地区和部门借口城建资金不足，随意向企业摊派物资和资金，加重了企业的负担，影响了企业正常生产经营和发展。征收城市维护建设税后，国家把地方政府用于城市维护建设的资金来源用法律形式固定下来。所以，《城市维护建设税暂行条例》第8条明确规定：开征城市建设维护税后，任何地区和部门，都不得再向纳税人摊派资金或物资。遇到摊派情况，纳税人有权拒绝执行，这就为限制对企业的乱摊派提供了法律保证。

3. 调动了地方政府进行城市维护和建设的积极性

《城市维护建设税暂行条例》第6条规定：城市维护建设税应当保证用于城市公用事业和

公共设施的维护建设，具体安排由地方政府确定。这就明确了城市维护建设税是一个具有专款专用性质的地方税。将城市维护建设税收入与当地城市建设直接挂钩，税收收入越多，城镇建设资金就越充裕，城镇建设发展就越快。这样，就可以充分调动地方政府的积极性，使其关心城市维护建设税收入，加强城市维护建设税的征收管理。从另一角度看，城市维护建设税作为一个地方税种，也充实和完善了地方税体系，扩大了地方政府的财政收入规模，为整体税制的进一步完善起到了积极作用。

（四）税率

城市维护建设税的税率，是指纳税人应缴纳的城市维护建设税税额与纳税人实际缴纳的“三税”税额之间的比率。城市维护建设税按纳税人所在地的不同，设置了三档地区差别比例税率，即：

(1)纳税人所在地为市区的，税率为7%；

(2)纳税人所在地为县城、镇的，税率为5%；

(3)纳税人所在地不在市区、县城或者镇的，税率为1%。

城市维护建设税的适用税率，应当按纳税人所在地的规定税率执行。但是，对下列两种情况，可按缴纳“三税”所在地的规定税率就地缴纳城市维护建设税：

第一种情况：由受托方代扣代缴、代收代缴“三税”的单位和个人，其代扣代缴、代收代缴的城建税按受托方所在地适用税率执行。

第二种情况：流动经营等无固定纳税地点的单位和个人，在经营地缴纳“三税”的，其城市维护建设税的缴纳按经营地适用税率执行。

第二节　城市维护建设税核算

一、计税方法

城市维护建设税的计税依据，是指纳税人实际缴纳的“两税”税额。纳税人违反“两税”有关税法而加收的滞纳金和罚款，是税务机关对纳税人违法行为的经济制裁，不作为城市维护建设税的计税依据，但纳税人在被查补“三税”和被处以罚款时，应同时对其偷漏的城市维护建设税进行补税，征收滞纳金和罚款。

城市维护建设税以“三税”税额为计税依据并同时征收，如果要免征或者减征“三税”，也就要同时免征或者减征城市维护建设税。自1997年1月1日起，供货企业向出口企业和市县外贸企业销售出口产品时，以增值税当期销项税额抵扣进项税额后的余额，计算缴纳城建税。但对出口产品退还增值税、消费税的，不退还已缴纳的城市维护建设税。

自2005年1月1日起，经国家税务总局正式审核批准的当期免抵的增值税税额应纳入城市维护建设税和教育费附加的计征范围，分别按规定的税（费）率征收城市维护建设税和教育费附加。2005年1月1日前，已按免抵的增值税税额征收的城市维护建设税和教育费附加不再退还，未征的不再补征。

二、应纳税额的计算

城市维护建设税纳税人的应纳税额大小是由纳税人实际缴纳的“三税”税额决定的，其计算公式为：

应纳税额＝纳税人实际缴纳的增值税、消费税、营业税税额×适用税率

【例 8－1】 某市区一家企业 2016 年 3 月份实际缴纳增值税300 000元，缴纳消费税400 000元。计算该企业应纳的城市维护建设税税额。

应纳城市维护建设税税额＝(实际缴纳的增值税＋实际缴纳的消费税)×适用税率

＝(300 000 ＋400 000)×7%＝700 000×7%＝49 000(元)

由于城市维护建设税法实行纳税人所在地差别比例税率，所以在计算应纳税额时，应十分注意根据纳税人所在地来确定适用税率。

三、城市维护建设税的会计核算

【例 8－2】 某企业本期实际应上缴增值税40 000元，消费税20 000元。该企业适用的城市维护建设税税率为 7%。该企业的有关会计处理如下：

(1)计算应交的城市维护建设税：

借：营业税金及附加　　4 200

　　贷：应交税费——应交城市维护建设税　　4 200

(2)用银行存款上缴城市维护建设税时：

借：应交税费——应交城市维护建设税　　4 200

　　贷：银行存款　　4 200

第三节　城市维护建设税纳税申报

一、纳税期限

城市维护建设税的纳税环节，是指《城市维护建设税暂行条例》规定的纳税人应当缴纳城市维护建设税的环节。城市维护建设税的纳税环节，实际就是纳税人缴纳“三税”的环节。纳税人只要发生“三税”的纳税义务，就要在同样的环节，分别计算缴纳城市维护建设税。

由于城市维护建设税是由纳税人在缴纳“三税”时同时缴纳的，所以其纳税期限分别与“三税”的纳税期限一致。根据增值税法和消费税法规定，增值税、消费税的纳税期限均分别为 1 日、3 日、5 日、10 日、15 日或者 1 个月。增值税、消费税的纳税人的具体纳税期限，由主管税务机关根据纳税人应纳税额大小分别核定；不能按照固定期限纳税的，可以按次纳税。

二、纳税地点

城市维护建设税以纳税人实际缴纳的增值税、消费税税额为计税依据，分别与“两税”同时缴纳。所以，纳税人缴纳“两税”的地点，就是该纳税人缴纳城市维护建设税的地点。但是，属于下列情况的，纳税地点为：

(1)代扣代缴、代收代缴“两税”的单位和个人，同时也是城市维护建设税的代扣代缴、代收代缴义务人，其城市维护建设税的纳税地点在代扣代收地。

(2)跨省开采的油田，下属生产单位与核算单位不在一个省内的，其生产的原油，在油井所在地缴纳增值税，其应纳税款由核算单位按照各油井的产量和规定税率，计算汇拨各油井缴

纳。所以，各油井应纳的城市维护建设税，应由核算单位计算，随同增值税一并汇拨油井所在地，由油井在缴纳增值税的同时，一并缴纳城市维护建设税。

(3)对管道局输油部分的收入，由取得收入的各管道局于所在地缴纳营业税。所以，其应纳城市维护建设税，也应由取得收入的各管道局于所在地缴纳营业税时一并缴纳。

(4)对流动经营等无固定纳税地点的单位和个人，应随同“三税”在经营地按适用税率缴纳。

三、纳税申报表填制

纳税者需填写“城市维护建设税纳税申报表”。

城市维护建设税纳税申报表

纳税人识别号：　　　　　　　　　　　　　　　　　　　　　　　　金额单位：元(列至角分)

<table>
<tr><td>纳税人名称</td><td colspan="2"></td><td>税款所属期</td><td colspan="2"></td></tr>
<tr><td>计税依据</td><td>计税金额</td><td>税率</td><td>应纳税额</td><td>已纳税额</td><td>应补(退)税额</td></tr>
<tr><td>1</td><td>2</td><td>3</td><td>4=2×3</td><td>5</td><td>6=4-5</td></tr>
<tr><td>增值税</td><td></td><td></td><td></td><td></td><td></td></tr>
<tr><td>消费税</td><td></td><td></td><td></td><td></td><td></td></tr>
<tr><td>合计</td><td></td><td></td><td></td><td></td><td></td></tr>
<tr><td colspan="2">如纳税人填报，由纳税人填写以下各栏</td><td colspan="3">如委托代理人填报，由代理人填写以下各栏</td><td>备注</td></tr>
<tr><td rowspan="3">会计主管
(签章)</td><td rowspan="3">纳税人
(公章)</td><td>代理人名称</td><td></td><td rowspan="2">代理人
(公章)</td><td rowspan="3"></td></tr>
<tr><td>代理人地址</td><td></td></tr>
<tr><td>经办人</td><td></td><td>电话</td></tr>
<tr><td colspan="6">以下由税务机关填写</td></tr>
<tr><td>收到申报表日期</td><td colspan="2"></td><td>接收人</td><td colspan="2"></td></tr>
</table>

第四节　教育费附加的有关规定

一、教育费附加概述

教育费附加是对缴纳增值税、消费税的单位和个人，就其实际缴纳的税额为计算依据征收的一种附加费。

教育费附加是为加快地方教育事业，扩大地方教育经费的资金而征收的一项专用基金。1984年，国务院颁布了《关于筹措农村学校办学经费的通知》，开征了农村教育事业经费附加。1985年，中共中央做出了《关于教育体制改革的决定》，指出必须在国家增拨教育基本建设投资和教育经费的同时，充分调动企、事业单位和其他各种社会力量办学的积极性，开辟多种渠道筹措经费。为此，国务院于1986年4月28日颁布了《征收教育费附加的暂行规定》，决定从同年7月1日起开始在全国范围内征收教育费附加。

二、教育费附加的征收范围及计征依据

教育费附加对缴纳增值税、消费税的单位和个人征收，以其实际缴纳的增值税、消费税为计征依据，分别与增值税、消费税同时缴纳。

三、教育费附加计征比率

教育费附加计征比率曾几经变化。1986 年开征时，规定为 1%；1990 年 5 月《国务院关于修改〈征收教育费附加的暂行规定〉的决定》中规定为 2%；按照 1994 年 2 月 7 日《国务院关于教育费附加征收问题的紧急通知》的规定，现行教育费附加征收比率为 3%。

四、教育费附加的计算

教育费附加的计算公式为：

应纳教育费附加＝实际缴纳的增值税、消费税×征收比率

【例 8－3】 某市区一家企业 5 月份实际缴纳增值税 200 000 元，缴纳消费税 300 000 元，计算该企业应缴纳的教育费附加。

应纳教育费附加＝(实际缴纳的增值税＋实际缴纳的消费税)×征收比率

＝(200 000＋300 000)×3%＝500 000×3%＝15 000(元)

本章小结

本章主要讲述了城市维护建设税及教育费附加的概念与特点、城市维护建设税及教育费附加制度的主要内容、应纳税额的计算及会计核算的内容。

城市维护建设税法，是指国家制定的用以调整城市维护建设税征收与缴纳权利及义务关系的法律规范。城市维护建设税的纳税义务人，是指负有缴纳增值税、消费税义务的单位和个人，包括国有企业、集体企业、私营企业、股份制企业、其他企业和行政单位、事业单位、军事单位、社会团体、其他单位，以及个体工商户及其他个人。

城市维护建设税的计税依据，是指纳税人实际缴纳的“两税”税额。纳税人违反“两税”有关税法而加收的滞纳金和罚款，是税务机关对纳税人违法行为的经济制裁，不作为城市维护建设税的计税依据，但纳税人在被查补“三税”和被处以罚款时，应同时对其偷漏的城市维护建设税进行补税、征收滞纳金和罚款。

城市维护建设税的纳税环节，是指《城市维护建设税暂行条例》规定的纳税人应当缴纳城市维护建设税的环节。城市维护建设税的纳税环节，实际就是纳税人缴纳“三税”的环节。纳税人只要发生“三税”的纳税义务，就要在同样的环节，分别计算缴纳城市维护建设税。

城市维护建设税以纳税人实际缴纳的增值税、消费税税额为计税依据，分别与“两税”同时缴纳。所以，纳税人缴纳“两税”的地点，就是该纳税人缴纳城市维护建设税的地点。

教育费附加是对缴纳增值税、消费税的单位和个人，就其实际缴纳的税额为计算依据征收的一种附加费。

教育费附加对缴纳增值税、消费税的单位和个人征收，以其实际缴纳的增值税、消费税为计征依据，分别与增值税、消费税同时缴纳。

第九章　资源税核算与纳税申报

本章学习目标

本章主要讲述资源税的主要法律规定、核算及纳税申报表填制。通过本章学习，应了解资源税的概念、主要法律规定、纳税义务发生的时间、纳税期限及纳税地点；重点掌握资源税的计算、账务处理及纳税申报表的填制方法。本章的难点是对外购液体盐加工固体盐的已纳资源税的抵扣处理。

第一节　资源税概述

一、资源税概念

资源税是对在我国境内从事应税矿产品开采和生产盐的单位和个人课征的一种税，属于对自然资源占用课税的范畴。资源税法是指国家制定的用以调整资源税征收与缴纳之间权利及义务关系的法律规范。现行资源税法的基本规范，是 1993 年 12 月 25 日国务院颁布的《中华人民共和国资源税暂行条例》(简称《资源税暂行条例》)。

对资源占用行为课税不仅为当今许多国家广泛采用，而且具有十分悠久的历史。我国对资源占用课税的历史至少可以追溯到周代，当时的“山泽之赋”就是对伐木、采矿、狩猎、捕鱼、煮盐等开发、利用自然资源的生产活动课征的赋税。

二、资源税征收的理论依据

1984 年我国开征资源税时，普遍认为征收资源税主要依据的是受益原则、公平原则和效率原则。从受益方面考虑，资源属国家所有，开采者因开采国有资源而得益，有责任向所有者支付其地租；从公平角度来看，条件公平是有效竞争的前提，资源级差收入的存在影响资源开采者利润的真实性，或偏袒竞争中的劣者，或拔高竞争中的优胜者，故级差收入以归政府支配为好；从效率角度分析，稀缺资源应由社会净效率高的企业来开采，对资源开采中出现的掠夺和浪费行为，国家有权采取经济手段促其转变。这些解释从一个侧面说明了开征资源税的意义和必要性。

征收资源税的最重要理论依据是地租理论。由于矿产等资源具有不可再生性的特征，以及国家凭对自然资源的所有权垄断，使资源产生地租。矿产资源的地租表现为矿产资源的租金。矿产资源的租金体现了矿产资源的价值。这种价值不是矿产企业在开采矿产资源过程中的“劳动凝结”，而是矿产资源无以复加的使用价值的“国家所有权垄断”的体现。任何单位和个人未经国家允许，都不可能实施矿产资源的开采经营权，也不可能基于法律的规定取得矿产资源的所有权。所以，任何单位和个人取得的是矿产资源开采权，实际上是国家对矿产资源所有权的部分让渡。

在当今经济社会条件下，政府对资源占用行为课税的动机除基于财政原因之外，主要是为了运用税收经济杠杆调节纳税人的收入，为企业间开展公平竞争创造外部条件，并诱导纳税人节约、合理地开发利用自然资源，以促进经济社会可持续发展。

三、资源税纳税义务人

资源税的纳税义务人是指在中华人民共和国境内开采应税资源的矿产品或者生产盐的单位和个人。

单位是指国有企业、集体企业、私营企业、股份制企业、其他企业和行政单位、事业单位、军事单位、社会团体及其他单位；个人是指个体经营者和其他个人；其他单位和其他个人包括外商投资企业、外国企业及外籍人员。

中外合作开采石油、天然气，按照现行规定只征收矿区使用费，暂不征收资源税。因此，中外合作开采石油、天然气的企业不是资源税的纳税义务人。

《资源税暂行条例》还规定，收购未税矿产品的单位为资源税的扣缴义务人。

规定资源税的扣缴义务人，主要是针对零星、分散、不定期开采的情况，为了加强管理，避免漏税，由扣缴义务人在收购矿产品时代扣代缴资源税。

收购未税矿产品的单位是指独立矿山、联合企业和其他单位。独立矿山是指只有采矿或只有采矿和选矿、独立核算、自负盈亏的单位，其生产的原矿和精矿主要用于对外销售。联合企业是指采矿、选矿、冶炼(或加工)连续生产的企业或采矿、冶炼(或加工)连续生产的企业，其采矿单位一般是该企业的二级或二级以下核算单位。其他单位也包括收购未税矿产品的个体户在内。

四、税目及单位税额

2016 年 5 月 10 日，财政部和国家税务总局联合发布《关于全面推进资源税改革的通知》，自 2016 年 7 月 1 日起全面推进资源税改革。目的在于通过全面实施清费立税、从价计征改革，理顺资源税费关系，建立规范公平、调控合理、征管高效的资源税制度，有效发挥其组织收入、调控经济、促进资源节约集约利用和生态环境保护的作用。通知明确资源税改革的主要内容，包括扩大资源税征收范围，开展水资源税改革试点工作；实施矿产资源税从价计征改革；全面清理涉及矿产资源的收费基金；合理确定资源税税率水平；加强矿产资源税收优惠政策管理，提高资源综合利用效率；等等。2016 年最新资源税税目税率表如下。

资源税税目税率表

税　目		税　率
一、原油		销售额的6%～10%
二、天然气		销售额的6%～10%
三、煤炭		销售额的2%～10%
四、其他非金属矿原矿	普通非金属矿原矿	每吨或者每立方米0.5～20元
	贵重非金属矿原矿	每千克或者每克拉0.5～20元
五、黑色金属矿原矿		每吨2～30元
六、有色金属矿原矿	稀土矿	每吨0.4～60元
	其他有色金属矿原矿	每吨0.4～30元
七、盐	固体盐	每吨10～60元
	液体盐	每吨2～10元

五、资源税的作用

我国的现行资源税开征于1984年，是以调节资源级差收入、促进企业平等竞争和保护自然资源为主要目的而设置的一个税种。资源税的开征，为构建我国的资源占用课税体系奠定了基础，对于完善我国的税制结构，拓宽税收的调节领域，全面发挥税收的职能作用具有重要意义。资源税开征以来，经过不断改进，其课征范围逐渐扩大，计征方法日趋完善，已经成为我国现行税制体系中的一个重要税种。

在社会主义市场经济条件下，资源税的作用主要体现在以下几个方面：

(一)促进企业之间开展平等竞争

我国的资源税属于比较典型的级差资源税，它根据应税产品的品种、质量、存在形式、开采方式以及企业所处地理位置和交通运输条件等客观因素的差异确定差别税率，从而使条件优越者税负较高、反之则税负较低。这种税率设计使资源税能够比较有效地调节由于自然资源条件差异等客观因素给企业带来的级差收入，减少或排除资源条件差异对企业盈利水平的影响，为企业间开展平等竞争创造有利的外部条件。

(二)促进对自然资源的合理开发利用

通过对开发、利用应税资源的行为课征资源税，体现了国有自然资源有偿占用的原则，从而可以促使纳税人节约、合理地开发和利用自然资源，有利于我国经济可持续发展。

(三)为国家筹集财政资金

资源税虽然以促进平等竞争和保护自然资源为主要课征目的，但就其课征结果而言，仍不失为财政收入的一项重要来源。随着其课征范围的逐渐扩展，资源税的收入规模及其在税收收入总额中所占的比重都相应增加，其财政意义也日渐明显，在为国家筹集财政资金方面发挥着不可忽视的作用。

六、扣缴义务人适用的税额

(1)独立矿山、联合企业收购未税矿产品的单位，按照本单位应税产品税额标准，依据收购的数量代扣代缴资源税。

(2)其他收购单位收购的未税矿产品，按税务机关核定的应税产品税额标准，依据收购的数量代扣代缴资源税。

对于划分资源等级的应税产品，如果在几个主要品种的矿山资源等级表中未列举适用的税额，由省、自治区、直辖市人民政府根据纳税人的资源状况，参照资源税税目税额明细表和几个主要品种的矿山资源等级表中确定的邻近矿山的税额标准，在浮动30%的幅度内核定，并报财政部和国家税务总局备案。

第二节 资源税核算

一、确定资源税课税数量的基本办法

(1)纳税人开采或者生产应税产品销售的，以销售数量为课税数量。

(2)纳税人开采或者生产应税产品自用的，以自用(非生产用)数量为课税数量。

二、特殊情况课税数量的确定方法

实际生产经营活动中，有些情况是比较特殊的，因此，有些具体情况的课税数量采取如下办法：

(1)纳税人不能准确提供应税产品销售数量或移送使用数量的，以应税产品的产量或主管税务机关确定的折算比，换算成的数量为课税数量。

(2)原油中的稠油、高凝油与稀油划分不清或不易划分的，一律按原油的数量课税。

(3)对于连续加工前无法正确计算原煤移送使用量的煤炭，可按加工产品的综合回收率，将加工产品实际销量和自用量折算成原煤数量，以此作为课税数量。

(4)金属和非金属矿产品原矿，因无法准确掌握纳税人移送使用原矿数量的，可将其精矿按选矿比折算成原矿数量，以此作为课税数量，其计算公式为：

选矿比＝精矿数量÷耗用原矿数量

【例9－1】 某铜矿山12月销售铜矿石原矿30 000吨，移送入选精矿4 000吨，选矿比为20%，该矿山铜矿属于5等，按规定适用1.2元/吨单位税额。计算该矿山本月应纳资源税税额。

(1)外销铜矿石原矿的应纳税额：

应纳税额＝课税数量×单位税额＝30 000吨×1.2元/吨

＝36 000元

(2)因无法准确掌握入选精矿石的原矿数量，按选矿比计算的应纳税额：

应纳税额＝入选精矿÷选矿比×单位税额

＝4 000吨÷20%×1.2元/吨＝24 000元

(3)合计应纳税额：

应纳税额＝原矿应纳税额＋精矿应纳税额

＝36 000＋24 000

＝60 000(元)

(5)纳税人以自产的液体盐加工固体盐,按固体盐税额征税,以加工的固体盐数量为课税数量。纳税人以外购的液体盐加工成固体盐,其加工固体盐所耗用液体盐的已纳税额准予抵扣。

对于纳税人开采或者生产不同税目应税产品的,应当分别核算;不能准确提供不同税目应税产品的课税数量的,从高适用税额。

【例 9—2】 一家开采铁矿石的矿山 2 月份共生产销售铁矿石原矿 2 万吨。在开采铁矿石的过程中还开采销售了伴生矿锰矿石2 000吨、铬矿石1 000吨。同时假设这座矿山在另一采矿点还开采并销售了瓷土 3 000 吨。这家矿山开采的矿石全部用于对外销售,已知该矿山铁矿石原矿的每吨税额为 16 元,锰矿石、铬矿石和瓷土原矿的单位税额分别是 2 元/吨、3 元/吨和 3 元/吨。计算该矿山在分别核算或未分别核算情况下应纳的资源税额。

(1)该矿山正常情况下 2 月份应纳的资源税额为:

20 000 吨×16 元/吨×40%+2 000 吨×2 元/吨+1 000 吨×3 元/吨+3 000 吨×3 元/吨=144 000 元

(2)假设该矿山未按要求分别核算铁矿石及其两种伴生矿的课税数量,只知道它们的总量为 2.3 万吨,另知其瓷土矿的销量为 0.3 万吨,按照资源税从高适用税额的规定,那么该矿山 2 月份应纳的资源税额为:

23 000 吨×16 元/吨+3 000 吨×3 元/吨=377 000 元

三、资源税应纳税额的从价计算方法

原油、天然气、煤炭应纳资源税从价定率计算:

应纳税额=销售额×比例税率

(一)销售额的确定

从价定率计算资源税的销售额为纳税人销售应税产品向购买方收取的全部价款和价外费用,但不包括收取的增值税销项税额。纳税人以人民币以外的货币结算销售额的,应当折合成人民币计算。其销售额的人民币折合率可以选择销售额发生的当天或者当月 1 日的人民币汇率中间价。纳税人应在事先确定采用何种折合率计算方法,确定后 1 年内不得变更。

(二)特殊情形下销售额的确定

(1)纳税人开采应税产品由其关联单位对外销售的,按其关联单位的销售额征收资源税。

(2)纳税人既有对外销售应税产品,又有将应税产品自用于除连续生产应税产品以外的其他方面的,则自用的这部分应税产品,按纳税人对外销售应税产品的平均价格计算销售。

【例 9—3】 某油田 10 月份月初库存原油30 000吨,本月生产原油40 000吨,本期发出50 000吨,其中对外销售40 000吨,企业开采原油过程中用于加热、修井自用原油 500 吨,非生产自用原油9 500吨。另外,伴采天然气100 000立方米,当月销售80 000立方米,其余20 000立方米全部由油田自用。天气单价为 2 元/立方米,原油销售单价为4 500元/吨。计算该油田当月应纳资源税额。

企业用于加热、修井的原油免征资源税。

销售和自用原油应纳资源税=(40 000+9 500)×4 500×10%=22 275 000(元)

销售和自用天然气应纳资源税=(80 000+20 000)×2×10%=20 000(元)

当月合计应纳资源税:22 275 000+20 000=22 295 000(元)

四、资源税会计核算

企业交纳的资源税，通过“应交税金——应交资源税”科目进行核算。该科目贷方反映企业应交纳的资源税税额；借方反映企业已经交纳或允许抵扣的资源税税额；余额在贷方表示企业应交而未交的资源税税额。

(1)企业销售应税产品的会计处理：

月底，企业计提对外销售应纳资源税产品应纳的资源税时，应作如下会计分录：

借：产品销售税金及附加

贷：应交税金——应交资源税

企业按规定实际缴纳资源税税款时，作如下会计分录：

借：应交税金——应交资源税

贷：银行存款

(2)企业自产自用应税产品的会计处理：

对企业自产自用应税产品，其应纳资源税的会计处理与销售应税产品会计处理有所不同，即其应交纳的税金不计入产品销售税金，而是计入产品的生产成本，即：

借：生产成本或制造费用

贷：应交税金——应交资源税

企业按规定实际缴纳资源税应纳税款时，作如下会计分录：

借：应交税金——应交资源税

贷：银行存款

(3)收购未税矿产品代扣代缴资源税的会计处理：

为加强资源税的征管，税法对税源小、零散、不定期开采、易漏税等情况，由收购未税矿产品的单位在收购时代扣代缴资源税。企业在收购未税矿产品时，按实际支付的收购款，记：

借：材料采购

贷：现金或银行存款

按代扣代缴的资源税税额，记：

借：材料采购

贷：应交税金——应交资源税

企业按规定缴纳代扣的资源税时：

借：应交税金——应交资源税

贷：银行存款

(4)收购液体盐加工固体盐的会计处理

按照税法规定，纳税人以外购的液体盐加工固体盐，其加工固体盐所耗用的液体盐的已纳税额准予扣除。

企业在购入液体盐时：

借：应交税金——应交资源税

材料采购

贷：银行存款

企业将液体盐加工成固体盐出售时，按计算出的固体盐应交缴的资源税，记：

借：产品销售税金及附加

贷:应交税金——应交资源税

企业按规定缴纳税金时,应按销售固体盐应纳资源税税额抵扣液体盐已纳资源税税额后的余额,记:

借:应交税金——应交资源税

贷:银行存款

(5)纳税人与税务机关结算税款时补缴或退税的会计处理:

按照规定,纳税人以1日、3日、5日、10日或者15日为一期纳税的,自期满之日起5日内预缴税款,于次月1日起10日内申报纳税并结算上月税款。纳税人与税务机关结算上月税款时,对于少缴的税款,应于补缴时作如下分录:

借:应交税金——应交资源税

贷:银行存款

对于多缴的税款,按规定可于下月退回或者抵缴。实际退回税款时,作如下会计分录:

借:银行存款

贷:应交税金——应交资源税

第三节　资源税纳税申报

一、纳税义务发生时间及纳税期限

(1)纳税人销售应税产品,其纳税义务发生时间为:

①纳税人采取分期收款结算方式的,其纳税义务发生时间,为销售合同规定的收款日期的当天。

②纳税人采取预收货款结算方式的,其纳税义务发生时间,为发出应税产品的当天。

③纳税人采取其他结算方式的,其纳税义务发生时间,为收讫销售款或者取得索取销售款凭据的当天。

(2)纳税人自产自用应税产品的纳税义务发生时间,为移送使用应税产品的当天。

(3)扣缴义务人代扣代缴税款的纳税义务发生时间,为支付首笔货款或者开具应支付货款凭据的当天。

纳税期限是纳税人发生纳税义务后缴纳税款的期限。资源税的纳税期限为1日、3日、5日、10日、15日或者1个月,纳税人的纳税期限由主管税务机关根据实际情况具体核定。不能按固定期限计算纳税的,可以按次计算纳税。

纳税人以1个月为一期纳税的,自期满之日起10日内申报纳税;以1日、3日、5日、10日或者15日为一期纳税的,自期满之日起5日内预缴税款,于次月1日起10日内申报纳税并结清上月税款。

二、纳税地点

(1)凡是缴纳资源税的纳税人,都应当向应税产品的开采或者生产所在地主管税务机关缴纳税款。

(2)如果纳税人在本省、自治区、直辖市范围内开采或者生产应税产品,其纳税地点需要调整的，由所在地省、自治区、直辖市税务机关决定。

(3)如果纳税人应纳的资源税属于跨省开采，其下属生产单位与核算单位不在同一省、自治区、直辖市的，对其开采的矿产品一律在开采地纳税，其应纳税款由独立核算、自负盈亏的单位，按照开采地的实际销售量(或者自用量)及适用的单位税额计算划拨。

(4)扣缴义务人代扣代缴的资源税，也应当向收购地主管税务机关缴纳。

三、纳税申报表填制

纳税需填写资源税纳税申报表。

资源税纳税申报表

纳税人识别号 | | | | | | | | | | | | | | | | | | | | |

纳税人名称：(公章)

税款所属期限：自　　年　月　日至　　年　月　日

填表日期：　　年　月　日　　　　　　　　　　　　　金额单位：元(列至角分)

产品名称		课税单位	课税数量	单位税额	本期应纳税额	本期已纳税额	本期应补(退)税额	备注
1		2	3	4	5=3×4	6	7=5-6	
应纳税项目								
减免税项目								

纳税人或代理人声明：此纳税申报表是根据国家税收法律的规定填报的，我确信它是真实的、可靠的、完整的。	如纳税人填报，由纳税人填写以下各栏					
	经办人(签章)		会计主管(签章)		法定代表人(签章)	
	如委托代理人填报，由代理人填写以下各栏					
	代理人名称			代理人(公章)		
	经办人(签章)					
	联系电话					

以下由税务机关填写

受理人　　　　　　　　　　　受理日期　　　　　　　　　　　受理税务机关(签章)

填表说明：

一、本表适用于资源税纳税人填报。

二、本表有关内容按以下要求填写：

1. 纳税人识别号:填写办理税务登记时由税务机关确定的税务登记号。
2. 纳税人名称:填写企业全称或业户字号,无字号的填业主姓名,并是工商登记或主管部门批准的名称。
3."课税单位"栏,填写课税数量的单位,如:吨、立方米、千立方米等。

本章小结

资源税是对在我国境内从事应税矿产品开采和生产盐的单位和个人课征的一种税,属于对自然资源占用课税的范畴。资源税法是指国家制定的用以调整资源税征收与缴纳之间权利及义务关系的法律规范。

资源税的纳税义务人是指在中华人民共和国境内开采应税资源的矿产品或者生产盐的单位和个人。

原油、天然气、煤炭应纳资源税从价定率计算:应纳税额=销售额×比例税率。

从价定率计算资源税的销售额为纳税人销售应税产品向购买方收取的全部价款和价外费用,但不包括收取的增值税销项税额。纳税人以人民币以外的货币结算销售额的,应当折合成人民币计算。

从量计征的应税产品,根据课税数量和规定的单位税额可以计算应纳税额,计算公式为:应纳税额=课税数量×单位税额。

纳税期限是纳税人发生纳税义务后缴纳税款的期限。资源税的纳税期限为 1 日、3 日、5 日、10 日、15 日或者 1 个月,纳税人的纳税期限由主管税务机关根据实际情况具体核定。不能按固定期限计算纳税的,可以按次计算纳税。

缴纳资源税的纳税人,都应当向应税产品的开采或者生产所在地主管税务机关缴纳税款。扣缴义务人代扣代缴的资源税,也应当向收购地主管税务机关缴纳。

如果纳税人应纳的资源税属于跨省开采,其下属生产单位与核算单位不在同一省、自治区、直辖市的,对其开采的矿产品一律在开采地纳税,其应纳税款由独立核算、自负盈亏的单位,按照开采地的实际销售量(或者自用量)及适用的单位税额计算划拨。

第十章　房产税核算与纳税申报

本章学习目标

本章主要讲述房产税的主要法律规定、核算及纳税申报表填制。通过本章学习，应了解房产税的概念、主要法律规定、纳税义务发生的时间、纳税期限及纳税地点；重点掌握应纳房产税的计算、账务处理及纳税申报表的填制方法。本章的难点是既有自用部分又有出租部分的房产税的相关计算。

第一节　房产税概述

一、房产税概念

房产税是以房屋为征税客体，按照房屋的价值或房屋租金向产权所有人征收的一种税。1986 年 9 月 15 日国务院发布了《房产税暂行条例》，规定自同年 10 月 1 日起征收房产税。房产的定义：房产是以房屋形态表现的财产。房屋则是指有屋面和围护结构(有墙或两边有柱)，能够遮风避雨，可供人们在其中生产、工作、学习、娱乐、居住或储藏物资的场所。独立于房屋之外的建筑物，如围墙、烟囱、水塔、变电塔、油池油柜、酒窖菜窖、酒精池、糖蜜池、室外游泳池、玻璃暖房、砖瓦石灰窑以及各种油气罐等，则不属于房产。

二、税率

房产税，根据计税依据不同，分设两种税率：依照房产价值计算纳税的，税率为 1.2%；依照房产租金收入计算缴纳的，税率为 12%。

三、房产税的纳税人

房产税的纳税人，是指在我国城市、县城、建制镇和工矿区内(不含农村)拥有房屋产权的单位和个人。房产税以在征税范围内的房屋产权所有人(受益人)为纳税人。其中：

(1)产权属国家所有的，由经营管理单位纳税；产权属集体和个人所有的，由集体单位和个人纳税。

(2)产权出典的，由承典人纳税。

(3)产权所有人、承典人不在房屋所在地的，由房产代管人或者使用人纳税。

(4)产权未确定及租典纠纷未解决的，亦由房产代管人或者使用人纳税。

(5)无租使用其他房产的问题。纳税单位和个人无租使用房产管理部门、免税单位及纳税单位的房产，应由使用人代为缴纳房产税(如企业无租使用政府机构办公楼用于办公)。

(6)房地产开发企业建造的商品房，在出售前，不征收房产税，但对出售前房地产开发企业已使用或出租、出借的商品房应按规定征收房产税。

四、房产税的征收范围

房产税在城市、县城、建制镇和工矿区征收。房产税的纳税人是房屋的产权所有人。产权属于全民所有的，由经营者为纳税人；产权出典的，由承典人为纳税人；产权所有人、承典人不在房产所在地的，由代管人为纳税人；产权未确定及租典纠纷未解决的，由房屋代管者或使用者为纳税人。

第二节　房产税核算

一、房产税的计算

(一)从价计征

按照房产余值征税的，称为从价计征。房产税依照房产原值一次减除10%～30%后的余值计算缴纳。扣除比例由省、自治区、直辖市人民政府在税法规定的减除幅度内自行确定。这样规定，既有利于各地区根据本地情况，因地制宜地确定计税余值，又有利于平衡各地税收负担，简化计算手续，提高征管效率。房产原值：应包括与房屋不可分割的各种附属设备或一般不单独计算价值的配套设施，主要有暖气、卫生、通风等，纳税人对原有房屋进行改建、扩建的，要相应增加房屋的原值。

从价计征是按房产的原值减除一定比例后的余值计征，其公式为：

应纳税额＝应税房产原值×(1－扣除比例)×年税率1.2%

(二)从租计征

从租计征是按房产的租金收入计征，其公式为：

应纳税额＝租金收入×12%

对个人出租住房，不区分用途，按4%税率征收房产税。对企事业单位、社会团体及其他组织按市场价格向个人出租用于居住的住房，减按4%的税率征收房产税。其公式为：

应纳税额＝房产租金收入×4%

【例10－1】 某企业2015年1月1日的房产原值为3 000万元，4月1日将其中原值为1 000万元的临街房出租给某连锁商店，月租金6万元。7月1日将另外的原值500万元的房屋出租给个人居住，月租金2万元。当地政府规定允许按房产原值减除20%后的余值计税。该企业当年应缴纳房产税多少？

从价计征的房产按房产原值减除10%～30%的余值计征房产税，税率1.2%；房屋出租的，按租金收入计征房产税，税率为租金收入的12%。自2008年3月1日起，对企事业单位、社会团体以及其他组织按市场价格向个人出租用于居住的住房，减按4%的税率征收房产税。

该企业当年应缴纳房产税＝(3 000－1 000－500)×(1－20%)×1.2%＋1 000×(1－20%)×3÷12×1.2%＋500×(1－20%)×6÷12×1.2%＋6×9×12%＋2×6×4%＝14.4＋2.4＋2.4＋6.48＋0.48＝26.16(万元)

二、房产税的会计核算

房产税实行的是按年征收，分期缴纳。企业计算出应纳房产税金时，借记"管理费用"账户，贷记"应交税金——应交房产税"账户。如按期缴纳需分月摊销时，借记"待摊费用"，贷记"应交税金——应交房产税"账户。向税务机关缴纳税款时，借记"应交税金——应交房产税"账户，贷记"银行存款"等账户。每月摊销应分摊的房产税金时，借记"管理费用"账户，贷记"待摊费用"账户。

(1)房产税分录在计算时：

借：管理费用

　　贷：应交税费——应交房产税

(2)实际缴纳时：

借：应交税费——应交房产税

　　贷：银行存款

第三节　房产税纳税申报

一、房产税的纳税时间及期限

(1)将原有房产用于生产经营的纳税义务发生时间从生产经营之月起；

(2)自建房屋用于生产经营的纳税义务发生时间从建成之日的次月起；

(3)委托施工企业建设的房屋的纳税义务发生时间从办理验收手续之次月起；

(4)纳税人购置新建商品房的纳税义务发生时间自房屋交付使用之次月起；

(5)购置存量房的纳税义务发生时间自办理房屋权属转移、登记机关签发房屋权属证书之次月起；

(6)纳税人出租、出借房产的纳税义务发生时间自交付出租、出借房产之次月起；

(7)房地产开发企业自用、出租、出借本企业建造商品房的纳税义务发生时间自房屋使用或交付之次月起。

二、房产税的纳税地点

房产税实行按年计征，分期缴纳。具体纳税期限由省、自治区、直辖市人民政府规定。纳税人应当依照当地税务机关的规定，将现有房屋的坐落地点、数量、价值或租金收入等情况，据实向税务机关纳税申报，并根据规定在房产所在地纳税。如纳税人拥有多处房产的，应分别在房产所在地纳税。

三、房产税的纳税申报表填制

房产税纳税申报表

税款所属期：自　　年　月　日至　　年　月　日　　　　　　　　　　填表日期：　　年　月　日

金额单位：元至角分；面积单位：平方米

纳税人识别号 | | | | | | | | | | | | | | | | | | | | |

纳税人信息	名称		纳税人分类	单位□　个人□
	登记注册类型	*	所属行业	*
	身份证件类型	身份证□　护照□　其他□	身份证件号码	
	联系人		联系方式	

一、从价计征房产税

	房产编号	房产原值	其中：出租房产原值	计税比例	税率	所属期起	所属期止	本期应纳税额	本期减免税额	本期已缴税额	本期应补（退）税额
1	*										
2	*										
3	*										
4	*										
5	*										
6	*										
7	*										
8	*										
9	*										
10	*										
合计	*	*	*	*	*	*	*				

二、从租计征房产税

	本期申报租金收入	税率	本期应纳税额	本期减免税额	本期已缴税额	本期应补（退）税额
1						
2						
3						
合计		*				

以下由纳税人填写：

纳税人声明	此纳税申报表是根据《中华人民共和国房产税暂行条例》和国家有关税收规定填报的，是真实的、可靠的、完整的。				
纳税人签章		代理人签章		代理人身份证号	

以下由税务机关填写：

受理人		受理日期	年　月　日	受理税务机关签章	

本表一式两份，一份纳税人留存，一份税务机关留存。

填表说明：

1. 本表适用于在中华人民共和国境内申报缴纳房产税的单位和个人。

2. 本表依据《中华人民共和国税收征收管理法》《中华人民共和国房产税暂行条例》制定，为房产税纳税申报表主表。本表包括三个附表，附表一为《房产税减免税明细申报表》，附表二为《从价计征房产税税源明细表》、附表三为《从租计征房产税税源明细表》。首次申报或变更申报时纳税人提交《从价计征房产税税源明细表》和《从租计征房产税税源明细表》后，本表由系统自动生成，无须纳税人手工填写，仅需签章确认。申报房产数量大于10个(不含10)的纳税人，建议采用网络申报方式，并可选用本表的汇总版进行申报。后续申报，纳税人税源明细无变更的，税务机关提供免填单服务，根据纳税人识别号，系统根据当期有效的房产税源明细信息自动生成本表，纳税人签章确认即可完成申报。

3. 纳税人识别号：填写税务机关赋予的纳税人识别号。

4. 纳税人名称：党政机关、企事业单位、社会团体的，应按照国家人事、民政部门批准设立或者工商部门注册登记的全称填写；纳税人是自然人的，应当按照本人有效身份证件上标注的姓名填写。

5. 纳税人分类：分为单位和个人，个人含个体工商户。

6. 登记注册类型*：单位，根据税务登记证或组织机构代码证中登记的注册类型填写；纳税人是企业的，根据国家统计局《关于划分企业登记注册类型的规定》填写(内资企业：国有企业、集体企业、股份合作企业；联营企业：国有联营企业、集体联营企业、国有与集体联营企业、其他联营企业；有限责任公司：国有独资公司、其他有限责任公司、股份有限公司：私营企业：私营独资企业、私营合伙企业、私营有限责任公司、私营股份有限公司；其他企业；港、澳、台商投资企业、合资经营企业(港澳台资)、合作经营企业(港澳台资)、港澳台商独资经营企业、港澳台商投资股份有限公司、其他港澳台商投资企业；外商投资企业：中外合资经营企业、中外合作经营企业、外资企业、外商投资股份有限公司、其他外商投资企业)。该项可由系统根据纳税人识别号自动带出，无须纳税人填写。

7. 所属行业*：根据《国民经济行业分类》(GB/T 4754－2011)填写。该项可由系统根据纳税人识别号自动带出，无须纳税人填写。

8. 身份证件类型：填写能识别纳税人唯一身份的有效证照名称。纳税人为自然人的，必选。选择类型为：身份证、护照、其他，必选一项，选择“其他”的，请注明证件的具体类型。

9. 身份证件号码：填写纳税人身份证件上的号码。

10. 联系人、联系方式：填写单位法定代表人或纳税人本人姓名、常用联系电话及地址。

11. 房产编号*：纳税人不必填写。由税务机关的管理系统赋予编号，以识别。

12. 房产原值：本项为《从价计征房产税税源明细表》相应数据项的汇总值。

13. 出租房产原值：本项为《从价计征房产税税源明细表》相应数据项的汇总值。

14. 计税比例：系统应当允许各地自行配置。配置好后，系统预设在表单中。

15. 税率：系统预设，无须纳税人填写，并允许各地自行配置。从价配置默认1.2%，从租配置默认12%。

16. 所属期起：税款所属期内税款所属的起始月份。起始月份不同的房产应当分行填写。默认为税款所属期的起始月份。但是，当《从价计征房产税税源明细表》中取得时间晚于税款所属期起始月份的，所属期起为“取得时间”的次月；《从价计征房产税税源明细表》中经核准的困难减免的起始月份晚于税款所属期起始月份的，所属期起为“经核准的困难减免的起始月份”；《从价计征房产税税源明细表》中变更类型选择信息项变更的，变更时间晚于税款所属期起始月份的，所属期起为“变更时间”。

17. 所属期止：税款所属期内税款所属的终止月份。终止月份不同的房产应当分行填写。默认为税款所属期的终止月份。但是，当《从价计征房产税税源明细表》中变更类型选择“纳税义务终止”的，变更时间早于税款所属期终止月份的，所属期止为“变更时间”；《从价计征房产税税源明细表》中“经核准的困难减免的终止月份”早于税款所属期终止月份的，所属期止为“经核准的困难减免的终止月份”。

18. 本期应纳税额：本项为《从价计征房产税税源明细表》和《从租计征房产税税源明细表》相应数据项的汇总值。

19. 本期减免税额：本项为按照税目分别从《从价计征房产税税源明细表》或《从租计征房产税税源明细

表》月减免税额与税款所属期实际包含的月份数自动计算生成。

20. 带星号(*)的项目不需要纳税人填写。

21. 逻辑关系:

(1)从价计征房产税的本期应纳税额=∑(房产原值-出租房产原值)×计税比例×税率÷12×(所属期止月份-所属期起月份+1);

(2)从价计征房产税的本期应补(退)税额=本期应纳税额-本期减免税额-本期已缴税额;

(3)从租计征房产税的本期应纳税额=∑本期应税租金收入×适用税率;

(4)从租计征房产税的本期应补(退)税额=本期应纳税额-本期减免税额-本期已缴税额;

(5)从价计征本期减免税额=∑《从价计征房产税税源明细表》月减免税额×(所属期止月份-所属期起月份+1);

(6)从租计征本期减免税额=∑《从租计征房产税税源明细表》月减免税额×(所属期止月份-所属期起月份+1)。

房产税纳税申报表(汇总版)

税款所属期:自　　年　月　日至　　年　月　日　　　　　　　　填表日期:　　年　月　日

金额单位:元至角分;面积单位:平方米

纳税人识别号	

纳税人信息	名称		纳税人分类	单位□ 个人□
	登记注册类型	*	所属行业	*
	身份证件类型	身份证□ 护照□ 其他□____	身份证件号码	
	联系人		联系方式	

一、从价计征房产税

	房产原值	其中:出租房产原值	计税比例	税率	所属期起	所属期止	本期应纳税额	本期减免税额	本期已缴税额	本期应补(退)税额
1										
2										
3										
合计	*	*	*	*	*	*				

二、从租计征房产税

	本期申报租金收入	税率	本期应纳税额	本期减免税额	本期已缴税额	本期应补(退)税额
1						
2						
3						
合计		*				

以下由纳税人填写:

纳税人声明	此纳税申报表是根据《中华人民共和国房产税暂行条例》和国家有关税收规定填报的,是真实的、可靠的、完整的。

续表

纳税人签章		代理人签章		代理人身份证号	
以下由税务机关填写：					
受理人		受理日期	年 月 日	受理税务机关签章	

带星号(*)的项目不需要纳税人填写(下同)。

本表一式两份，一份纳税人留存，一份税务机关留存。

房产税减免税明细申报表

税款所属期：自 年 月 日至 年 月 日 填表日期： 年 月 日

金额单位：元至角分；面积单位：平方米

纳税人识别号

纳税人名称：

一、从价计征房产税减免信息									
	房产编号	所属期起	所属期止	减免税房产原值	计税比例	税率	减免性质代码	减免项目名称	本期减免税额
1									
2									
3									
合计		*	*		*	*	*	*	

二、从租计征房产税减免信息							
	房产编号	本期减免税租金收入	税率	减免性质代码	减免项目名称	本期减免税额	
1							
2							
3							
合计			*	*	*		

以下由纳税人填写：					
纳税人声明	此纳税申报表是根据《中华人民共和国房产税暂行条例》和国家有关税收规定填报的，是真实的、可靠的、完整的。				
纳税人签章		代理人签章		代理人身份证号	
以下由税务机关填写：					
受理人		受理日期	年 月 日	受理税务机关签章	

填表说明：

1. 首次申报或变更申报时纳税人提交《从价计征房产税税源明细表》和《从租计征房产税税源明细表》后，本表由系统自动生成，无须纳税人手工填写，仅需签章确认。后续申报，纳税人税源明细无变更的，税务机关提供免填单服务，根据纳税人识别号及该纳税人当期有效的土地税源明细信息自动生成本表，纳税人签章确认即可完成申报。

2. 所属期起：税款所属期内税款所属的起始月份。起始月份不同的房产应当分行填写。默认为税款所属期的起始月份。但是，当《从价计征房产税税源明细表》中取得时间晚于税款所属期起始月份的，所属期起为“取得时间”的次月；《从价计征房产税税源明细表》中经核准的困难减免的起始月份晚于税款所属期起始月份的，所属期起为“经核准的困难减免的起始月份”；《从价计征房产税税源明细表》中变更类型选择信息项变更的，变更时间晚于税款所属期起始月份的，所属期起为“变更时间”。

3. 所属期止：税款所属期内税款所属的终止月份。终止月份不同的房产应当分行填写。默认为税款所属期的终止月份。但是，当《从价计征房产税税源明细表》中变更类型选择“纳税义务终止”的，变更时间早于税款所属期终止月份的，所属期止为“变更时间”；《从价计征房产税税源明细表》中“经核准的困难减免的终止月份” 早于税款所属期终止月份的，所属期止为“经核准的困难减免的终止月份”。

4. 本期减免税额：本项为按照税目分别从《从价计征房产税税源明细表》或《从租计征房产税税源明细表》月减免税额与税款所属期实际包含的月份数自动计算生成。从价计征本期减免税额＝∑《从价计征房产税税源明细表》月减免税额×（所属期止月份－所属期起月份＋1）；从租计征本期减免税额＝∑《从租计征房产税税源明细表》月减免税额×（所属期止月份－所属期起月份＋1）。

5. 带星号（*）的项目不需要纳税人填写。

从价计征房产税税源明细表

纳税人名称：　　　　　　　　　　纳税人分类：单位□　个人□　　　　填表日期：　　年　月　日

金额单位：元至角分；面积单位：平方米

纳税人识别号																				

<table>
<tr><td colspan="2">身份证件类型</td><td colspan="3">身份证□　护照□　其他□______</td><td colspan="2">身份证件号码</td><td colspan="2"></td></tr>
<tr><td colspan="2">房产编号</td><td colspan="3">*</td><td colspan="2">产权证书号</td><td colspan="2"></td></tr>
<tr><td colspan="2">房产名称</td><td colspan="7"></td></tr>
<tr><td colspan="2">房屋坐落地址（详细地址）</td><td colspan="7">省（自治区、市）　市（区）　县（区）　街道　（必填）</td></tr>
<tr><td colspan="2">房产所属主管税务所（科、分局）*</td><td colspan="7">该房产的房产税收入所属的主管税务机关。</td></tr>
<tr><td colspan="2">纳税人类型</td><td colspan="2">产权所有人□、经营管理人□、承典人□、房屋代管人□、房屋使用人□、融资租赁承租人□（必选）</td><td colspan="2">所有权人纳税识别码</td><td></td><td>所有权人名称</td><td></td></tr>
<tr><td colspan="2">房屋所在土地编号</td><td colspan="2">*</td><td colspan="2">房产用途</td><td colspan="3">工业□ 商业及办公□ 住房□ 其他□（必选）</td></tr>
<tr><td colspan="2">房产取得时间</td><td>年　月</td><td>变更类型</td><td colspan="3">纳税义务终止（权属转移□　其他□）
信息项变更（房产原值变更□
出租房产　原值变更□
减免税变更□　其他□）</td><td>变更时间</td><td>年　月</td></tr>
<tr><td colspan="2">建筑面积</td><td colspan="2">（必填）</td><td colspan="2">其中：出租房产面积</td><td colspan="3"></td></tr>
<tr><td colspan="2">房产原值</td><td colspan="2">（必填）</td><td colspan="2">其中：出租房产原值</td><td></td><td>计税比例</td><td>系统设定</td></tr>
<tr><td rowspan="5">减免税部分</td><td rowspan="2">序号</td><td colspan="2" rowspan="2">减免性质代码</td><td rowspan="2">减免项目名称</td><td colspan="2">经核准的困难减免起止时间</td><td rowspan="2">减免税房产原值</td><td rowspan="2">月减免税金额</td></tr>
<tr><td>起始月份</td><td>终止月份</td></tr>
<tr><td>1</td><td colspan="2"></td><td></td><td></td><td></td><td></td><td></td></tr>
<tr><td>2</td><td colspan="2"></td><td></td><td></td><td></td><td></td><td></td></tr>
<tr><td>3</td><td colspan="2"></td><td></td><td></td><td></td><td></td><td></td></tr>
</table>

续表

以下由纳税人填写：					
纳税人声明	此纳税申报表是根据《中华人民共和国房产税暂行条例》和国家有关税收规定填报的，是真实的、可靠的、完整的。				
纳税人签章		代理人签章		代理人身份证号	
以下由税务机关填写：					
受理人		受理日期	年　月　日	受理税务机关签章	

本表一式两份，一份纳税人留存，一份税务机关留存。

填表说明：

1. 本表为《房产税纳税申报表》及《房产税减免税明细申报表》的明细附表。

2. 首次进行纳税申报的纳税人，需要申报其全部房产的相关信息，此后办理纳税申报时，如果纳税人的房产及减免税等相关信息未发生变化的，可仅对上次申报信息进行确认；发生变化的，仅就变化的内容进行填写。有条件的地区，税务机关可以通过系统将上期申报的信息推送给纳税人。税源数据基础较好或已获取第三方信息的地区，可直接将数据导入纳税申报系统并推送给纳税人进行确认。

3. 房产税税源明细申报遵循“谁纳税谁申报”的原则，只要存在房产税纳税义务，就应当如实申报房产明细信息。

4. 每一独立房产应当填写一张表。即：同一产权证有多幢(个)房产的，每幢(个)房产填写一张表。无产权证的房产，每幢(个)房产填写一张表。纳税人不得将多幢房产合并成一条记录填写。

5. 对于填写中所涉及的数据项目，有房屋所有权证件的，依据证件记载的内容填写，没有证件的，依据实际情况填写。

6. 房产有出租情形的，纳税人也应当先填写本表，再填写《从租计征房产税明细申报表》。

7. 纳税人名称(必填)：党政机关、企事业单位、社会团体的，应按照国家人事、民政部门批准设立或者工商部门注册登记的全称填写；纳税人是自然人的，应按照本人有效身份证件上标注的姓名填写。

8. 纳税人分类(必选)：分为单位和个人，个人含个体工商户。

9. 纳税人识别号：填写税务机关赋予的纳税人识别号。

10. 身份证件类型：填写能识别纳税人唯一身份的有效证照名称。纳税人为自然人的，必选。选择类型为：身份证、护照、其他，必选一项，选择“其他”的，请注明证件的具体类型。

11. 身份证件号码：填写纳税人身份证件上的号码。

12. 房产编号*：纳税人不必填写。由税务机关的管理系统赋予编号，以识别。

13. 产权证书号：纳税人有房屋所有权证件的，必填。填写房屋所有权证件载明的证件编号。

14. 房产名称(必填)：纳税人自行编写，以便于识别。如：1号办公楼、第一车间厂房等。

15. 房屋坐落地址(必填)：应当填写详细地址，具体为：××省××市××县(区)××街道＋详细地址，且应当与土地税源明细申报数据关联并一致。系统自动带出已填报的土地税源信息，供选择。一栋房产仅可选择对应一条土地信息。

16. 房产所属主管税务所(科、分局)：本表所填列房产的房产税收入所属的主管税务机关。系统允许各地配置该项的确定规则。该项不需纳税人手动填写，根据确定规则自动带出。

17. 纳税人类型(必选)：分为产权所有人、经营管理人、承典人、房屋代管人、房屋使用人、融资租赁承租人。必选一项，且只能选一项。

18. 所有权人纳税识别码(非必填)：填写拥有房屋所有权人的纳税识别号。

19. 所有权人名称(非必填)：填写拥有房屋所有权人的名称。

20. 房屋所在土地编号*：根据所选择的土地信息，从系统自动调取。

21. 房产用途(必选)：房产用途依据房产所有权证登记的用途填写，无证的，依据实际用途填写。分为工业、商业及办公、住房、其他，必选一项，且只能选一项，不同用途的房产应当分别填表。

22. 建筑面积(必填):保留两位小数。

23. 出租房产面积:有出租情况的必填。

24. 房产原值(必填):填写房产的全部房产原值。应包括:分摊的应计入房产原值的地价,与房产不可分割的设备设施的原值,房产中已出租部分的原值,以及房产中减免税部分的原值。

25. 出租房产原值:房产有出租情况的必填。

26. 计税比例:填写各地房产原值减除的比例。系统应当允许各地自行配置。配置好后,系统预设在表单中。

27. 房产取得时间(选填):填写纳税人初次获得该房产所有权的时间。

28. 变更类型(选填):有变更情况的必选。

29. 变更时间(选填):有变更情况的必填,填至月。变更类型选择纳税义务终止的,税款计算至当月末;变更类型选择信息项变更的,自变更当月起按新状态计算税款。

30. 减免性质代码:该项按照税务机关最新制发的减免税政策代码表中最细项减免性质代码填写。有减免税情况的必填。不同减免性质代码的房产应当分行填表。纳税人减免税情况发生变化时,应当进行变更。

31. 减免项目名称:该项按照税务机关最新制发的减免税政策代码表中最细项减免项目名称填写。有减免税情况的必填。

32. 经核准的困难减免起止时间:纳税人如有房产税困难减免的情况,必填。填写经税务机关核准的困难减免的起始月份和终止月份。

33. 减免税房产原值:依据政策确定的可以享受减免税政策的房产原值。政策明确按一定比例进行减免的,该项为经过比例换算确定的减免税房产原值。例如:供热企业用于居民供热的免税房产原值=房产原值×实际从居民取得的采暖费收入/采暖费总收入。

34. 月减免税金额:该项填写本表所列房产本项减免税项目享受的月减免税金额。

35. 带星号(*)的项目不需要纳税人填写。

从租计征房产税税源明细表

纳税人名称: 纳税人分类:单位□ 个人 □ 填表日期: 年 月 日

金额单位:元至角分;面积单位:平方米

纳税人识别号 □□□□□□□□□□□□□□□□□□□□

身份证件类型	身份证□ 护照□ 其他□______		身份证件号码		
房产名称			房产编号	*	
房产用途	工业□ 商业及办公□ 住房□ 其他□				
房产坐落地址(详细地址)	省(自治区、市) 市(区) 县(区) 街道				
房产所属主管税务所(科、分局)	该房产的房产税收入所属的主管税务机关。系统允许各地配置该项的确定规则。该项无须纳税人手动填写,根据确定规则自动带出。				
承租方纳税识别号			承租方名称		
出租面积			合同租金总收入		
合同约定租赁期起			合同约定租赁期止		
申报租金收入		申报租金所属租赁期起		申报租金所属租赁期止	
减免性质代码		减免项目名称		减免税租金收入	
减免税额					

续表

<table>
<tr><td colspan="6">以下由纳税人填写：</td></tr>
<tr><td>纳税人声明</td><td colspan="5">此纳税申报表是根据《中华人民共和国房产税暂行条例》和国家有关税收规定填报的，是真实的、可靠的、完整的。</td></tr>
<tr><td>纳税人签章</td><td></td><td>代理人签章</td><td></td><td>代理人身份证号</td><td></td></tr>
<tr><td colspan="6">以下由税务机关填写：</td></tr>
<tr><td>受理人</td><td></td><td>受理日期</td><td>年 月 日</td><td>受理税务机关签章</td><td></td></tr>
</table>

本表一式两份，一份纳税人留存，一份税务机关留存。

填表说明：

1. 本表为《房产税纳税申报表》及《房产税减免税明细申报表》的明细附表。从租申报的纳税人每次申报时均需申报此表。

2. 每一独立出租房产应当填写一张表。即：同一产权证有多幢（个）房产的，每幢（个）房产填写一张表。无产权证的房产，每幢（个）房产填写一张表。纳税人不得将多幢房产合并成一条记录填写。

3. 纳税人名称（必填）：党政机关、企事业单位、社会团体的，应按照国家人事、民政部门批准设立或者工商部门注册登记的全称填写；纳税人是自然人的，应按照本人有效身份证件上标注的姓名填写。

4. 纳税人分类（必选）：分为单位和个人，个人含个体工商户。

5. 纳税人识别号：填写税务机关赋予的纳税人识别号。

6. 身份证件类型：填写能识别纳税人唯一身份的有效证照名称。纳税人为自然人的，必选。选择类型为：身份证、护照、其他，必选一项，选择“其他”的，请注明证件的具体类型。

7. 身份证件号码：填写纳税人身份证件上的号码。

8. 纳税人出租的房产，必须首先按照从价计征房产税明细申报的要求如实填写有关信息，再填写从租计征房产税明细申报有关信息。

9. 房产名称（必填）：纳税人自行编写，以便于识别，必填，且应当与从价计征房产税明细申报信息关联并一致。

10. 房产编号：纳税人不必填写。由税务机关的管理系统赋予编号，以识别，且应当与从价计征房产税明细申报信息关联并一致。

11. 房产用途（必选）：分为工业、商业及办公、住房、其他，必选一项，且只能选一项，不同用途的房产应当分别填表。

12. 房屋坐落地址（必填）：填写详细地址，具体为：××省××市××县（区）××街道 ＋ 详细地址，且应当与土地税源明细申报数据关联并一致。

13. 房产所属主管税务所（科、分局）：本表所填列房产的房产税收入所属的主管税务机关。系统允许各地配置该项的确定规则。该项无须纳税人手动填写，根据确定规则自动带出。

14. 承租方纳税识别号：纳税人为非自然人的，应按照以办理税务登记时税务机关赋予的编码填写。纳税人为自然人的，应按照本人有效身份证件上标注的号码填写。

15. 出租面积（必填）：填写出租房产的面积。

16. 合同租金总收入：填写出租协议约定的出租房产的总收入。

17. 合同约定租赁期起：填写出租协议约定的收取租金等收入的租赁期起。

18. 合同约定租赁期止：填写出租协议约定的收取租金等收入的租赁期止。

19. 申报租金收入：填写本次申报的应税租金收入。

20. 申报租金所属租赁期起：填写申报租金收入的所属租赁期起。

21. 申报租金所属租赁期止：填写申报租金收入的所属租赁期止。

22. 减免性质代码：该项按照税务机关最新制发的减免税政策代码表中最细项减免性质代码填写。有减免税情况的必填。对于出租房产不适用12%法定税率的,应当填写相关的减免税内容。

23. 减免项目名称:该项按照税务机关最新制发的减免税政策代码表中最细项减免项目名称填写。

24. 减免税租金收入:该项填写本出租房产可以享受减免税政策的租金收入。

25. 减免税额:根据纳税人选择的减免性质代码自动计算。

26. 带星号(*)的项目不需要纳税人填写。

本章小结

房产税是以房屋为征税客体,按照房屋的价值或房屋租金向产权所有人征收的一种税。房产税根据计税依据不同,分设两种税率:依照房产价值计算纳税的,税率为1.2%;依照房产租金收入计算缴纳的,税率为12%。房产税的纳税人,是指在我国城市、县城、建制镇和工矿区内(不含农村)拥有房屋产权的单位和个人。

房产税的计税依据,一种是依照房产价值计税的,由房产评估机构或房产所在地的税务机关参照同类房产核定;另一种是房产出租的,以房产租金收入为房产税的计税依据。房产税依照房产原值一次减除10%~30%后的余值计算缴纳。扣除比例由省、自治区、直辖市人民政府在税法规定的减除幅度内自行确定。

从价计征。是按房产的原值减除一定比例后的余值计征,其公式为:应纳税额=应税房产原值×(1-扣除比例)×年税率1.2%。

从租计征,是按房产的租金收入计征,其公式为:应纳税额=租金收入×12%。个人出租住房的租金收入计征,其公式为:应纳税额=房产租金收入×4%。

房产税的纳税时间及期限:将原有房产用于生产经营的纳税义务发生时间从生产经营之月起;自建房屋用于生产经营的纳税义务发生时间从建成之日的次月起;委托施工企业建设的房屋的纳税义务发生时间从从办理验收手续之次月起;纳税人购置新建商品房的纳税义务发生时间自房屋交付使用之次月起;购置存量房的纳税义务发生时间自办理房屋权属转移,登记机关签发房屋权属证书之次月起;纳税人出租、出借房产的纳税义务发生时间自交付出租、出借房产之次月起;房地产开发企业自用、出租、出借本企业建造商品房的纳税义务发生时间自房屋使用或交付之次月起。

房产税的纳税地点:房产税实行按年计征,分期缴纳。具体纳税期限由省、自治区、直辖市人民政府规定。纳税人应当依照当地税务机关的规定,将现有房屋的坐落地点、数量、价值或租金收入等情况,据实向税务机关纳税申报,并根据规定在房产所在地纳税。如纳税人拥有多处房产的,应分别在房产所在地纳税。

第十一章　印花税及契税核算与纳税申报

本章学习目标

本章主要讲述印花税及契税的主要法律规定、核算及纳税申报表填制。通过本章学习，应了解印花税及契税的概念、主要法律规定、纳税义务发生的时间、纳税期限及纳税地点；重点掌握印花税及契税的计算、账务处理及纳税申报表的填制方法。本章的难点是委托加工合同及建筑业分包、转包合同印花税的相关计算。

第一节　印花税概述

一、印花税概念

印花税是对经济活动和经济交往中书立、领受的凭证征收的一种税。印花税的应税凭证是指单位和个人在经济活动和经济交往等过程中所领取或填制、书立的，用以证明其活动，反映其经济内容，明确权利义务的书面证明。

二、税率

印花税采用比例税率和定额税率两种形式。各类经济合同及合同性质的凭证、记载资金的账簿和产权转移书据等适用比例税率。其他营业账簿、权利许可证照等，规定按件定额征税。

印花税以经济活动中签立的各种合同、产权转移书据、营业账簿、权利许可证照等应税凭证文件为对象所征的税。税目范围：

(1)购销合同，包括供应、预购、采购、购销结合及协作、调剂、补偿、易货等合同，按购销金额 0.3‰贴花。

(2)加工承揽合同，包括加工、定作、修缮、修理、印刷广告、测绘、测试等合同，按加工或承揽收入 0.5‰贴花。

(3)建设工程勘察设计合同，包括勘察、设计合同，按收取费用 0.5‰贴花。

(4)建筑安装工程承包合同,包括建筑、安装工程承包合同,按承包金额0.3‰贴花。

(5)财产租赁合同,包括租赁房屋、船舶、飞机、机动车辆、机械、器具、设备等合同,按租赁金额1‰贴花。税额不足1元的,按1元贴花。

(6)货物运输合同,包括民用航空运输、铁路运输、海上运输、内河运输、公路运输和联运合同,按运输费用0.5‰贴花。单据作为合同使用的,按合同贴花。

(7)仓储保管合同,包括仓储、保管合同,按仓储保管费用1‰贴花。仓单或栈单作为合同使用的,按合同贴花。

(8)借款合同。银行及其他金融组织和借款人(不包括银行同业拆借)所签订的借款合同,按借款金额0.05‰贴花。单据作为合同使用的,按合同贴花。

(9)财产保险合同,包括财产、责任、保证、信用等保险合同,按保险费收入1‰贴花。单据作为合同使用的,按合同贴花。

(10)技术合同,包括技术开发、转让、咨询、服务等合同,按所载金额0.3‰贴花。

(11)产权转移书据,包括财产所有权和版权、商标专用权、专利权、专有技术使用权等转移书据、土地使用权出让合同、土地使用权转让合同、商品房销售合同 按所载金额0.5‰贴花。

(12)营业账簿。记载资金的账簿,按实收资本和资本公积的合计金额0.5‰贴花;其他账簿按件贴花5元。

(13)权利、许可证照,包括政府部门发给的房屋产权证、工商营业执照、商标注册证、专利证、土地使用证,按件贴花5元。

三、征税范围

印花税的纳税人是指在我国境内书立、领受使用属于征税范围内所列举凭证的单位和个人。上述凭证,是指在我国境内具有法律效力,受中国法律保护的凭证。

(1)合同或者具有合同性质的凭证。合同指按照我国《经济合同法》《涉外经济合同法》和其他有关合同法规订立的合同。合同性质的凭证,是指具有效力的协议、契约、单据、确认书及其他各种名称的凭证。

(2)产权转移书据,包括财产所有权、版权、商标专用权、专利权和专有技术使用权等产权的买卖、继承、赠与、交换等所立的书据。

(3)营业账簿,包括单位和个人记载生产经营活动的财务会计核算账簿。

(4)权利、许可证照,包括商标注册证、专利证书、工商营业执照、房屋产权证、土地使用证。

(5)经财政部确定征税的其他凭证。

四、行政责任

《印花税暂行条例》规定,纳税人有下列行为之一的,由税务机关根据情节轻重追究其行政责任,给予经济处罚:

(1)在应纳税凭证上未贴或者少贴印花税票的,税务机关除责令其补贴印花税票外,可以处以应补贴印花税票金额20倍以下的罚款;

(2)纳税人未在已贴用印花税票的骑缝处盖戳注销或者画销的,税务机关可以处以未销印花税票金额10倍以下罚款;

(3)纳税人重用已贴用的印花税票的,税务机关可处以重用印花税票金额30倍以下罚款。

第二节　印花税核算

一、计税依据及计算方法

(1)征税范围内的凭证以“金额”“收入”“费用”作为计税依据的，应当全额计税，不得做任何扣除。

(2)同一凭证记载两个或两个以上不同税率经济事项的，分别记载金额的，应分别计算应纳税额加总贴花；未分别记载金额的，按税率高的计税贴花。

(3)未标明金额、按金额比例贴花的应税凭证，按凭证所载数量及国家牌价(无国家牌价的按市场牌价)计算金额，然后按规定税率计税贴花。

(4)外币折算人民币金额的汇率采用凭证书立日国家外汇管理局公布的汇率。

(5)应纳税额不足1角的免纳印花税；1角以上的分位四舍五入。

(6)签订时无法确定计税金额的合同先定额贴花5元，待结算实际金额时补贴印花税票。

(7)订立的合同不论是否兑现或是否按期兑现，均应依合同金额贴花。

(8)事业单位视其预算管理方式确定贴花账簿范围。跨区域经营的分支机构与上级单位对记载资金的账簿不必重复贴花。

(9)商品购销中以货易货，交易双方既购又销，均应按其购、销合计金额贴花。

(10)施工单位将自己承包的建设项目分包或转包给其他施工单位的，所签订的分包、转包合同还要计税贴花。

(11)国内货物联运，结算单据(合同)所列运费的结算方式不同而计税依据不同，即起运地全程结算运费的，按全程运费为计税依据；分程结算运费的，应以分程运费为计税依据。国际货运，托运方全程计税。承运方为我国运输企业的按本程运费计算贴花，承运方为外国运输企业的免纳印花税。

应纳税额的计算方法：

应纳税额＝应税凭证计税金额(或应税凭证件数)×适用税率

【例11－1】 明立建筑公司与甲企业签订一份建筑承包合同，合同金额12 000万元(含相关费用500万元)。施工期间，该建筑公司又将其中价值2 800万元的安装工程分包给乙企业，并签订分包合同。要求：计算该建筑公司此项业务应缴纳印花税。

总合同与分包合同是两个合同，合同主体都不同，应该由合同双方分别缴纳印花税。

明立建筑公司应交印花税＝(12 000＋2 800)×0.000 3＝4.44(万元)

【例11－2】 某企业2016年2月开业，当年发生以下有关业务事项：领受房屋产权证、工商营业执照、土地使用证各一件，与其他企业订立转移专用技术使用权数据一份，所载金额100万元，订立产品销售合同1份，所载金额200万元，订立借款合同一份，所载金额200万元，企业记载资金的实收资本资本公积为800万元，其他营业账簿10本。计算该企业2016年应缴纳的印花税额。

权利、许可证照，按件贴花5元，3×5＝15(元)

产权转移书据，按所载金额5‱贴花，100万×0.000 5＝500(元)

购销合同，按购销金额3‱贴花，200万×0.000 3＝600(元)

借款合同，按借款金额0.5‱贴花，200万×0.000 05＝100(元)

记载资金的按照5‱贴花，800万×0.000 5＝400(元)

其他账簿按件贴花5元，10×5＝50(元)

2016年应缴纳的印花税＝15＋500＋600＋100＋400＋50＝1 665(元)

二、印花税会计核算

企业交纳印花税会计分录处理，一般分为两种情况：

一是不通过应交税费科目核算。企业交纳的印花税如果金额比较小，比如定额贴花的营业账簿和产权许可证照等，不需要预计应交数的税金，不通过“应交税费”科目核算，如果金额小购买时直接减少银行存款或库存现金即可。实际缴纳的印花税：

借：管理费用(印花税)

　　贷：银行存款、库存现金等

二是在实际工作中，采购合同和销售合同印花税是根据实际采购、销售或购销总额的一定百分比乘以税率直接计算缴纳的，这时企业就会先通过“应交税费”计提本月的印花税，次月实际缴纳时再冲减应交税费科目。

计提本月印花税的会计分录：

借：管理费用

　　贷：应交税费——应交印花税

实际交纳印花税的会计分录：

借：应交税费——应交印花税

　　贷：银行存款、库存现金等

第三节　印花税纳税申报

印花税是采取由纳税人自行缴纳完税的方式。整个缴纳完税的程序是：在凭证书立或领受的同时，由纳税人根据凭证上所载的计税金额自行计算应纳税额，购买相当金额的印花税票，粘贴在凭证的适当位置，然后自行注销。注销的方法是：可以用钢笔、毛笔等书写工具，在印花税票与凭证的交接处画几条横线注销。

印花税一般实行由纳税人根据有关法律规定自行计算应纳税额，购买并一次贴足印花税票(即贴花)的缴纳办法。

印花税纳税申报(报告)表

税款所属期限：自　　年　月　日至　　年　月　日　　　　　　填表日期：　　年　月　日

金额单位：元至角分

纳税人识别号																				

纳税人信息	名称		□单位　□个人	
	登记注册类型		所属行业	
	身份证件类型		身份证件号码	
	联系方式			

续表

应税凭证	计税金额或件数	核定征收		适用税率	本期应纳税额	本期已缴税额	本期减免税额		本期应补（退）税额
		核定依据	核定比例				减免性质代码	减免额	
	1	2	3	4	5＝1×4＋2×3	6	7	8	9＝5－6－8
购销合同				0.3‰					
加工承揽合同				0.5‰					
建设工程勘察设计合同				0.5‰					
建筑安装工程承包合同				0.3‰					
财产租赁合同				1‰					
货物运输合同				0.5‰					
仓储保管合同				1‰					
借款合同				0.05‰					
财产保险合同				1‰					
技术合同				0.3‰					
产权转移书据				0.5‰					
营业账簿（记载资金的账簿）		——		0.5‰					
营业账簿（其他账簿）		——		5					
权利、许可证照		——		5					
合计	——	——		——					

以下由纳税人填写：					
纳税人声明	此纳税申报表是根据《中华人民共和国印花税暂行条例》和国家有关税收规定填报的，是真实的、可靠的、完整的。				
纳税人签章		代理人签章		代理人身份证号	
以下由税务机关填写：					
受理人		受理日期	年　月　日	受理税务机关签章	

本表一式两份，一份纳税人留存，一份税务机关留存。

减免性质代码：减免性质代码按照税务机关最新制发的减免税政策代码表中的最细项减免性质代码填报。

第四节　契税概述及纳税申报

一、契税概述

契税是对在我国境内办理土地、房屋所有权转移登记时，向承受单位和个人征收的一种税。契税是以所有权发生转移变动的不动产为征税对象，向产权承受人征收的一种财产税。应缴税范围包括：土地使用权出售、赠与和交换，房屋买卖，房屋赠与，房屋交换等。

在我国境内转移土地、房屋权属，承受的单位和个人为契税的纳税人，即土地、房屋权属的承受方。单位是指企业单位、事业单位、国家机关、军事单位和社会团体以及其他组织。个人是指个体经营户及其他个人。不论法人、自然人，不分所有制性质，不论内资、外资，中国公民还是外国公民，只要在我国境内承受土地使用权、房屋所有权，都是契税的纳税义务人。

二、计税依据

(1)土地使用权出售、房屋买卖，其计税依据为成交价格。

(2)土地使用权赠与、房屋赠与，其计税依据由征收机关参照土地使用权出售、房屋买卖的市场价格核定。

(3)土地使用权交换、房屋交换，其计税依据是所交换的土地使用权、房屋的价格差额，对于成交价格明显低于市场价格且无正当理由的，或者所交换的土地使用权、房屋的价格差额明显不合理且无正当理由的，由征收机关参照市场价格核定。

(4)出让国有土地使用权的，其计税依据为承受人为取得该土地使用权而支付的全部经济利益。

(5)房屋买卖的契税计税价格为房屋买卖合同的总价款，买卖装修的房屋，装修费用应包括在内。

(6)土地、房屋权属作价投资入股，以土地、房屋权属抵债，以无形资产方式、获奖方式转移土地、房屋权属的，由征收机关参照土地使用权出售、房屋买卖的市场价格核定。

(7)以划拨方式取得土地使用权的，经批准转让房地产时，应由房地产转让者补缴契税。其计税依据为补缴的土地使用权出让费或者土地收益。

【例 11－3】 居民甲某有三套房产，2013 年将第一套市价为 80 万元的房产给乙某抵偿了 100 万元的债务，并支付乙某差价款 20 万元；将第二套市价 65 万元的房产与丙某进行房屋交换，并取得丙某支付的差价款 15 万元；将第三套房产出售取得收入 90 万元，并以 90 万元的价格购买一宗土地使用权。已知当地契税税率为 5%，则甲某应缴纳契税多少万元？

以房产抵债，视同房屋买卖，应由产权承受人按照房屋现值缴纳契税；房屋交换的，以所交换的房屋价格差额为计税依据，由支付差价方缴纳契税。

甲某应缴纳契税＝90×5%＝4.5(万元)

【例 11－4】 王某的住房被政府征收后选择货币补偿重新购置了 80 平方米的房屋，购房成交价格超过货币补偿 10 万元，按现行政策规定，王某应就超过货币补偿的 10 万元缴纳契税；同时，由于该房屋符合当地普通房屋标准，且为王某家庭唯一住房，可享受 1%的优惠税率，当地契税适用税率为 3%。由此计算，计征税额＝10 万元×3%＝3 000元，减免税额＝10 万元×(3%－1%)＝2 000元，应纳税额＝10 万元×1%＝1 000元。

三、契税的纳税申报表填制

契税的纳税义务发生时间，为纳税人签订土地、房屋权属转移合同的当天，或者纳税人取得其他具有土地、房屋权属转移合同性质凭证的当天。

契税纳税申报表

面积单位：平方米　　　　　　年　月　日　　　　　　金额单位：元至角分

纳税人识别号 | | | | | | | | | | | | | | | | | | | |

承受方信息	名　称			□单位　□个人		
	登记注册类型			所属行业		
	身份证件类型	身份证□　护照□　其他□______		身份证件号码		
	联系人			联系方式		
转让方信息	名　称			□单位　□个人		
	纳税人识别号		登记注册类型		所属行业	
	身份证件类型		身份证件号码		联系方式	
土地房屋权属转移信息	合同签订日期		土地房屋坐落地址		权属转移对象	（设立下拉列框）*
	权属转移方式	（设立下拉列框）	用途	（设立下拉列框）	家庭唯一普通住房	□90 平米以上 □90 平米及以下
	权属转移面积		成交价格		成交单价	
税款征收信息	评估价格		计税价格		税率	
	计征税额		减免性质代码	减免税额	应纳税额	
以下由纳税人填写：						
纳税人声明	此纳税申报表是根据《中华人民共和国契税暂行条例》和国家有关税收规定填报的，是真实的、可靠的、完整的。					
纳税人签章		代理人签章		代理人身份证号		
以下由税务机关填写：						
受理人		受理日期	年　月　日	受理税务机关签章		

本表一式两份，一份纳税人留存，一份税务机关留存。

权属转移对象、方式、用途逻辑关系对照表

权属转移对象			权属转移方式		用　途
一级（大类）	二级（小类）	三级（细目）			
土地	无	无	土地使用权出让		1. 居住用地；2. 商业用地；3. 工业用地；4. 综合用地；5. 其他用地
			土地使用权转让	土地使用权买卖	1. 居住用地；2. 商业用地；3. 工业用地；4. 综合用地；5. 其他用地
				土地使用权赠与	1. 居住用地；2. 商业用地；3. 工业用地；4. 综合用地；5. 其他用地
				土地使用权交换	1. 居住用地；2. 商业用地；3. 工业用地；4. 综合用地；5. 其他用地
				土地使用权作价入股	1. 居住用地；2. 商业用地；3. 工业用地；4. 综合用地；5. 其他用地

续表

权属转移对象			权属转移方式	用　途
一级（大类）	二级（小类）	三级（细目）		
房屋	增量房	普通商品住房	1. 房屋买卖;2. 房屋赠与;3. 房屋交换;4. 房屋作价入股;5. 其他	1. 居住
		非普通商品住房	1. 房屋买卖;2. 房屋赠与;3. 房屋交换;4. 房屋作价入股;5. 其他	1. 居住
		保障性住房	1. 房屋买卖;2. 房屋赠与;3. 房屋交换;4. 房屋作价入股 5. 其他	1. 居住
		其他住房	1. 房屋买卖;2. 房屋赠与;3. 房屋交换;4. 房屋作价入股 5. 其他	1. 居住
		非住房	1. 房屋买卖;2. 房屋赠与;3. 房屋交换;4. 房屋作价入股 5. 其他	2. 商业;3. 办公;4. 商住;5. 附属建筑;6. 工业;7. 其他
	存量房	普通商品住房	1. 房屋买卖;2. 房屋赠与;3. 房屋交换;4. 房屋作价入股 5. 其他	1. 居住
		非普通商品住房	1. 房屋买卖;2. 房屋赠与;3. 房屋交换;4. 房屋作价入股 5. 其他	1. 居住
		保障性住房	1. 房屋买卖;2. 房屋赠与;3. 房屋交换;4. 房屋作价入股 5. 其他	1. 居住
		其他住房	1. 房屋买卖;2. 房屋赠与;3. 房屋交换;4. 房屋作价入股 5. 其他	1. 居住
		非住房	1. 房屋买卖;2. 房屋赠与;3. 房屋交换;4. 房屋作价入股 5. 其他	2. 商业;3. 办公;4. 商住;5. 附属建筑;6. 工业;7. 其他

填表说明：

1. 本表依据《中华人民共和国税收征收管理法》《中华人民共和国契税暂行条例》设计制定。纳税申报必须填写本表。

2. 本表适用于在中国境内承受土地、房屋权属的单位和个人。纳税人应当在签订土地、房屋权属转移合同或者取得其他具有土地、房屋权属转移合同性质凭证后 10 日内，向土地、房屋所在地契税征收机关填报契税纳税申报表，申报纳税。对于个人间的二手房权属转移，纳税人可通过填报二手房交易综合申报表进行契税纳税申报，不需再填报契税纳税申报表。

3. 填报日期：填写纳税人办理纳税申报的实际日期。

4. 本表各栏的填写说明如下：

(1)纳税人识别号：填写税务机关赋予的纳税人识别号。

(2)承受方及转让方名称：承受方、转让方是党政机关、企事业单位的，应按照国家人事、民政部门批准设立或者工商部门注册登记的全称填写；承受方、转让方是自然人的，应按照本人有效身份证件上标注的姓名填写。

(3)登记注册类型：承受方、转让方是企业的填写此栏。根据国家统计局《关于划分企业登记注册类型的规定》填写。

(4)所属行业：承受方、转让方是党政机关、企事业单位的填写此栏。根据《国民经济行业分类》(GB/T4754—2011)填写。

(5)身份证件类型：填写能识别纳税人唯一身份的有效证照名称。纳税人为自然人的，必选。选择类型为：身份证、护照、其他，必选一项，选择“其他”的，请注明证件的具体类型。

(6)身份证件号码:填写纳税人身份证件上的号码。

(7)联系人:填写单位法定代表人或纳税人本人姓名;联系方式:填写常用联系电话及通信地址。

(8)合同签订时间:指承受方与转让方签订土地、房屋转移合同的当日,或者承受方取得其他具有土地、房屋转移合同性质凭证的当日。

(9)土地、房屋坐落地址:土地使用权转移,应填写土地坐落地址及地号;房屋权属转移,应同时填写土地坐落地址(含地号)和房屋坐落地址。

(10)权属转移对象:分土地、房屋两类一级指标;房屋下的二级指标设增量房和存量房;增量房和存量房下的三级指标均设普通商品住房、非普通商品住房、保障性住房、其他住房和非住房。

(11)权属转移方式:房产按1.房屋买卖、2.房屋赠与、3.房屋交换、4.房屋作价入股、5.其他填写;土地按1.国有土地使用权出让、2.土地使用权买卖、3.土地使用权赠与、4.土地使用权交换、5.土地使用权作价入股。

(12)用途:土地按1.居住用地、2.商业用地、3.工业用地、4.综合用地、5.其他用地填写;住房按居住填写;非住房按1.居住、2.商业、3.办公、4.商住、5.附属建筑、6.工业、7.其他填写。

(13)权属转移面积:土地、房屋权属转移合同确定的面积填写。

(14)成交价格:土地、房屋权属转移合同确定的价格(包括承受者应交付的货币、实物、无形资产或者其他经济利益,折算成人民币金额)填写;房屋交换为所交换房屋所支付的差价,不支付差价小于零则填"0";居民因个人房屋被征收而重新购置房屋或选择房屋产权调换的,以购房价格超过征收补偿部分的金额填写。成交单价:单位面积的成交价格。

(15)税率:3%~5%,根据各省市确定的适用税率填写。家庭唯一普通住房亦按适用税率而非优惠税率填写。如,某省规定,该省住房适用税率为3%,对个人购买90平方米以下家庭住房的,在填报契税纳税申报表时,税率应按3%而非1%填写。

(16)住房:国家规划部门规划的房产用途或房产证上标注的房产用途填写,商住房等混合用途房产不列为住房。

(17)普通住房:指符合各地按照建设部、发展改革委、财政部、国土资源部、人民银行、税务总局、银监会《关于做好稳定住房价格工作的意见》(国办发〔2005〕26号)规定制定的本地普通住房标准的住房。

(18)评估价格,是指依据一定的评估方法对房地产所做的客观合理估价。如果纳税人成交价格明显低于市场价格并且无正当理由,并需要核定或评估的,按照"存量房交易计税价格评估系统"评估的价格或评估机构出具的评估价格填写。

(19)计税价格,是指由征收机关按照《中华人民共和国契税暂行条例》及有关规定确定的成交价格或者核定价格。

(20)减免性质代码:对按照契税政策规定享受减免税的,应按税务机关最新制发的减免税政策代码表中最细项减免性质代码填写。对同时享受税额式(税基式)减免税及税率式减免税的(如同时享受房屋征收免税及家庭唯一普通住房税率优惠),减免性质代码按税率式减免对应的代码填写。不享受减免税的,不填写此项。

(21)计征税额:计征税额=计税价格×适用税率,适用税率即(15)条中确认的税率。

(22)减免税额:减免税额=计税价格×(适用税率-优惠税率)×减免税比例,减免税比例按各地确定的减免税比例计算,享受免税的,减免税比例为100%,不享受减免税的,不填写此项。

同时享受税额式(税基式)减免税及税率式减免税的,减免税额为按税率式减免计算的减免税额。其中,90平方米及以下家庭唯一普通住房的,优惠税率为1%;90平方米以上家庭唯一普通住房的,优惠税率=适用税率÷2。

(23)应纳税额:应纳税额=计征税额-减免税额。

本章小结

本章主要讲述了印花税及契税的基本内容、计算方法及会计处理、纳税申报表的填制方法。

印花税是对经济活动和经济交往中书立、领受的凭证征收的一种税。印花税的应税凭证是指单位和个人在经济活动和经济交往等过程中所领取或填制、书立的，用以证明其活动，反映其经济内容，明确权利义务的书面证明。

印花税采用比例税率和定额税率两种形式。各类经济合同及合同性质的凭证、记载资金的账簿和产权转移书据等适用比例税率。其他营业账簿、权利、许可证照等，规定按件定额征税。印花税以经济活动中签立的各种合同、产权转移书据、营业账簿、权利许可证照等应税凭证文件为对象所征的税。税目范围：(1)购销合同，包括供应、预购、采购、购销、结合及协作、调剂、补偿、易货等合同，按购销金额0.3‰贴花。(2)加工承揽合同，包括加工、定作、修缮、修理、印刷广告、测绘、测试等合同，按加工或承揽收入0.5‰贴花。(3)建设工程勘察设计合同，包括勘察、设计合同，按收取费用0.5‰贴花。(4)建筑安装工程承包合同，包括建筑、安装工程承包合同，按承包金额0.3‰贴花。(5)财产租赁合同，包括租赁房屋、船舶、飞机、机动车辆、机械、器具、设备等合同，按租赁金额1‰贴花。税额不足1元，按1元贴花。(6)货物运输合同，包括民用航空运输、铁路运输、海上运输、内河运输、公路运输和联运合同，按运输费用0.5‰贴花。单据作为合同使用的，按合同贴花。(7)仓储保管合同，包括仓储、保管合同，按仓储保管费用1‰贴花。仓单或栈单作为合同使用的，按合同贴花。(8)借款合同，银行及其他金融组织和借款人(不包括银行同业拆借)所签订的借款合同，按借款金额0.05‰贴花。单据作为合同使用的，按合同贴花。(9)财产保险合同，包括财产、责任、保证、信用等保险合同，按保险费收入1‰贴花。单据作为合同使用的，按合同贴花。(10)技术合同，包括技术开发、转让、咨询、服务等合同，按所载金额0.3‰贴花。(11)产权转移书据，包括财产所有权和版权、商标专用权、专利权、专有技术使用权等转移书据、土地使用权出让合同、土地使用权转让合同、商品房销售合同，按所载金额0.5‰贴花。(12)营业账簿。记载资金的账簿，按实收资本和资本公积的合计金额0.5‰贴花。其他账簿按件贴花5元。(13)权利、许可证照，包括政府部门发给的房屋产权证、工商营业执照、商标注册证、专利证、土地使用证，按件贴花5元。

应纳税额的计算方法：应纳税额＝应税凭证计税金额(或应税凭证件数)×适用税率。

印花税采取由纳税人自行缴纳完税的方式。整个缴纳完税的程序是：在凭证书立或领受的同时，由纳税人根据凭证上所载的计税金额自行计算应纳税额，购买相当金额的印花税票，粘贴在凭证的适当位置，然后自行注销。注销的方法是：可以用钢笔、毛笔等书写工具，在印花税票与凭证的交接处画几条横线注销。

契税是对在境内办理土地、房屋所有权转移登记时，向承受单位和个人征收的一种税。契税是以所有权发生转移变动的不动产为征税对象，向产权承受人征收的一种财产税。应缴税范围包括：土地使用权出售、赠与和交换，房屋买卖，房屋赠与，房屋交换等。

契税的纳税义务发生时间，为纳税人签订土地、房屋权属转移合同的当天，或者纳税人取得其他具有土地、房屋权属转移合同性质凭证的当天。

第十二章　城镇土地使用税和耕地占用税核算与纳税申报

本章学习目标

本章主要讲述城镇土地使用税及耕地占用税的主要法律规定、核算及纳税申报表填制。通过本章学习，应了解城镇土地使用税及耕地占用税的概念、主要法律规定、纳税义务发生的时间、纳税期限及纳税地点；重点掌握城镇土地使用税及耕地占用税的计税依据及计算、账务处理及纳税申报表的填制方法。本章的难点是对征税范围的理解。

第一节　城镇土地使用税概述及纳税申报

一、城镇土地使用税概述

城镇土地使用税是对在城市、县城、建制镇和工矿区使用土地的单位和个人，以其实际占用的土地面积为计税依据，实行从量定额征收的一种税。城镇土地使用税的纳税人，是在征税范围内使用土地的单位和个人。拥有土地使用权的纳税人如不在土地所在地的，由代管人或实际使用人纳税；土地使用权未确定或者权属纠纷未解决的，由实际使用人纳税；土地使用权共有的，由共有各方按其实际使用的土地面积占总面积的比例，分别纳税。

城镇土地使用税征税的具体范围：城市为市区和郊区；县城为人民政府所在的城镇；建制镇为镇人民政府所在地。城市、县城、建制镇、工矿区的具体征税范围，由省级人民政府决定。

二、计税依据

城镇土地使用税的计税依据是纳税人实际占用土地的面积，采用定额税率。以每平方米年税额为单位，按大、中、小城市和县城、建制镇、工矿区分别确定税额。由省级人民政府根据市政建设状况、经济繁荣程度等条件，确定所辖地区适用税额的幅度。市、县政府制定相应的适用税额标准，报省级人民政府批准执行。经济不发达地区的税额标准可以适当降低，但降低额不得超过《城镇土地使用税暂行条例》规定的最低税额的30%；经济发达地区土地使用税的适用税额标准可以适当提高，但须报经财政部批准。城镇土地使用税采用定额税率。

每平方米土地年税额规定如下：(1)大城市 1.5～30 元；(2)中等城市 1.2～24 元；(3)小城市 0.9～18 元；(4)县城、建制镇、工矿区 0.6～12 元。

城镇土地使用税以纳税义务人实际占用的土地面积为计税依据，纳税义务人实际占用土地面积按下列方法确定：

(1)凡有由省、自治区、直辖市人民政府确定的单位组织测定土地面积的，以测定的面积为准。

(2)尚未组织测量，但纳税人持有政府部门核发的土地使用证书的，以证书确认的土地面积为准。

(3)尚未核发出土地使用证书的，应由纳税人申报土地面积，据以纳税，等到核发土地使用证以后再作调整。

全年应纳税额＝实际占用应税土地面积(平方米)×适用税额

【例 12－1】 某油田占用的应纳城镇土地使用税的土地面积为 10 000 平方米，已知该油田所属工矿区适用的城镇土地使用税的税额为 5 元/平方米。计算该油田 2016 年应纳的城镇土地使用税。

该油田 2016 年应纳城镇土地使用税＝应税土地面积×单位税额

＝10 000×5＝50 000(元)

三、纳税申报

城镇土地使用税实行按年计算，分期缴纳。纳税地点是土地所在地的税务机关。使用土地，不属于同一省、自治区、直辖市管辖范围内的，由纳税人分别向土地所在地的税务机关缴纳；在同一省、自治区、直辖市管辖范围内，纳税人跨地区使用的土地，纳税地点由省级税务局确定。

纳税人新征用的土地，属于耕地的，自批准征用之日起满 1 年时开始纳税；属于非耕地的，自批准征用的次月起纳税。

城镇土地使用税纳税申报表

税款所属期：自　　年　月　日至　　年　月　日　　　　填表日期：　年　月　日

金额单位：元至角分；面积单位：平方米

纳税人识别号 □□□□□□□□□□□□□□□□□□□□

<table>
<tr><td rowspan="4">纳税人信息</td><td colspan="3">名称</td><td colspan="3"></td><td colspan="2">纳税人分类</td><td colspan="3">单位□　个人□</td></tr>
<tr><td colspan="3">登记注册类型</td><td colspan="3">*</td><td colspan="2">所属行业</td><td colspan="3">*</td></tr>
<tr><td colspan="3">身份证件类型</td><td colspan="3">身份证□　护照□
其他□____</td><td colspan="2">身份证件号码</td><td colspan="3"></td></tr>
<tr><td colspan="3">联系人</td><td colspan="3"></td><td colspan="2">联系方式</td><td colspan="3"></td></tr>
<tr><td rowspan="5">申报纳税信息</td><td>土地编号</td><td>宗地的地号</td><td>土地等级</td><td>税额标准</td><td>土地总面积</td><td>所属期起</td><td>所属期止</td><td>本期应纳税额</td><td>本期减免税额</td><td>本期已缴税额</td><td>本期应补(退)税额</td></tr>
<tr><td>*</td><td></td><td></td><td></td><td></td><td></td><td></td><td></td><td></td><td></td><td></td></tr>
<tr><td>*</td><td></td><td></td><td></td><td></td><td></td><td></td><td></td><td></td><td></td><td></td></tr>
<tr><td>*</td><td></td><td></td><td></td><td></td><td></td><td></td><td></td><td></td><td></td><td></td></tr>
<tr><td>*</td><td></td><td></td><td></td><td></td><td></td><td></td><td></td><td></td><td></td><td></td></tr>
</table>

续表

申报纳税信息	*										
	*										
	*										
	*										
	*										
	*										
	合计			*		*	*				

以下由纳税人填写：					
纳税人声明	此纳税申报表是根据《中华人民共和国城镇土地使用税暂行条例》和国家有关税收规定填报的，是真实的、可靠的、完整的。				
纳税人签章		代理人签章		代理人身份证号	
以下由税务机关填写：					
受理人		受理日期	年 月 日	受理税务机关签章	

本表一式两份，一份纳税人留存，一份税务机关留存。

填表说明：

1. 本表适用于在中华人民共和国境内申报缴纳城镇土地使用税的单位和个人。

2. 本表为城镇土地使用税纳税申报表主表，依据《中华人民共和国税收征收管理法》《中华人民共和国城镇土地使用税暂行条例》制定。本表包括两个附表。附表一为《城镇土地使用税减免税明细申报表》，附表二为《城镇土地使用税税源明细表》。首次申报或变更申报时纳税人提交《城镇土地使用税税源明细表》后，本表由系统自动生成，无须纳税人手工填写，仅需签章确认。申报土地数量大于 10 个（不含 10）的纳税人，建议采用网络申报方式，并可选用本表的汇总版进行确认，完成申报。后续申报，纳税人税源明细无变更的，税务机关提供免填单服务，根据纳税人识别号，系统自动打印本表，纳税人签章确认即可完成申报。

3. 纳税人识别号（必填）：填写税务机关赋予的纳税人识别号。

4. 纳税人名称（必填）：党政机关、企事业单位、社会团体的，应按照国家人事、民政部门批准设立或者工商部门注册登记的全称填写；纳税人是自然人的，应当按照本人有效身份证件上标注的姓名填写。

5. 纳税人分类（必选）：分为单位和个人，个人含个体工商户。

6. 登记注册类型 *：单位，根据税务登记证或组织机构代码证中登记的注册类型填写；纳税人是企业的，根据国家统计局《关于划分企业登记注册类型的规定》填写（内资企业：国有企业、集体企业、股份合作企业；联营企业：国有联营企业、集体联营企业、国有与集体联营企业、其他联营企业；有限责任公司：国有独资公司、其他有限责任公司、股份有限公司；私营企业：私营独资企业、私营合伙企业、私营有限责任公司 私营股份有限公司；其他企业：港澳台商投资企业、合资经营企业（港或澳台资）、合作经营企业（港或澳台资）、港澳台商独资经营企业、港澳台商投资股份有限公司、其他港澳台商投资企业；外商投资企业：中外合资经营企业、中外合作经营企业、外资企业、外商投资股份有限公司、其他外商投资企业）。该项可由系统自动带出，无须纳税人填写。

7. 所属行业 *：根据《国民经济行业分类》（GB/T 4754－2011）填写。该项可由系统自动带出，无须纳税人填写。

8. 身份证件类型：填写能识别纳税人唯一身份的有效证照名称。纳税人为自然人的，必选。选择类型为：身份证、护照、其他，必选一项，选择“其他”的，请注明证件的具体类型。

9. 身份证件号码：填写纳税人身份证件上的号码。

10. 联系人、联系方式（必填）：填写单位法定代表人或纳税人本人姓名、常用联系电话及地址。

11. 土地编号 *：纳税人不必填写。由税务机关的管理系统赋予编号，以识别。

12. 宗地的地号：土地证件记载的地号。不同地号的土地应当分行填写。无地号的，不同的宗地也应当分行填写。

13. 土地等级（必填）：根据本地区关于土地等级的有关规定，填写纳税人占用土地所属的土地的等级。不同土地等级的土地，应当按照各个土地等级汇总填写。

14. 税额标准：根据土地等级确定，可由税务机关系统自动带出。

15. 土地总面积（必填）：此面积为全部面积，包括减免税面积。本项为《城镇土地使用税税源明细表》"占用土地面积"的汇总值。

16. 所属期起：税款所属期内税款所属的起始月份。起始月份不同的土地应当分行填写。默认为税款所属期的起始月份。但是，当《城镇土地使用税税源明细表》中土地取得时间晚于税款所属期起始月份的，所属期起为"取得时间"的次月；《城镇土地使用税税源明细表》中经核准的困难减免的起始月份晚于税款所属期起始月份的，所属期起为"经核准的困难减免的起始月份"；《城镇土地使用税税源明细表》中变更类型选择信息项变更的，变更时间晚于税款所属期起始月份的，所属期起为"变更时间"。

17. 所属期止：税款所属期内税款所属的终止月份。终止月份不同的土地应当分行填写。默认为税款所属期的终止月份。但是，当《城镇土地使用税税源明细表》中变更类型选择"纳税义务终止"的，变更时间早于税款所属期终止月份的，所属期止为"变更时间"；《城镇土地使用税税源明细表》中"经核准的困难减免的终止月份"早于税款所属期终止月份的，所属期止为"经核准的困难减免的终止月份"。

18. 本期应纳税额：根据《城镇土地使用税税源明细表》有关数据项自动计算生成。本期应纳税额＝∑占用土地面积×税额标准÷12×（所属期止月份－所属期起月份＋1）。

19. 本期减免税额：本项根据《城镇土地使用税税源明细表》月减免税额与税款所属期实际包含的月份数自动计算生成，本期减免税额＝∑《城镇土地使用税税源明细表》月减免税额×（所属期止月份－所属期起月份＋1）。

20. 逻辑关系：本期应补（退）税额＝本期应纳税额－本期减免税额－本期已缴税额。

21. 带星号（*）的项目不需要纳税人填写。

城镇土地使用税纳税申报表（汇总版）

税款所属期：自　　年　月　日至　　年　月　日　　　　　　　　　　　　填表日期：　　年　月　日

金额单位：元至角分；面积单位：平方米

纳税人识别号																				

<table>
<tr><td rowspan="4">纳税人信息</td><td colspan="3">名称</td><td colspan="2"></td><td colspan="2">纳税人分类</td><td colspan="2">单位□　个人□</td></tr>
<tr><td colspan="3">登记注册类型</td><td colspan="2">*</td><td colspan="2">所属行业</td><td colspan="2">*</td></tr>
<tr><td colspan="3">身份证件类型</td><td colspan="2">身份证□　护照□
其他□__________</td><td colspan="2">身份证件号码</td><td colspan="2"></td></tr>
<tr><td colspan="3">联系人</td><td colspan="2"></td><td colspan="2">联系方式</td><td colspan="2"></td></tr>
<tr><td rowspan="8">申报纳税信息</td><td>土地等级</td><td>税额标准</td><td>土地总面积</td><td>所属期起</td><td>所属期止</td><td>本期应纳税额</td><td>本期减免税额</td><td>本期已缴税额</td><td>本期应补（退）税额合计</td></tr>
<tr><td></td><td></td><td></td><td></td><td></td><td></td><td></td><td></td><td></td></tr>
<tr><td></td><td></td><td></td><td></td><td></td><td></td><td></td><td></td><td></td></tr>
<tr><td></td><td></td><td></td><td></td><td></td><td></td><td></td><td></td><td></td></tr>
<tr><td></td><td></td><td></td><td></td><td></td><td></td><td></td><td></td><td></td></tr>
<tr><td></td><td></td><td></td><td></td><td></td><td></td><td></td><td></td><td></td></tr>
<tr><td></td><td></td><td></td><td></td><td></td><td></td><td></td><td></td><td></td></tr>
<tr><td colspan="5">合计</td><td></td><td></td><td></td><td></td></tr>
</table>

续表

以下由纳税人填写：					
纳税人声明	此纳税申报表是根据《中华人民共和国城镇土地使用税暂行条例》和国家有关税收规定填报的，是真实的、可靠的、完整的。				
纳税人签章		代理人签章		代理人身份证号	
以下由税务机关填写：					
受理人		受理日期	年　月　日	受理税务机关签章	

本表一式两份，一份纳税人留存，一份税务机关留存。

城镇土地使用税减免税明细申报表

税款所属期：自　　年　月　日至　　年　月　日　　　　填表日期：　年　月　日

金额单位：元至角分；面积单位：平方米

纳税人识别号 □□□□□□□□□□□□□□□□□□□□

纳税人名称：

序号	土地编号	所属期起	所属期止	减免性质代码	减免项目名称	减免税面积	土地等级	税额标准	本期减免税额
1									
2									
3									
4									
5									
6									
7									
8									
9									
10									
合计		*	*	*	*		*	*	
以下由纳税人填写：									
纳税人声明	此纳税申报表是根据《中华人民共和国城镇土地使用税暂行条例》和国家有关税收规定填报的，是真实的、可靠的、完整的。								
纳税人签章			代理人签章		代理人身份证号				
以下由税务机关填写：									
受理人			受理日期	年　月　日	受理税务机关签章				

填表说明：

1. 首次申报或变更申报时纳税人提交《城镇土地使用税税源明细表》后，本表根据《城镇土地使用税税源明细表》有关数据项由系统自动生成，无须纳税人手工填写，仅需签章确认。后续无变更时申报，纳税人税源明细无变更的，税务机关提供免填单服务，根据纳税人识别号及该纳税人当期有效的土地税源明细信息自动生成本表，纳税人签章确认即可完成申报。

2. 所属期起：税款所属期内税款所属的起始月份。起始月份不同的土地应当分行填写。默认为税款所属期的起始月份。但是，当《城镇土地使用税税源明细表》中土地取得时间晚于税款所属期起始月份的，所属期起为“取得时间”的次月；《城镇土地使用税税源明细表》中经核准的困难减免的起始月份晚于税款所属期起始月份的，所属期起为“经核准的困难减免的起始月份”；《城镇土地使用税税源明细表》中变更类型选择信息项变更的，变更时间晚于税款所属期起始月份的，所属期起为“变更时间”。

3. 所属期止：税款所属期内税款所属的终止月份。终止月份不同的土地应当分行填写。默认为税款所属期的终止月份。但是，当《城镇土地使用税税源明细表》中变更类型选择“纳税义务终止”的，变更时间早于税款所属期终止月份的，所属期止为“变更时间”；《城镇土地使用税税源明细表》中“经核准的困难减免的终止月份”早于税款所属期终止月份的，所属期止为“经核准的困难减免的终止月份”。

4. 本期减免税额：本项根据《城镇土地使用税税源明细表》月减免税额与税款所属期实际包含的月份数自动计算生成，本期减免税额＝∑《城镇土地使用税税源明细表》月减免税额×（所属期止月份－所属期起月份＋1）。

城镇土地使用税税源明细表

纳税人名称：　　　　　　　　纳税人分类：单位□　个人□　　　　　填表日期：　　年　月　日

面积单位：平方米　　　　　　　　　　　　　　　　　　　　　　　金额单位：元至角分

纳税人识别号 □□□□□□□□□□□□□□□□□□□□

<table>
<tr><td colspan="2">身份证件类型</td><td colspan="2">身份证□ 护照□ 其他□__________</td><td colspan="3"></td><td colspan="3">身份证件号码</td><td colspan="2"></td></tr>
<tr><td colspan="2">土地编号</td><td colspan="2">*</td><td colspan="3">地号</td><td colspan="3"></td><td>土地名称</td><td></td></tr>
<tr><td colspan="2">纳税人类型</td><td colspan="2">土地使用权人□ 集体土地使用人□
无偿使用人□ 代管人□
实际使用人□（必选）</td><td colspan="3">土地使用权人
纳税识别号</td><td colspan="3"></td><td>土地使用
权人名称</td><td></td></tr>
<tr><td colspan="2">土地使用
权证号</td><td colspan="2"></td><td colspan="3">土地性质</td><td colspan="5">国有□　集体□（必选）</td></tr>
<tr><td colspan="2">土地取得方式</td><td colspan="2">划拨□ 出让□ 转让□ 租赁□
其他□（必选）</td><td colspan="3">土地用途</td><td colspan="5">工业□ 商业□ 居住□ 综合□
房地产开发企业的开发用地□
其他□（必选）</td></tr>
<tr><td colspan="2">土地坐落地址
（详细地址）</td><td colspan="10">省（自治区、市）　　市（区）　　县（区）　　街道（必填）</td></tr>
<tr><td colspan="2">土地所属主管
税务所
（科、分局）</td><td colspan="10">*</td></tr>
<tr><td colspan="2">土地取得时间</td><td>年　月</td><td colspan="2">变更类型</td><td colspan="5">纳税义务终止（权属转移□ 其他□）
信息项变更（土地面积变更□土地等级变更□减免税变更□其他□）</td><td>变更时间</td><td>年　月</td></tr>
<tr><td colspan="2">占用土地面积</td><td></td><td colspan="5">土地等级</td><td colspan="2"></td><td>税额标准</td><td></td></tr>
<tr><td colspan="2">地价</td><td></td><td colspan="5">其中取得土地使用权支付金额</td><td colspan="2"></td><td>其中土地
开发成本</td><td></td></tr>
<tr><td rowspan="5">减免
税
部分</td><td rowspan="2">序号</td><td rowspan="2">减免性质代码</td><td colspan="3" rowspan="2">减免项目名称</td><td colspan="4">经核准的困难
减免起止时间</td><td rowspan="2">减免税
土地面积</td><td rowspan="2">月减免税
金额</td></tr>
<tr><td colspan="3">起始月份</td><td>终止月份</td></tr>
<tr><td>1</td><td></td><td colspan="3"></td><td colspan="3">年　月</td><td>年　月</td><td></td><td></td></tr>
<tr><td>2</td><td></td><td colspan="3"></td><td colspan="3"></td><td></td><td></td><td></td></tr>
<tr><td>3</td><td></td><td colspan="3"></td><td colspan="3"></td><td></td><td></td><td></td></tr>
</table>

续表

以下由纳税人填写：					
纳税人声明	此纳税申报表是根据《中华人民共和国城镇土地使用税暂行条例》和国家有关税收规定填报的，是真实的、可靠的、完整的。				
纳税人签章		代理人签章		代理人身份证号	
以下由税务机关填写：					
受理人		受理日期	年　月　日	受理税务机关签章	

本表一式两份，一份纳税人留存，一份税务机关留存。

填表说明：

1. 本表为《城镇土地使用税纳税申报表》的明细附表，填写本表后，系统根据本表数据自动计算生成《城镇土地使用税纳税申报表》和《城镇土地使用税纳税申报表减免税附表》。

2. 此表实施后，对首次进行纳税申报的纳税人，需要申报其全部土地的相关信息。此后办理纳税申报时，如果纳税人的土地及相关信息未发生变化的，可仅对上次申报信息进行确认；发生变化的，仅就变化的内容进行填写。有条件的地区，税务机关可以通过系统将上期申报的信息推送给纳税人。税源数据基础较好或已获取第三方信息的地区，可直接将数据导入纳税申报系统并推送给纳税人进行确认。

3. 城镇土地使用税税源明细申报遵循“谁纳税谁申报”的原则，只要存在城镇土地使用税纳税义务，就应当如实申报土地信息。

4. 每一宗土地填写一张表。同一宗土地跨两个土地等级的，按照不同等级分别填表。无土地证的，按照土地坐落地址分别填表。纳税人不得将多宗土地合并成一条记录填表。

5. 对于填写中所涉及的数据项目，有土地证件的，依据证件记载的内容填写，没有土地证件的，依据实际情况填写。

6. 纳税人识别号(必填)：填写税务机关赋予的纳税人识别号。

7. 纳税人名称(必填)：党政机关、企事业单位、社会团体的，应按照国家人事、民政部门批准设立或者工商部门注册登记的全称填写；纳税人是自然人的，应按照本人有效身份证件上标注的姓名填写。

8. 纳税人分类(必选)：分为单位和个人，个人含个体工商户。

9. 身份证件类型：填写能识别纳税人唯一身份的有效证照名称。纳税人为自然人的，必选。选择类型为：身份证、护照、其他，必选一项，选择“其他”的，请注明证件的具体类型。

10. 身份证件号码：填写纳税人身份证件上的号码。

11. 土地编号*：纳税人不必填写。由税务机关的管理系统赋予编号，以识别。

12. 地号(非必填)：土地证件记载的地号。

13. 土地名称(非必填)：填写纳税人自行填写的土地简称，协助查找使用。

14. 纳税人类型(必填)：分为土地使用权人、集体土地使用人、无偿使用人、代管人、实际使用人。必选一项，且只能选一项。

15. 土地使用权人纳税识别号(非必填)：填写拥有土地使用权人的纳税识别号。纳税人类型选择无偿使用人、代管人和实际使用人的填写。

16. 土地使用权人名称(非必填)：填写拥有土地使用权人的名称。纳税人类型选择无偿使用人、代管人和实际使用人的填写。

17. 土地使用权证号：有土地证件者必填。填写土地证件载明的证件编号。

18. 土地性质(必选)：根据实际的土地性质选择。选项为国有、集体。

19. 土地取得方式(必选):根据土地的取得方式选择,分为:划拨、出让、转让、租赁和其他。

20. 土地用途(必选):分为工业、商业、居住、综合、房地产开发企业的开发用地和其他,必选一项,且只能选一项,不同用途的土地应当分别填表。

21. 土地坐落地址(必填):应当填写详细地址,具体为:××省××市××县(区)××街道 ＋ 详细地址。

22. 土地所属主管税务所(科、分局)(必填):本表所填列土地的城镇土地使用税收入所属的主管税务机关。系统允许各地配置该项的确定规则。该项不需纳税人手动填写,根据确定规则自动带出。

23. 土地取得时间(选填):填写纳税人初次获得该土地的时间。

24. 变更类型(选填):有变更情况的必选。

25. 变更时间(选填):有变更情况的必填,填至月。变更类型选择纳税义务终止的,税款计算至当月末;变更类型选择信息项变更的,自变更当月起按新状态计算税款。

26. 占用土地面积(必填):根据纳税人本表所填列土地实际占用的土地面积填写,保留两位小数。此面积为全部面积,包括减税面积和免税面积。

27. 地价:曾经支付地价和开发成本的必填。地价为地价和土地开发成本之和。

28. 土地等级(必填):根据本地区土地等级的有关规定,填写纳税人占用土地所属的土地的等级。不同土地等级的土地应当分别填表。系统应当允许各地对土地等级及税额标准进行配置,也应当允许各地配置根据土地坐落地址确定土地等级的规则。

29. 税额标准:根据土地等级确定,由税务机关系统自动带出。系统应当允许各地自行配置各个土地等级对应的税额标准。

30. 减免性质代码:该项按照税务机关最新制发的减免税政策代码表中最细项减免性质代码填写。有减免税情况的必填。不同减免性质代码的土地应当分行填表。纳税人减免税情况发生变化时,应当进行变更。

31. 减免项目名称:该项按照税务机关最新制发的减免税政策代码表中最细项减免项目名称填写。有减免税情况的必填。

32. 经核准的困难减免起止时间:纳税人如有城镇土地使用税困难减免的情况,必填。填写经税务机关核准的困难减免的起始月份和终止月份。

33. 减免税土地的面积:填写享受减免税政策的土地的全部面积。

34. 月减免税金额:该项填写本表所列土地本项减免税项目享受的月减免税金额。

35. 带星号(*)的项目不需要纳税人填写。

第二节　耕地占用税概述及纳税申报

一、耕地占用税概述

耕地占用税是国家对占用耕地建房或者从事其他非农业建设的单位和个人,依据实际占用耕地面积、按照规定税额一次性征收的一种税。

征税范围包括纳税人为建房或从事其他非农业建设而占用的国家所有和集体所有的耕地。所谓耕地,是指种植农业作物的土地,包括菜地、园地。其中,园地包括花圃、苗圃、茶园、果园、桑园和其他种植经济林木的土地。占用上述列入征税范围的耕地建房或者从事其他非农业建设的单位和个人为纳税人。

占用鱼塘及其他农用土地建房或从事其他非农业建设,也视同占用耕地,必须依法征收耕地占用税。此外,在占用之前3年内属于上述范围的耕地或农用土地,也视为耕地。

建设直接为农业生产服务的生产设施占用林地、牧草场等规定的农用地的,不征收耕地占用税。

二、计税依据

耕地占用税采用定额税率。按人均占有耕地的多少划分四类地区，分别规定不同的税额。对人口稠密、人均耕地较少、经济比较发达、非农业占用耕地问题突出的地区，规定了较高的税额；反之，规定了较低的税额。耕地占用税采用地区差别定额税率。幅度大致在每平方米平均税额5～50元。

经济特区、经济技术开发区和经济发达、人均耕地特别少的地区，适用税额可以适当提高，但最多不得超过上述规定税额的50%。

【例12－2】 某企业经批准占用耕地20 000平方米用于建设厂房，已知该地区耕地占用税适用税额为7元/平方米，则该企业应缴纳耕地占用税多少元？

应缴纳耕地占用税＝20 000×7＝140 000(元)

三、纳税申报

耕地占用税由被占用耕地所在乡财政机关负责征收。纳税人在被县级以上土地管理部门批准占用耕地后，应在批准之日起30日内持批准文件向财政机关申报纳税并缴纳税款。土地管理部门凭纳税收据或者按批准文件划拨用地。

耕地占用税纳税申报表

填表日期：　年　月　日　　　　　　　　　　　　　　　　金额单位:元至角分

面积单位:平方米

纳税人识别号

纳税人信息	名称					□单位　□个人		
	登记注册类型			所属行业				
	身份证照类型			联系人		联系方式		
耕地占用信息	项目（批次）名称			批准占地部门		批准占地文号		占地日期/批准日期
	占地位置			占地用途		占地方式		
	批准占地面积			实际占地面积				
		计税面积	其中：□减□免税面积	适用税率	计征税额	减免性质代码	□减□免税额	应缴税额
	总计							
	耕地							
	其中： 1. 经济开发区 2. 基本农田							
	其他农用地							
	其他类型土地							

续表

以下由纳税人填写：					
纳税人声明	此纳税申报表是根据《中华人民共和国耕地占用税暂行条例》和国家有关税收规定填报的，是真实的、可靠的、完整的。				
纳税人签章		代理人签章		代理人身份证号	
以下由税务机关填写：					
受理人		受理日期	年　月　日	受理税务机关签章	

本表一式两份，一份纳税人留存，一份税务机关留存。

填表说明：

1. 本表依据《中华人民共和国税收征收管理法》《中华人民共和国耕地占用税暂行条例》及其实施细则制定。纳税申报必须填写本表。

2. 本申报表适用于在中华人民共和国境内占用耕地建房或者从事非农业建设的单位和个人。纳税人应当在收到领取农用地转用审批文件通知之日起或占用耕地之日起 30 日内，填报耕地占用税纳税申报表，向土地所在地地方税务机关申报纳税。

3. 填报日期：填写纳税人办理纳税申报的实际日期。

4. 本表各栏填写说明如下：

(1)纳税人信息栏：

纳税人识别号：纳税人办理税务登记时，税务机关赋予的编码。纳税人为自然人的，应按照本人有效身份证件上标注的号码填写。

纳税人名称：党政机关、企事业单位、社会团体的，应按照国家人事、民政部门批准设立或者工商部门注册登记的全称填写；纳税人是自然人的，应按照本人有效身份证件上标注的姓名填写。

登记注册类型：单位，根据税务登记证或组织机构代码证中登记的注册类型填写；纳税人是企业的，根据国家统计局《关于划分企业登记注册类型的规定》填写（内资企业：国有企业、集体企业、股份合作企业；联营企业：国有联营企业、集体联营企业、国有与集体联营企业、其他联营企业；有限责任公司：国有独资公司、其他有限责任公司、股份有限公司；私营企业：私营独资企业、私营合伙企业、私营有限责任公司、私营股份有限公司；其他企业：港澳台商投资企业、合资经营企业（港澳台资）、合作经营企业（港澳台资）、港澳台商独资经营企业、港澳台商投资股份有限公司、其他港澳台商投资企业；外商投资企业：中外合资经营企业、中外合作经营企业、外资企业、外商投资股份有限公司、其他外商投资企业）。

行业根据《国民经济行业分类》(GB/T 4754－2011)填写。

联系人：填写单位法定代表人或纳税人本人姓名；联系方式：填写常用联系电话及通信地址。

(2)耕地占用信息栏：

项目（批次）名称：按照政府农用地转用审批文件中标明的项目或批次名称填写。

批准占地部门、批准占地文号：属于批准占地的，填写有权审批农用地转用的政府名称及批准农用地转用文件的文号。

占地用途：经批准占地的，按照政府农用地转用审批文件中明确的土地储备、交通基础设施建设（其中铁路线路、公路线路、飞机场跑道、停机坪、港口、航道等适用 2 元/平方米税额占地项目必须在栏目中详细列明）、工业建设、商业建设、住宅建设、农村居民建房、军事设施、学校、幼儿园、医院、养老院和其他等项目分类填写；未经批准占地的，按照实际占地情况，区分交通基础设施建设、工业建设、商业建设、住宅建设、农村居民建房、军事设施、学校、幼儿园、医院、养老院和其他等项目分类填写。

占地时间：属于经批准占地的，填写政府农用地转用审批文件的批准日期；属于未经批准占地的，填写实际占地的日期。

占地位置：占用耕地所属的县、镇(乡)、村名称。位于经济特区、经济开发区和经济发达人均耕地特别少适用税额提高的地区，应作标注。

占地方式：按照按批次转用、单独选址转用、批准临时占地、批少占多、批非占耕、未批先占填写。

批准占地面积：指政府农用地转用审批文件中批准的农用地转用面积。

实际占地面积：包括经批准占用的耕地面积和未经批准占用的耕地面积。

(3)申报纳税信息栏：按照占用耕地类别分别填写、分别计算，应缴税额＝计征税额－减免税额，对应不同占地类别、不同适用税额分别填写，总计＝耕地＋其他农用地＋其他类型土地(面积、应纳税额)。

减免性质代码：该项按照国家税务总局制定下发的最新减免性质及分类表中的最细项减免性质代码填写。有减免税情况的必填。不同减免性质代码的房产应当分别填表。

本章小结

本章主要讲述了城镇土地使用税及耕地占用税的纳税义务人、征税范围、计税依据、应纳税额计算、纳税申报表的填制方法及注意事项。

城镇土地使用税是对在城市、县城、建制镇和工矿区使用土地的单位和个人，以其实际占用的土地面积为计税依据，实行从量定额征收的一种税。城镇土地使用税的计税依据是纳税人实际占用土地的面积，采用定额税率。

城镇土地使用税实行按年计算，分期缴纳。纳税地点是土地所在地的税务机关。使用土地不属于同一省、自治区、直辖市管辖范围内的，由纳税人分别向土地所在地的税务机关缴纳；在同一省、自治区、直辖市管辖范围内，纳税人跨地区使用的土地，纳税地点由省级税务局确定。

耕地占用税是国家对占用耕地建房或者从事其他非农业建设的单位和个人，依据实际占用耕地面积，按照规定税额一次性征收的一种税。耕地占用税是对占用耕地建造房屋或者从事其他非农业建设的单位和个人，按其占用耕地的面积实行从量定额征收的一种税。

耕地占用税采用定额税率。按人均占有耕地的多少划分四类地区，分别规定不同的税额。对人口稠密、人均耕地较少、经济比较发达、非农业占用耕地问题突出的地区，规定了较高的税额；反之，规定了较低的税额。耕地占用税采用地区差别定额税率。幅度大致在每平方米平均税额 5～50 元之间。

耕地占用税由被占用耕地所在乡财政机关负责征收。纳税人在被县级以上土地管理部门批准占用耕地后，应在批准之日起 30 日内持批准文件向财政机关申报纳税并缴纳税款。土地管理部门凭纳税收据或者按批准文件划拨用地。

第十三章　车辆购置税及车船税核算与纳税申报

本章学习目标

本章主要讲述车辆购置税及车船税的主要法律规定、核算及纳税申报表填制。通过本章学习，应了解车辆购置税及车船税的概念、主要法律规定、纳税义务发生的时间、纳税期限及纳税地点；重点掌握车辆购置税及车船税的计算、账务处理及纳税申报表的填制方法。本章的难点是进口车辆的购置税相关计算及账务处理。

第一节　车辆购置税概述

一、车辆购置税概念

车辆购置税是以在中国境内购置规定的车辆为课税对象，在特定的环节向车辆购置者征收的一种税。所称购置，包括购买、进口、自产、受赠、获奖或者以其他方式取得并自用应税车辆的行为。车辆购置税的征收范围包括汽车、摩托车、电车、挂车、农用运输车。车辆购置税在 2001 年 1 月 1 日通过费改税方式由车辆购置附加费演变而来。车辆购置税征收范围单一；征收环节单一；征税具有特定目的；价外征收，不转嫁税负。

二、车辆购置税的纳税人

车辆购置税的纳税人是指在我国境内购置应税车辆的单位和个人。其中，购置是指购买使用行为、进口使用行为、受赠使用行为、自产自用行为、获奖使用行为以及以拍卖、抵债、走私、罚没等方式取得并使用的行为，这些行为都属于车辆购置税的应税行为；所称单位，包括国有企业、集体企业、私营企业、股份制企业、外商投资企业、外国企业以及其他企业，事业单位、社会团体、国家机关、部队以及其他单位；所称个人，包括个体工商户及其他个人，既包括中国公民又包括外国公民。

三、车辆购置税的纳税环节

车辆购置税是对应税车辆的购置行为课征，征税环节选择在使用环节(即最终消费环节)。具体而言，纳税人应当在向公安机关等车辆管理机构办理车辆登记注册手续前，缴纳车辆购置税。即车辆购置税是在应税车辆上牌登记注册前的使用环节征收。车辆购置税选择单一环节，实行一次课征制度，购置已征车辆购置税的车辆，不再征收车辆购置税。但减税、免税条件消失的车辆，即减税、免税车辆因转让、改制后改变了原减、免税前提条件的，就不再属于免税、减税范围，应按规定缴纳车辆购置税。

车辆购置税以列举的车辆作为征税对象，未列举的车辆不纳税。其征税范围包括汽车、摩托车、电车、挂车、农用运输车，具体规定如下：

(1)汽车：包括各类汽车。

(2)摩托车：

①轻便摩托车：最高设计时速不大于 50km/h，发动机气缸总排量不大于 50 的两个或三个车轮的机动车；

②二轮摩托车：最高设计车速大于 50km/h，或发动机气缸总排量大于 50 的两个车轮的机动车；

③三轮摩托车：最高设计车速大于 50km/h，发动机气缸总排量大于 50 ，空车质量不大于 400kg 的三个车轮的机动车。

(3)电车：

①无轨电车：以电能为动力，由专用输电电缆供电的轮式公共车辆；

②有轨电车：以电能为动力，在轨道上行驶的公共车辆。

(4)挂车：

①全挂车：无动力设备，独立承载，由牵引车辆牵引行驶的车辆；

②半挂车：无动力设备，与牵引车共同承载，由牵引车辆牵引行驶的车辆。

(5)农用运输车：

①三轮农用运输车：柴油发动机，功率不大于 7.4kW，载重量不大于 500kg，最高车速不大于 40km/h 的三个车轮的机动车；

②四轮农用运输车：柴油发动机，功率不大于 28kW，载重量不大于 1 500kg，最高车速不大于 50km/h 的四个车轮的机动车。

为了体现税法的统一性、固定性、强制性和法律的严肃性特征，车辆购置税征收范围的调整，由国务院决定，其他任何部门、单位和个人无权擅自扩大或缩小车辆购置税的征税范围。

第二节 车辆购置税核算

一、车辆购置税计税价格

车辆购置税计税价格按照以下情形确定：

(1)纳税人购买自用的应税车辆，计税价格为纳税人购买应税车辆而支付给销售者的全部价款和价外费用，不包含增值税税款。

(2)纳税人进口自用的应税车辆。

计税价格＝关税完税价格＋关税＋消费税

【例 13－1】　一辆进口汽车，到岸价格400 000元，已知关税税率为 50%，消费税税率为8%，求应缴纳的该车辆购置税为多少？

应纳关税＝关税价格×关税税率＝400 000×50%＝200 000(元)；

计税价格＝关税完税价格＋关税＋消费税

＝(到岸价格＋关税)÷(1－消费税税率)

＝(400 000＋200 000)÷(1－8%)＝652 173.91(元)

应纳车辆购置税税额＝652 173.91×10%＝65 217.39(元)

(3)纳税人购买自用或者进口自用应税车辆，申报的计税价格低于同类型应税车辆的最低计税价格，又无正当理由的，计税价格为国家税务总局核定的最低计税价格。

(4)纳税人自产、受赠、获奖或者以其他方式取得并自用的应税车辆的计税价格，主管税务机关参照国家税务总局规定的最低计税价格核定。

(5)国家税务总局未核定最低计税价格的车辆，计税价格为纳税人提供的有效价格证明注明的价格。有效价格证明注明的价格明显偏低的，主管税务机关有权核定应税车辆的计税价格。

(6)进口旧车、因不可抗力因素导致受损的车辆、库存超过 3 年的车辆、行驶 8 万千米以上的试验车辆、国家税务总局规定的其他车辆，计税价格为纳税人提供的有效价格证明注明的价格。纳税人无法提供车辆有效价格证明的，主管税务机关有权核定应税车辆的计税价格。

(7)免税条件消失的车辆，自初次办理纳税申报之日起，使用年限未满 10 年的，计税价格以免税车辆初次办理纳税申报时确定的计税价格为基准，每满 1 年扣减 10%；未满 1 年的，计税价格为免税车辆的原计税价格；使用年限 10 年(含)以上的，计税价格为 0。

二、车辆购置税计算

车辆购置税实行从价定率的办法计算应纳税额，计算公式为：

应纳税额＝计税价格×税率

如果消费者买的是国产私车，计税价格为支付给经销商的全部价款和价外费用，不包括增值税税款(税率 17%)。价外费用是指销售方价外另外向购买方收取的基金、集资费、违约金(延期付款利息)和手续费、包装费、储存费、优质费、运输装卸费、保管费以及其他各种性质的价外收费，但不包括销售方代办保险等而向购买方收取的保险费，以及向购买方收取的代购买方缴纳的车辆购置税、车辆牌照费。使用委托方票据收取，受托方只履行代收义务的款项，一般不应并入计税价格计税。

因为机动车销售专用发票的购车价中均含增值税税款，所以在计征车辆购置税税额时，必须先将 17%的增值税剔除，然后再按 10%的税率计征车辆购置税。

【例 13－2】　甲公司新购一辆车相关费用为：含税价234 000元，代收的车辆保险费3 000元，汽车装饰品2 340元，计算该车辆应该缴纳购置税。

应该缴纳购置税＝(234 000＋2 340)/(1＋17%)×10%

＝20 200(元)

会计分录如下：

借：固定资产　　　　225 200

应交税费——应交增值税(进项税额)　　34 340
　贷:银行存款　　259 540

第三节　车辆购置税纳税申报

一、车辆购置税的纳税期限

纳税人购买自用的应税车辆,自购买之日起60日内申报纳税;进口自用的应税车辆,应当自进口之日起60日内申报纳税;自产、受赠、获奖和以其他方式取得并自用应税车辆的,应当自取得之日起60日内申报纳税。

车辆购置税税款于纳税人办理纳税申报时一次缴清。免税车辆因转让、改变用途等原因,其免税条件消失的,纳税人应在免税条件消失之日起60日内到主管税务机关重新申报纳税。

免税车辆发生转让,但仍属于免税范围的,受让方应当自购买或取得车辆之日起60日内到主管税务机关重新申报免税。

二、车辆购置税的纳税地点

纳税人购置应税车辆,应当向车辆登记注册地的主管税务机关申报纳税;购置不需办理车辆登记注册手续的应税车辆,应当向纳税人所在地的主管税务机关申报纳税。车辆登记注册地是指车辆的上牌落籍地或落户地。车辆购置税实行一车一申报制度。

车辆购置税缴款方法:自报核缴,集中征收缴纳,代征、代扣、代收。

三、车辆购置税的纳税申报

车辆购置税实行一车一申报制度。纳税人办理纳税申报时应如实填写《车辆购置税纳税申报表》,同时提供以下资料的原件和复印件,原件经车购办审核后退还纳税人,复印件和《机动车销售统一发票》的报税联由主管税务机关留存。

(1)车主身份证明;

(2)车辆价格证明;

(3)车辆合格证明;

(4)税务机关要求提供的其他资料。

免税条件消失的车辆,纳税人在办理纳税申报时,应如实填写纳税申报表,同时提供以下资料:

(1)发生二手车交易行为的,提供纳税人身份证明、《二手车销售统一发票》和《车辆购置税完税证明》(简称完税证明)正本原件;

(2)未发生二手车交易行为的,提供纳税人身份证明、完税证明正本原件及有效证明资料。

车辆购置税纳税申报表

填表日期:　　年　月　日　　　　金额单位:元

纳税人名称		证件名称	
		证件号码	

续表

行业代码				注册类型代码			
联系电话				地　址			
车辆类别代码				生产企业名称			
合格证编号(或货物进口证明书号)				厂牌型号			
车辆识别代号(车架号)				发动机号			
座位		吨位				排量(cc)	
机动车销售统一发票	代码		机动车销售统一发票价格			价外费用合计	
	号码						
其他有效凭证名称		其他有效凭证号码		其他有效凭证价格			
进口自用车辆纳税人填写右侧项目	海关进口关税专用缴款书(或进出口货物征免税证明)号码						
	关税完税价格		关税		消费税		
购置日期				申报计税价格			
委托代办授权声明				申报人声明			
为办理车辆购置税涉税事宜,现授权(　　)为代理申报人,提供的凭证、资料是真实、可靠、完整的。任何与本申报表有关的往来文件,都可交予此人。 授权人(签名或盖章):				此纳税申报表是根据《中华人民共和国车辆购置税暂行条例》《车辆购置税征收管理办法》的规定填报的,提供的凭证、资料是真实、可靠、完整的。 声明人(签名或盖章):			
如属委托代办的,应填写以下内容				代理人(签名或盖章)			
代理人名称							
经办人姓名							
经办人证件名称							
经办人证件号码							
核定计税价格	税率	应纳税额		免(减)税额		实纳税额	滞纳金金额
	10%						
接收人: 接收日期:　　年　月　日				主管税务机关(章):			
备注: 车辆类别代码为:1. 汽车;2. 摩托车;3. 电车;4. 挂车;5. 农用运输车。							

填表说明

1. 本表由车辆购置税纳税人(或代理申报人)在办理纳税申报时填写。本表可由车辆购置税征收管理系统打印,交纳税人签章确认。

2."纳税人名称",填写纳税人名称。

3.“行业代码”栏，单位纳税人按照“国民经济行业分类与代码”中的小类行业代码填写，个人纳税人统一填写代码990。

4.“注册类型代码”栏，单位纳税人按照“国家标准GB/12402－2000《经济类型分类与代码》”填写；个人纳税人统一填写代码900。

5.“证件名称”栏，单位纳税人填写《营业执照》或者《组织机构代码证》或者《税务登记证》或者其他有效机构证明；个人纳税人填写《居民身份证》或者其他身份证明名称。

6.“证件号码”栏，填写《营业执照》或者《组织机构代码证》或者《税务登记证》或者其他有效机构证明、《居民身份证》或者其他身份证件的号码。

7.“车辆类别代码”栏，按表下备注栏中“车辆类别代码”对应的数字填写。

8.“生产企业名称”栏，国产车辆填写国内生产企业名称，进口车辆填写国外生产企业名称。

9.“合格证编号（或货物进口证明书号）”“厂牌型号”“车辆识别代号（车架号）”“发动机号”栏，分别按车辆合格证或《中华人民共和国海关货物进口证明书》或《中华人民共和国海关监管车辆进（出）境领（销）牌照通知书》或《没收走私汽车、摩托车证明书》中对应的编号、车辆品牌和车辆型号、车辆识别代号（车架号）、发动机号填写。

10.“机动车销售统一发票号码”栏，填写机动车销售统一发票上注明的发票号码；“机动车销售统一发票代码”栏，填写机动车销售统一发票上注明的发票代码。

11.“机动车销售统一发票价格”栏，填写机动车销售统一发票上注明的含税价金额。

12.“价外费用”填写销售方价外向购买方收取的基金、集资费、违约金（延期付款利息）和手续费、包装费、储存费、优质费、运输装卸费、保管费以及其他各种性质的价外收费，但不包括销售方代办保险等而向购买方收取的保险费，以及向购买方收取的代购买方缴纳的车辆购置税、车辆牌照费。

13. 下列栏次由进口自用车辆的纳税人填写：

（1）“海关进口关税专用缴款书（进出口货物征免税证明）号码”栏，填写《海关进口关税专用缴款书》中注明的号码；免征关税应税车辆填写《进出口货物征免税证明》中注明的编号。

（2）“关税完税价格”栏，通过《海关进口关税专用缴款书》《海关进口消费税专用缴款书》《海关进口增值税专用缴款书》或其他资料进行采集，顺序如下：

①《海关进口关税专用缴款书》中注明的关税完税价格；

②在免关税的情况下，通过《海关进口消费税专用缴款书》中注明的完税价格和消费税税额计算关税完税价格；

③在免关税和免或不征消费税的情况下，采用《海关进口增值税专用缴款书》中注明的完税价格；

④在关税、消费税和增值税均免征或不征的情况下，通过其他资料采集关税完税价格。

（3）“关税”栏，填写《海关进口关税专用缴款书》中注明的关税税额。

（4）“消费税”栏，填写《海关进口消费税专用缴款书》中注明的消费税税额。

14.“其他有效凭证名称”“其他有效凭证号码”“其他有效凭证价格”栏由未取得机动车销售统一发票且非进口自用的纳税人按取得的相应证明资料填写。

15.“购置日期”栏，购买自用车辆的填写《机动车销售统一发票》或者其他有效凭证的开具日期；进口自用车辆的填写《海关进口增值税专用缴款书》或者其他有效凭证的开具日期；自产、受赠、获奖或以其他方式取得车辆并自用的，填写合同、法律文书或者其他有效凭证的生效或开具日期。

16.“申报计税价格”栏，分别按下列要求填写：

（1）境内购置车辆，按“机动车销售统一发票（或有效凭证）价格”与“价外费用”合计填写，应为二者和的不含税价格；

（2）进口自用车辆，按计税价格填写，计税价格＝关税完税价格＋关税＋消费税；

（3）自产、受赠、获奖或者以其他方式取得并自用的车辆，按机动车销售统一发票（不含税价栏）或有效凭证注明的价格与“价外费用（不含税）”合计填写。

17.“核定计税价格”栏，填写税务机关按规定确定（核定）的计税价格。

18.“应纳税额”栏，计算公式为：应纳税额＝核定计税价格×税率。
19.“免(减)税额”栏，填写根据相关的车辆购置税优惠政策计算的免(减)税额。
20.“实纳税额”栏，计算公式为：实纳税额＝应纳税额－免(减)税额。
21.“应纳税额”“免(减)税额”“实纳税额”栏，由税务机关填写。
22.“滞纳金金额”栏，填写纳税申报车辆征收滞纳金的金额。
23. 本表一式二份(一车一表)，一份由纳税人留存，一份由主管税务机关留存。

第四节　车船税概述及纳税申报

一、车船税概述

车船税是以使用车船这一特定行为为征税客体，按车船种类、大小，实行定额征收的一种税。

车船税的纳税人，是在我国境内拥有并且使用车船的单位和个人。如有租赁关系，拥有人与使用人不一致时，则应由租赁双方商妥由何方为纳税义务人，租赁双方未商定的，由使用人纳税。

由财政部拨款的单位自用车辆和按规定缴纳船舶吨位税的船舶以及消防、救护车船等，均免税。上述所说的缴纳船舶吨位税，是指在我国境内缴纳吨位税，不包括在国外缴纳的吨位税。我国远洋轮在国外缴纳了吨位税，在国内仍应按规定征收车船使用税。

车船税采用定额税率，分别车船的大小、种类，按不同的计税单位，规定定额税率。车辆的适用税额，由于车船税属于地方税种，因此，车辆的具体适用税额由省、自治区、直辖市人民政府在规定的子税目税额幅度内确定。

【例 13－3】 某公交公司有公交车 10 辆，假如公交车的排放量在 4.0 升以上，车船税为 4 000元/辆，计算该公司应纳车船税。

应纳车船税＝10×4 000＝40 000(元)

二、车船税纳税申报

车船税实行按年征收，分期缴纳，具体纳税期限由省级人民政府确定。

车船税在纳税人所在地缴纳。具体地说，对单位应是经营所在地或机构所在地，对个人应是住所所在地。有些企业的车船上了外省的车船牌照，仍应在企业经营所在地纳税。

车船税纳税申报表

税款所属期限：自　年　月　日至　年　月　日

填表日期：　年　月　日　　　　金额单位：元至角分

纳税人识别号																				

纳税人名称		纳税人身份证照类型	
纳税人身份证照号码		居住(单位)地址	
联系人		联系方式	

续表

序号	(车辆)号牌号码/(船舶)登记号码	车船识别代码(车架号/船舶识别号)	征收品目	计税单位	计税单位的数量	单位税额	年应缴税额	本年减免税额	减免性质代码	减免税证明号	当年应缴税额	本年已缴税额	本期年应补(退)税额
	1	2	3	4	5	6	7=5×6	8	9	10	11=7−8	12	13=11−12
合计	—	—	—	—	—	—			—	—			
申报车辆总数(辆)							申报船舶总数(艘)						
以下由申报人填写:													
纳税人声明	此纳税申报表是根据《中华人民共和国车船税法》和国家有关税收规定填报的,是真实的、可靠的、完整的。												
纳税人签章				代理人签章					代理人身份证号				
以下由税务机关填写:													
受理人				受理日期					受理税务机关(签章)				

本表一式两份,一份纳税人留存,一份税务机关留存。

填表说明:

1.《车船税纳税申报表》适用于中华人民共和国境内自行申报车船税的纳税人填报。本表分为一主表两附表,车辆车船税纳税人填报纳税申报表和税源明细表(车辆),船舶车船税纳税人填报纳税申报表和税源明细表(船舶)。

2. 对首次进行车船税纳税申报的纳税人,需要申报其全部车船的主附表信息。此后办理纳税申报时,如果纳税人的车船及相关信息未发生变化的,可不再填报信息,仅提供相关证件,由税务机关按上次申报信息生成申报表后,纳税人进行签章确认即可。对车船或纳税人有关信息发生变化的,纳税人仅就变化的内容进行填报。已获取第三方信息的地区,税务机关可将第三方信息导入纳税申报系统,直接生成申报表由纳税人进行签章确认。

3. 税款所属期限:填报纳税年度的1月1日至12月31日。

4. 纳税人识别号:单位纳税人填报,自然人纳税人不必填报。

5. 纳税人身份证照类型:

(1)组织机构代码;

(2)居民身份证或临时居民身份证;

(3)有效军人身份证件;

(4)香港、澳门特别行政区居民身份证明;

(5)台湾地区居民身份证明;

(6)外国人护照或居留许可;

(7)外交部核发的外国驻华使馆、领馆人员、国际组织驻华代表机构人员的有效身份证；

(8)其他。

6. 纳税人身份证照号码：是单位的，填报含所属行政区域代码的组织机构代码；是个人的，填报身份证照号码。

7. 征收品目：

(1)1.0 升(含)以下的乘用车；

(2)1.0 升以上至 1.6 升(含)的乘用车；

(3)1.6 升以上至 2.0 升(含)的乘用车；

(4)2.0 升以上至 2.5 升(含)的乘用车；

(5)2.5 升以上至 3.0 升(含)的乘用车；

(6)3.0 升以上至 4.0 升(含)的乘用车；

(7)4.0 升以上的乘用车；

(8)核定载客人数 9 人以上 20 人以下的中型客车；

(9)核定载客人数 20 人(含)以上的大型客车；

(10)货车；

(11)挂车；

(12)专用作业车；

(13)轮式专用机械车；

(14)摩托车；

(15)净吨位不超过 200 吨的机动船舶；

(16)净吨位超过 200 吨但不超过 2 000 吨的机动船舶；

(17)净吨位超过 2 000 吨但不超过 10 000 吨的机动船舶；

(18)净吨位超过 10 000 吨的机动船舶；

(19)艇身长度不超过 10 米的游艇；

(20)艇身长度超过 10 米但不超过 18 米的游艇；

(21)艇身长度超过 18 米但不超过 30 米的游艇；

(22)艇身长度超过 30 米的游艇。

8. 计税单位：

(1)乘用车、客车、摩托车子税目，填报辆。

(2)货车、挂车、专用作业车、轮式专用机械车、机动船舶子税目，填报吨(保留两位小数)。

(3)游艇子税目，填报米。

9. 计税单位的数量：车辆按辆征收的，填报 1；车辆按整备质量以及船舶按净吨位征收的，填报吨数；游艇按米征收的，填报总长的米数。

10. 单位税额：根据纳税地点所在省、自治区、直辖市车船税实施办法所附税目税额表相应的单位税额填报。

11. 减免性质代码：按照国家税务总局制定下发的最新《减免性质及分类表》中的最细项减免性质代码填报。

车船税税源明细表(车辆)(附表 1)

纳税人名称：　　　　纳税人身份证照号码：　　　　填表日期：

申报车辆总数(辆)	

续表

序号	号牌号码	车辆识别代码（车架号）	车辆类型	品牌型号	发动机号	车辆发票日期或注册登记日期	使用性质	燃料种类	排（气）量	核定载客	整备质量
1											
2											
3											
4											
5											
6											
7											
8											
9											
10											

填表说明：

1. 机动车信息[包括号牌号码、车辆识别代码（车架号）、发动机号、品牌型号、车辆类型、使用性质、燃料种类、排（气）量、核定载客、整备质量]，根据整车合格证、机动车登记证书和机动车行驶证等材料所载数据填报。其中，品牌型号在提交材料为整车合格证、机动车登记证书时按照车辆品牌、车辆型号两个字段汇总填报。

2. 车辆发票或注册登记日期：有机动车销售发票的，填报销售发票日期；确无销售发票的，填报机动车登记证书的注册登记日期。

车船税税源明细表（船舶）（附表 2）

纳税人名称： 纳税人身份证照号码： 填表日期：

申报船舶总数（艘）													
序号	船舶登记号	船舶识别号	船舶种类	中文船名	初次登记号码	船籍港	发证日期	取得所有权日期	建成日期	主机种类	净吨位	主机功率	艇身长度（总长）
1													
2													
3													
4													
5													
6													
7													
8													
9													
10													

填表说明：

船舶信息（包括船舶登记号、船舶识别号、船舶种类、中文船名、初次登记号码、船籍港、发证日期、取得所有权日期、建成日期、净吨位、主机种类、主机功率、艇身长度）根据船舶登记证书等所载数据填报。

车船税代收代缴报告表

税款所属期限：自　　年　月　日至　　年　月　日　　　　填表日期：　　年　月　日　　　　金额单位：元至角分

扣缴义务人纳税识别号：

扣缴义务人名称																			扣缴义务人地址														
联系人																			联系方式														
序号	纳税人名称	纳税人身份证照类型	纳税人身份证照号码	保险信息				机动车信息											纳税信息														
				保险单号	保单起期	保单止期	签单日期	号牌号码	车辆识别代码（车架号）	发动机号码	品牌型号	机动车种类	车辆发票或注册登记日期	使用性质	燃料种类	排（气）量	核定载客	整备质量	征收品目	计税单位	计税单位的数量	单位税额	年应缴税额	本年减免税额	减免税证明号	减免性质代码	完税凭证号	开具税务机关	纳税人拒绝代收信息	当年应缴税额	往年补缴税额	滞纳金	实际缴纳税款滞纳金合计
	1	2	3	4	5	6	7	8	9	10	11	12	13	14	15	16	17	18	19	20	21	22	23＝21×22	24	25	26	27	28	29	30＝23－24	31	32	33＝30＋31＋32
合计	—	—	—	—	—	—	—	—	—	—	—	—	—	—	—	—	—	—	—	—	—	—			—	—	—	—	—				
本期代收代缴车船税车辆总数（辆）																																	
扣缴义务人声明									此代收代缴报告表是根据《中华人民共和国车船税法》和国家有关税收规定填报的，是真实的、可靠的、完整的。扣缴义务人（公章）																								
以下由税务机关填写：																																	
受理日期															受理人														受理税务机关（盖章）				

本表一式两份，一份扣缴义务人留存，一份税务机关留存。

填表说明：

1.《车船税代收代缴报告表》适用于中华人民共和国境内代收代缴车船税的扣缴义务人申报解缴时填报。每条明细数据为一辆车。

2. 税款所属期限：填报纳税年度的1月1日至12月31日。

3. 纳税人名称：是单位的，填报组织机构名称；是自然人的，填报姓名。

4. 纳税人身份证照类型：

(1)组织机构代码；

(2)居民身份证或临时居民身份证；

(3)有效军人身份证件；

(4)香港、澳门特别行政区居民身份证明；

(5)台湾地区居民身份证；

(6)外国人护照或居留许可；

(7)外交部核发的外国驻华使馆、领馆人员、国际组织驻华代表机构人员的有效身份证；

(8)其他。

5. 纳税人身份证照号码：是单位的，填报含所属行政区域代码的组织机构代码；是个人的，填报身份证照号码。

6. 品牌型号：品牌型号在整车合格证、机动车登记证书时按照车辆品牌、车辆型号两个同名栏目汇总填报。

7. 机动车种类：根据交强险保单的同名栏目所载数据填报。

8. 车辆发票或注册登记日期：有机动车销售发票的，填报销售发票日期；确无销售发票的，填报机动车登记证书的注册登记日期。

9. 燃料种类：根据机动车登记证书或整车合格证上的同名栏目所载数据填报。

10. 排(气)量：单位为毫升(ml)。

11. 核定载客：单位为人。

12. 整备质量：单位为吨。

13. 征收品目：

(1)1.0升(含)以下的乘用车；

(2)1.0升以上至1.6升(含)的乘用车；

(3)1.6升以上至2.0升(含)的乘用车；

(4)2.0升以上至2.5升(含)的乘用车；

(5)2.5升以上至3.0升(含)的乘用车；

(6)3.0升以上至4.0升(含)的乘用车；

(7)4.0升以上的乘用车；

(8)核定载客人数9人以上20人以下的中型客车；

(9)核定载客人数20人(含)以上的大型客车；

(10)货车；

(11)挂车；

(12)专用作业车；

(13)轮式专用机械车；

(14)摩托车；

(15)净吨位不超过200吨的机动船舶；

(16)净吨位超过200吨但不超过2 000吨的机动船舶；

(17)净吨位超过2 000吨但不超过10 000吨的机动船舶；

(18)净吨位超过10 000吨的机动船舶；

(19)艇身长度不超过10米的游艇；

(20)艇身长度超过10米但不超过18米的游艇；

(21)艇身长度超过18米但不超过30米的游艇；

(22)艇身长度超过30米的游艇。

14. 计税单位：

(1)乘用车、客车、摩托车子税目，填报辆；

(2)货车、挂车、专用作业车、轮式专用机械车、机动船舶子税目，填报吨；

(3)游艇子税目，填报米。

15. 计税单位的数量：车辆按辆征收的，填报1；车辆按整备质量以及船舶按净吨位征收的，填报吨数；游艇按米征收的，填报总长的米数。

16. 单位税额：根据纳税地点所在省、自治区、直辖市车船税实施办法所附税目税额表相应税目的单位税额填报。

17. 减免税额：属于国家税务总局、中国保险监督管理委员会《关于机动车车船税代收代缴有关事项的公告》(国家税务总局、中国保险监督管理委员会公告2011年第75号)规定的不代收收代缴车船税的情形的，扣缴义务人按照税法计算减免税额后填报。其余车辆根据税务机关出具的《减免税证明》的年减(免)税额填报。

18. 减免性质代码：按照国家税务总局制定下发的最新《减免性质及分类表》中的最细项减免性质代码填报。

19. 减免税证明号：有税务机关出具的《车船税减免税证明》的，填报此项。

20. 完税凭证号：对已经向主管税务机关申报缴纳车船税的车辆，填报车辆完税凭证号。

21. 开具税务机关：填报开具车船税完税凭证或《车船税减免税证明》的税务机关。

22. 纳税人拒绝代收信息：如果纳税人投保交强险时，无完税或减免税证明，又拒绝扣缴义务人代收代缴的，填报(1)是；其余填(2)否。

本章小结

车辆购置税是以在中国境内购置规定的车辆为课税对象、在特定的环节向车辆购置者征收的一种税。

车辆购置税的纳税人是指境内购置应税车辆的单位和个人。其中购置是指购买使用行为、进口使用行为、受赠使用行为、自产自用行为、获奖使用行为以及以拍卖、抵债、走私、罚没等方式取得并使用的行为，这些行为都属于车辆购置税的应税行为。

车辆购置税是对应税车辆的购置行为课征，征税环节选择在使用环节(即最终消费环节)。具体而言，纳税人应当在向公安机关等车辆管理机构办理车辆登记注册手续前，缴纳车辆购置税。即车辆购置税是在应税车辆上牌登记注册前的使用环节征收。

车辆购置税计税价格按照以下情形确定：纳税人购买自用的应税车辆，计税价格为纳税人购买应税车辆而支付给销售者的全部价款和价外费用，不包含增值税税款；纳税人进口自用的应税车辆：计税价格＝关税完税价格＋关税＋消费税。

纳税人购买自用的应税车辆，自购买之日起60日内申报纳税；进口自用的应税车辆，应当自进口之日起60日内申报纳税；自产、受赠、获奖和以其他方式取得并自用应税车辆的，应当自取得之日起60日内申报纳税。

纳税人购置应税车辆，应当向车辆登记注册地的主管税务机关申报纳税；购置不需办理车辆登记注册手续的应税车辆应当向纳税人所在地的主管税务机关申报纳税。车辆登记注册地是指车辆的上牌落籍地或落户地。车辆购置税实行一车一申报制度。

车船税是以使用车船这一特定行为为征税客体，按车船种类、大小，实行定额征收的一种税。

车船税的纳税人，是在我国境内拥有并且使用车船的单位和个人。如有租赁关系，拥有人与使用人不一致时，则应由租赁双方商妥由何方为纳税义务人，租赁双方未商定的，由使用人纳税。

车船税实行按年征收，分期缴纳，具体纳税期限由省级人民政府确定。